Walo Winberg – Der Bund der Rose

Walo Winberg

DER BUND DER ROSE

DER JÜNGSTE TAG UND DIE ERLÖSUNG
IM LICHTE NEUER PROPHETENWORTE

POSS VERLAG
BAD FEILNBACH

Für das Titelbild gelangte ein Aquarell ›Der Bund der Rose‹ von Gertraud Berger zur Verwendung.

ISBN 3-9806827-0-6

Umschlaggestaltung: Christoph Trautbeck

POSS Verlag GmbH
Postfach 50
83072 Bad Feilnbach
Telefon/Fax: 08066 – 906872

»Bevor aber der Tag des Herrn kommt,
der große und furchtbare Tag,
seht, da sende ich zu euch den Propheten Elija.«

(Maleachi 3,23)

INHALT

ZUM THEMA 11

VORWORT 15

TEIL I
DER BUND DER ROSE 19

TEIL II
WIEDERKEHR UND BOTSCHAFT
JOHANNES DES TÄUFERS 29

Leben und Werk Johannes des Täufers
vor zweitausend Jahren 31
Hintergrund und Bedeutung seiner Wiederkehr 38
Die heutige Botschaft Johannes des Täufers 53
Wiedergabe ausgewählter Botschaften
Johannes des Täufers 74

TEIL III
DAS NEUE WORT DER BIBLISCHEN
PROPHETEN 107

Einführung 109
Stehen wir vor dem biblischen Endgericht? 115
Umwandlung der Materie 124
Die Prophetenworte in der Gegenwart 131

Der Prophet Jona 133
Der Prophet Jeremia 147
Der Prophet Jesaja 173
Der Prophet Daniel 183
Der Prophet Joël 192
Der Prophet Maleachi 201
Der Prophet Zacharias, Vater Johannes des Täufers 207
Elisabeth, Mutter Johannes des Täufers 214
Der Prophet Mohammed, Gründer des Islam 218

Der Priesterkönig Melchisedek 224
Der Apostel Johannes 230
Der Apostel Judas Thaddäus 242
Ein Jünger des Herrn 248
Ein Jünger Johannes des Täufers 252
Zadok, der letzte Oberpriester der vereinten zwölf Stämme Israels 257
Ismael, der Sohn von Abraham und Hagar 262
Jakob, der Stammvater Israels 267

Weitere mediale Botschaften 271
Franz von Assisi 272
Hildegard von Bingen 289
Novalis 298

Worte Jesu Christi und Marias 303
Jesus Christus 304
Maria, die Mutter Gottes 308

SCHLUSSWORT 312

»Ich habe tiefe Sorge um jene,
die da warten auf das Morgen,
den folgenden Morgen und auf all die Morgen,
die da noch kommen sollen.

Wieviele Morgen wollt ihr denn noch haben,
ehe ihr erkennt und umkehrt?
Wieviele Worte sollen euch noch gegeben
werden, ehe ihr erkennt?«

Johannes der Täufer, April 1998

ZUM THEMA

Dieses Buch hat keinen eigentlichen irdischen Autor. Dem genannten Autor blieb nur die Aufgabe der Strukturierung sowie die Erstellung von begleitenden und einführenden Erläuterungen.

Die geistigen Urheber sind vielmehr die Propheten des Alten Testaments, deren Stimme wiedergekehrt ist. Ihr mahnender Geist ist wiedererstanden aus der Kraft des Vorläufers und Wegbereiters Jesu Christi, Johannes des Täufers.

Seine klaren und deutlichen Worte in dieser Zeit weisen uns hin auf den wahren Geist Gottes und unsere menschlichen Irrwege, die wir freilich oftmals im Mantel der Schein-Religiosität oder gar Esoterik verkleiden.

Vielen mag das Wort Johannes des Täufers und der Propheten schmerzen, denn es huldigt weder dem Zeitgeist noch dem Kreislauf von Leben und Tod aller Materie und schon gar nicht dem Großteil der neuen esoterischen Lehren.

Wir, die wir die Texte für dieses Buch zusammengetragen und ausgewählt haben, wollen uns keinesfalls verstecken. So dürfen wir uns die *heutigen Schüler* Johannes des Täufers und seiner Botschaften nennen. Weder sind wir Heilige, noch Erleuchtete noch Meister. Wir sind auch keine Sekte und Missionierer – sondern eine kleine und stille Schar einfacher Menschen, die nun einen Teil der empfangenen Botschaften an den Interessierten weitergeben möchten. Freilich tragen wir die Hoffnung in uns, all denen das vermittelte Wissen näher zu bringen, die die Zeichen der Zeit erkennen und zur Umkehr bereit sind.

Dieses Buch aber ist keine leichte Lektüre, weder inhaltlich noch verbal, ist es doch Sprache und Ausdruck Johannes des Täufers und der Propheten. Es ist auch keine unterhaltsame Lektüre, spricht sie doch von der bevorstehenden Erfüllung der Prophetien zur Endzeit. Wie wir diese Endzeit auch nennen wollen, ob Weltengericht, Weltenbrand oder Jüngsten Tag, ob Umwandlung oder die Wiederkehr des Geistes Christi, es sind Formulierungen, die im Plane Gottes und am schmerzhaften Geschehen für den Erdenmenschen nichts abändern werden.

Wer also von den Lesern den Leib und alle Materie als höchsten Ausdruck des Geistes Gottes ansieht und verherrlicht, wird wohl schnell und vehement gegen uns kleine Schar der Johannes-Schüler zu Felde ziehen und uns an den Pranger stellen. Wer aber die Worte Jesu Christi, Johannes des Täufers und der Propheten aus der Bibel zu den *letzten Tagen* kennt oder sich die Mühe macht, sie nachzulesen, wird den Gleichklang der neuerlichen Botschaften mit den jahrtausende alten Weissagungen finden und bereit sein zum Nachdenken, vielleicht auch zur Neuausrichtung.

Dieses Buch soll nicht ängstigen, sondern vielmehr Mut machen für eine neue Zukunft, für ein neues Sein von Erde und Mensch im Geiste Gottes.

Es ist Hoffnung für die, welche sich wahrhaftig nach einer Zeit und Welt sehnen, in der Christus mitten unter uns ist. Johannes der Täufer ist der Wegbereiter hierfür. Wer in Johannes dem Täufer daher lediglich den Verkünder des Endzeitrichters sieht, geht fehl. Dies gilt analog für die biblischen Propheten, die ihn auf seiner erneuten Mission begleiten.

In dem Buch *Johannes der Täufer, Sein wahres Leben und Wirken, Seine Wiederkehr,* heißt es daher am Ende:

»Johannes der Täufer kam als Lehrer und Mahner. Er zeigte den einzig möglichen Weg: Abkehr vom Zeitgeist und Neuausrichtung hin zum göttlichen Heil. Nur die Liebe zu den Menschen konnte dieses Große Licht, das sich hinter seinem Namen verbirgt, zu dem Schritt in ein außergewöhnliches irdisches Leben veranlassen.

Dieses Große Licht wird stets wiederkommen, wenn großes Unheil für die Menschen droht. Wir dürfen dieses Licht nicht als Unheilskünder oder Wegbereiter des Endzeitrichters sehen, wir müssen es vielmehr als Rettung und Heilsbotschaft verstehen. Diese Heilsbotschaft ist Labsal für die Aufrechten, sie ist Bitternis für die Selbstgerechten.«

Seine Botschaft aus dem Jahre 1996 hat sein Kommen angekündigt:

»So ist der Bund besiegelt,
auf daß mein Wort wiederkehre in diese Welt.
Ich werde die Lämmer sammeln
von einem Ende der Welt zum anderen.
Ich werde sie führen über Geröll und Stein
und leiten mitten durch die Wölfe.
Und wo mein Wort ist,
ist die Kunde vom Heil Christi bei den Lämmern,
doch bei den Wölfen wird Heulen und Zähneknirschen sein.«

Johannes der Täufer

»Wer das Wort aus der Allmacht hört und glaubt,
der wird voller Kraft sein und festen Mutes.
Doch wer zögert und zaudert, wird ein rastloser
Wanderer bleiben zwischen den Welten.

Er wird die Seligkeit im Leibe suchen,
aber nicht finden.
Er wird nach den Sphären des Lichtes greifen,
aber nicht erfassen.
Er wird auf die Zeichen des Herrn warten,
aber nicht erkennen,
denn keines ist ihm genug.«

Johannes der Täufer, Januar 1998

VORWORT

Seit Jahrzehnten greift wie ein Lauffeuer das Interesse vieler Menschen an spirituellen Themen um sich. Für den Nachdenkenden stellt sich mehr denn je die Frage nach dem Sinn des Lebens. Aber so erreicht uns tagtäglich eine nicht mehr zu bewältigende Flut von Informationen über alle Medienkanäle. Meldungen über Naturkatastrophen, Gewalt und Verbrechen, Hungersnöte, Weltwirtschaftskrisen, Kriege und Terroranschläge aus aller Welt dominieren in den Nachrichten und zeichnen ein eher düsteres Bild unserer Gegenwart und Zukunft. Hinzu kommen die Nöte, Krisen und Ängste eines jeden einzelnen Menschen, die es zu überwinden gilt. So sind wir alle mehr oder weniger wie gelähmt und gefesselt. Es bleibt nur wenig Zeit für einen jeden, den Weg zu Gott zu finden.

Wohin steuern wir und der Planet Erde mit uns? Haben wir das Steuer noch in Händen, oder ist es uns nicht längst schon entglitten?

Viele Menschen sind unsicher geworden, sind im Aufbruch und auf der Suche nach neuen Wegen, Werten und Maßstäben. Sie wenden sich ab von den Kirchen und Glaubensgemeinschaften und suchen neues Heil in neuen Riten, Dogmen und Lehren.

Auf dieser Grundlage gedeiht gerade jetzt am Ende unseres zweiten Jahrtausends die Hochstimmung der Apokalypse und es wächst viel Gras und wenig Weizen auf dem Boden der neuen Heilserwartung.

Die Angebotspalette zu diesem Ziel reicht vom einfachen *Kurs in Wundern* bis hin zur Selbsterleuchtung. Eine Vielzahl von Meistern, selbsternannte und selbstaufgestiegene, bieten ihre Dienste an und versprechen neues Heil. Der kommerzielle Erfolg gibt ihnen scheinbar Recht. Mißerfolg der Suchenden aber ist offenbar nur der falsche Weg, Erfolg nur eine Frage der Ausdauer. Die Suche ist zur Sucht geworden und es drängt sich die Frage auf: Wird nicht jedesmal wieder nur das Alte durch das Neue ersetzt. Doch das Neue birgt die gleichen Gefahren wie das Alte.

An dieser Stelle möchten wir allen Suchenden ein Wort aus einer Botschaft Johannes des Täufers aus jüngster Zeit ans Herz legen:

> *»Öffnet eure Augen und seht in die Welt, wieviele Schwätzer und Eitle rennen durch die Welt. Sie nennen sich Propheten und sind es nicht. Der Herr hat sie nicht gesandt, und doch laufen sie. Der Herr hat nicht zu ihnen geredet und doch predigen sie. Wessen sind sie? Ich weiß es. Sie sprechen von Gott und wissen doch nichts von Gott. Würden sie es wissen, sie würden sich selbst zu Staube machen.«*

Wer sucht, läuft auch Gefahr, sein Ziel zu verfehlen. Der Weg aber ist auffindbar und begehbar. Doch davor und am Rande werden viele verlockende Wegweiser aufgestellt, die alle einen seichten und leichten Weg versprechen.

Obige Mahnung Johannes des Täufers zeigt auffallende Übereinstimmung mit den Worten der Propheten Jeremia und Ezechiel gegen die falschen Propheten ihrer Zeit.

Alles Wissen, diesen einen Weg zu finden und zu gehen, ist uns seit Urzeiten von Gott selbst durch seine Gesandten gegeben worden. Sie sind wieder und wieder auf diese Welt gekommen, um uns diesen Weg zu zeigen. Es sind dies die Propheten. Es sind Jesus Christus und Johannes der Täufer. Es sind dies Mystiker und Heilige.

Seit einigen Jahren hält ein kleiner Kreis von Menschen Verbindung zu der geistigen Welt und empfängt Botschaften dieser Gesandten Gottes. In Ausdrucksform, Inhalt und Sprache findet sich nur ein Werk, mit dem sich diese Botschaften vergleichen lassen: Die Bibel. Diese Botschaften enthalten Mysterien, die, wie wir meinen, von großer Tragweite für diese Welt und die kommende Zeit sind.

Dieses Buch ist unbequem, konfrontiert es die meisten Leser doch mit einer Materie, die so nicht in Schulbüchern und schon gar nicht in esoterischen Weisheitsbüchern zu finden ist.

Umdenken und Umkehr sind notwendig, um alte Strukturen und Muster aufzulösen; geht es doch darum, die Zeichen der Vergangenheit und der Gegenwart zu erkennen und die noch verbleibende Zeit zu nutzen.

Schenkt man dem Inhalt der Botschaften Glauben, dann ist die Zeit erfüllt, in der das Unglaubliche und Unerwartete geschehen soll.

Wenn aber diese Zeit unmittelbar bevorsteht, in der die Materie überwunden oder gar aufgelöst werden muß, brauchen wir noch eine Hilfe und Gnade, um den wahren Geist Gottes zu erkennen, um zu erfahren, was und warum Materie ist und wessen Prinzip sich darin verwirklicht. Wir brauchen aber auch Hilfe, um zu wissen, was Johannes der Täufer und Jesus Christus meinten, wenn sie von der Überwindung des Leibes und der Welt sprachen.

Was meint der Täufer, wenn er neuerlich spricht, daß der Leib eine Demütigung des wahren Geistes Gottes ist?

Gerade die Thematik über das schier unüberwindliche Hindernis zwischen Geist und Materie dürfte das Welt- und Gottesbild vieler Menschen erschüttern. Für den einen oder anderen Leser mag diese Aussage bereits Grund genug sein, dieses Buch zur Seite zu legen. Doch Suchen heißt auch, sich zu öffnen. Wer sich aber nicht öffnet, wird niemals finden.

»Habt ihr denn noch immer nicht erkannt,
daß diese Welt das vergängliche Reich eines anderen ist? – und
Christus euch davon befreien will.

Habt ihr denn immer noch nicht erkannt,
daß sich viele Seelen gar nicht von diesem irdischen Reich lösen
wollen?

Könnt ihr nun verstehen, warum mein Wort über den wahren
Geist Christi für viele bitter ist wie Galle?«

Johannes der Täufer, Februar 1998

TEIL I

DER BUND DER ROSE

›Der Bund der Rose‹, so lautet der Titel dieses Buches.

Was besagt dieser Bund, wer ist Teil dieses Bundes und wer gab den Namen? Waren es Menschen in ihrer Einfalt, in einer verklärten Romantik oder war es gar Hochmut? Keines von allem.

In einer medialen Botschaft gab Johannes der Täufer dieses Wort:

»So empfanget nun mein Zeichen:
Die Rose der Nacht,
die am Tage der Geburt Jesu erblühte.
Sie ist das Zeichen des Widerstandes.
Sie soll das Zeichen unserer Bruderschaft sein.
Das Zeichen laßt euer Zeichen sein –
und die Pforten der Hölle werden euch nicht überwältigen.«

Diese Aussage barg über lange Zeit ein Geheimnis und verleitete so manchen zu Spekulationen. So ist beispielsweise legendenhaft überliefert, daß auf dem einstigen Fluchtweg der Heiligen Familie nach Ägypten auch heute noch kleine Röschen blühen. Desweiteren ist bekannt, daß man Johannes bis ins hohe Mittelalter mit weißen Rosen ehrte. In Polen ist es noch heute Sitte, den Verstorbenen mit dem Namen Johannes an ihrem Namenstag eine weiße Rose aufs Grab zu legen.

Eines ist deutlich: *›Die Rose der Nacht‹* ist das Zeichen oder Symbol einer Bruderschaft, der sowohl geistige Wesen als auch irdische Menschen angehören. Johannes der Täufer muß eine zentrale Bedeutung in diesem Bunde haben. Dieser Bund muß durch die Geburt Jesu aber erst besiegelt worden sein. Symbolisch ausgedrückt: Die Rose blieb bis zum Erscheinen Jesu gleichsam Knospe, durch ihn aber geschah die Entfaltung. Elija-Johannes ist gleichermaßen der Stamm, Jesus die Blüte.

In einer medialen Botschaft beschreibt der Prophet Jeremia in eindrucksvoller Sprache seine Wiedererweckung durch den großen

Boten Gottes, Elija-Johannes. Er erhielt dabei den Auftrag, erneut seine Kraft für das Wort Gottes zu erheben. Zugleich darf er einen Teil seiner Mitstreiter in der geistigen Bruderschaft sehen.

Eine begabte Malerin hat versucht, die Worte Jeremias über den *›Bund der Rose‹* in einem Bild auszudrücken. So wurde dieses Aquarell zum Titelbild unseres Buches gewählt.

Nach und nach wurden uns die einzelnen Geistwesen dieses Bundes eröffnet. Sie meldeten sich durch mediale Botschaften an mehrere Menschen. So fanden sich schließlich auch diese Menschen zu dem *›Bund der Rose‹* zusammen. Es ist selbstverständlich, daß all diese Botschaften abgeglichen und geprüft wurden. Auffallend war und ist stets der Gleichklang in Sprache und Aussage mit den biblischen Prophetenworten. Dies macht uns sicher und zuversichtlich, zumal auch die neuerlichen Prophetenworte die einzelnen Individuen und Charaktere deutlich widerspiegeln. Dies konnten wir durch das nachträgliche Studium der Propheten erfahren. Es war ein oft mühsamer und langer Weg, die eine oder andere Angabe auf ihren Wahrheitsgehalt zu überprüfen, so z. B. persönliche historische Daten und Aussagen. Die theologischen Universitäten haben aber sehr viel Literatur über die Propheten zusammengetragen. Dies war und ist uns stets Hilfe.

Nur bei dem Propheten Jona fiel es schwer. Hier war uns aber dann das umfassende Werk eines Rabbi über den verkannten Propheten von Ninive eine große Stütze.

Wer sind im geistigen Reich die Mitglieder dieses Bundes und worin besteht ihre Aufgabe?

In den medialen Botschaften wird oftmals von einem großen Lichtheer gesprochen, aber auch die Zahl der Gerechten, 144.000, genannt. An der Spitze des Bundes stehen die biblischen Propheten Jona, Jeremia, Jesaja, Daniel, Joël, Maleachi, Melchisedek und Henoch. Weiter sind genannt die Wesenheiten Zacharias und Elisabeth (die leiblichen Eltern Johannes des Täufers), Zadok, Maria, die Mutter Jesu und die Aposteln Petrus und Johannes sowie der Lieblingsjünger des Täufers, dessen Name, wie es heißt, jedoch verborgen bleibt bis zum Ende. Zusätzlich sind im Bunde erwähnt die ›Neugeister‹ wie Franz von Assisi, Hildegard von Bingen und Novalis.

Getragen, gelehrt und geleitet wird diese Bruderschaft vom Geist des Elija-Johannes.

Im *›Bund der Rose‹* sind die bekannten Streiter für das Wort und den Geist Gottes vereint. Durch ihren ständigen Kampf gegen Satan auf Erden sind sie geläutert, gestählt und unbeugsam geworden. Sie sind bereit, gegen die Übermacht Satans ihr Sein zu opfern und würden ihren eigenen Untergang einer weiteren Daseinsform im Bannbereich Satans vorziehen. Offen bekennen sie sich zu ihrem Schwur an Elija-Johannes und dem Bunde und hoffen und wissen, daß Elija-Johannes erst den Bann Luzifers zerschlagen muß, ehe der Welt der Eintritt des Geistes Christi gegeben ist. Erst dann sind auch sie erlöst und in die Himmel aufgenommen. Keiner geht aber in die Erlösung, so nur einer von ihnen unerlöst zurückbleibt.

Diese ihre Aussage steht nicht ganz im Einklang mit der allgemeinen Auffassung, gehen wir Menschen doch meist davon aus, daß die großen Propheten und Heiligen längst in den Himmeln wohnen. Eindeutig und übereinstimmend sagen sie jedoch aus, daß selbst große Geistwesen noch im Bannbereich Luzifers dürsten und leiden müssen bis zum ›Tag des Herrn‹.

Erst so werden uns die Worte verständlich, die der Engel des Herrn an Daniel richtete: »Du aber, Daniel, geh hin, bis das Ende kommt, und ruhe, bis du auferstehst zu deinem Erbteil am Ende der Tage!« (Dan 12,13).

Diese geistigen Streiter empfinden einen tiefen Schmerz über die Verblendung der Menschen, aber auch eine unbeschreibliche Liebe zur Menschheit. Diese Liebe zu Gott und Mensch zugleich läßt sie aber nicht ruhen in ihrem Kampf, ihrem Widerstand gegen Satan.

Durch die Botschaften Johannes des Täufers, der Propheten und anderer Wesenheiten hat sich in dieser Welt eine kleine Schar zusammengefunden, die sich dem neuerlichen göttlichen Auftrag Johannes des Täufers und dem *›Bund der Rose‹* verpflichtet fühlt.

Diese kleine irdische Gruppe mag in der Welt nur ein *kleines Fähnlein* sein in Anbetracht so vieler und großer esoterischer Zirkel. Im heutigen Sinn der Esoterik sehen wir uns aber keineswegs als Teil dieser Weltanschauung. Was uns von diesen Gruppen unterscheidet, ist der gemeinsame Weg auf den geistigen Spuren Johannes des Täufers und seiner Lehre.

Dieser Weg stellt hohe Anforderungen, unabhängig irgendwelcher äußerer Voraussetzungen. Erforderlich ist ausschließlich die innere Voraussetzung, die Bereitschaft und der Wille eines jeden einzelnen, den Weg mit Johannes dem Täufer zu gehen. Die Lehre des Täufers schließt jede äußere Form aus. So ist es nur natürlich, daß dieser Bund weder Anerkennung in der Welt erwartet noch um Anhänger wirbt.

Der Weg mit Johannes dem Täufer weist viele geistige und weltliche Hürden auf, die erst bewältigt werden müssen. Wenn Jesus Christus von den *geistlich Armen* spricht, meint er die Gebundenheit an die Materie. Diese Gebundenheit zu überwinden ist eine der Voraussetzungen auf dem Weg mit Johannes.

Primärer Auftrag des Bundes ist jedoch, für das Werk des Täufers einzustehen und bis zu seiner Vollendung mitzuwirken. Dies heißt, einen schweren Weg zu begehen, für das Werk geistig zu kämpfen und mit seinem äußeren Handeln dafür einzustehen.

Im irdischen Bund sind mehrere Brüder und Schwestern mit medialen Fähigkeiten ausgestattet. Sie empfangen die geistigen Botschaften audiovisuell, andere wirken als Schreib- bzw. Sprachmedien. Einige wenige wiederum sind fest vom Geiste ihrer jenseitigen Schwestern und Brüder erfaßt, so z. B. von Elisabeth, der Mutter Johannes des Täufers, Hildegard von Bingen, Franz von Assisi und schließlich von Johannes dem Täufer selbst. Nun ist es aber beileibe nicht so, daß diese betreffenden Menschen religiöse Eiferer oder gar *esoterische Spinner* sind. Das Gegenteil ist der Fall. Sie haben zumeist Familie und sind in anspruchsvollen und zeitraubenden Berufen in Industrie und Wirtschaft sowie Medizin engagiert. Auch hat sich niemand unter ihnen einen *persönlichen Wunsch* erfüllt. Die geistigen Verbindungen kamen vielmehr aus *heiterem Himmel,* und keiner leistete hierfür bewußte Vorarbeit. Freilich ist neben einer Bestimmung und Berufung hierzu eine gewisse seelisch-geistige Prägung erforderlich. Aus einigen medialen Botschaften wird deutlich, daß sowohl Bestimmung als auch Prägung sehr tiefe Wurzeln haben.

Es hat wenig Sinn, diese Dinge zu beschreiben und zu erläutern. Menschen, die solchen Vorgängen fremd oder ablehnend gegenüberstehen, finden auch durch logischste Erklärungen keinen Zugang hierzu.

Glauben oder Nichtglauben, Verstehen oder Nichtverstehen sind aber nicht entscheidend. Aus unserer Sicht dürften wir nur trennen in Wissen und Nichtwissen. Dieses Wissen kann kontinuierlich reifen durch geistige Schulung oder einen auch plötzlich erfassen.

In unserem irdischen *›Bund der Rose‹* wurde der Grundstein Ende der 80er-Jahre gelegt. Ein Mensch erhielt mediale Botschaften von den geistigen Lehrern Jona (dem Propheten) und Emanuel, einem Essener-Meister zur Zeit Johannes des Täufers und Jesus.

Es war eine lange und gezielte Hinführung zu Johannes dem Täufer und seinem neuerlichen Werk. (Detailliertes hierüber ist nachzulesen in dem Buch *»Johannes der Täufer – Sein wahres Leben und Wirken, Seine Wiederkehr«*, Drei Ulmen Verlag, München; ISBN 3-926087-20-X).

Erst nachdem das geistige Fundament in diesen Menschen durch die jenseitigen Meister Jona und Emanuel gelegt war, erfolgte die unmittelbare Verbindung mit Johannes dem Täufer. So wandte sich der Vorläufer Christi erstmals im Dezember 1991 in einer medialen Botschaft an diesen Menschen. Sie endete mit den Worten:

»....So gieße ich die Wasser des Jordan über dein Haupt und taufe dich
im Namen des Vaters
im Namen des Erlösers Jesu Christi und
im Namen des Geistes Gottes.
Gehe hin und verkünde mein Wort
Johannes der Täufer.«

Nur wenige Zeit später floß dann auch das sogenannte *›Innere Wort‹* Johannes des Täufers aus dem Munde dieses Menschen. Es begann eine schwere Zeit, verbunden mit Prüfungen, Anfeindungen und Verleumdungen. Doch dieses sah Johannes der Täufer voraus, denn er sagte auch:

»Du bist erstanden an meiner Seite,
unverwundbar im Geiste.
Sorge dich nicht um dein Leid, denn du bist erwählt.
Schmerz wird dir widerfahren durch mein Wort
und der Schmerz wird deine Seele martern.
Sie werden dich verhöhnen ob meiner Worte,
sie werden dich verjagen ob meiner Worte,
sie werden dich verfluchen ob meiner Worte
und deine Seele wird trauern und leiden.
Nur dies ist der Kampf, den du allein bestehen
mußt – und sie werden dich lieben ob meiner Worte.«

Doch das *Erfaßt-Sein* vom Geiste Johannes des Täufers hat ihn bisher alles leicht ertragen lassen. So bekundete auch der Vorläufer Christi gegenüber diesem Menschen mehr und mehr seine Verbindung, Liebe und Führung. Nannte er ihn erst nur *»Mein Werkzeug«*, so wurde dies nach bestandenen Prüfungen ausgedehnt auf *»Mein Lebensmann auf Erden«* bzw. *»Wächter meines Lebens auf Erden«* bis hin zu der Aussage: *»Du bist mein Geistleib auf Erden. Mein Geist wird vollends in deinen Leib kehren, auf daß der Plan Gottes erfüllt werde«.*

Seit etwa neun Jahren fließt das *›Innere Wort‹* Johannes des Täufers durch diesen seinen Lehensmann. Dieses *›Innere Wort‹* gleicht einem roten Faden, ist es doch die Lehre Johannes des Täufers, seine erneute Botschaft über den wahren Geist Gottes und die Erlösung der Getreuen und Aufrechten. Ja, es ist ein deutliches Wort zur Umkehr und Neuausrichtung hin zum wahren Leben im Geist Gottes.

Es verdeutlicht die Unterschiede zwischen Geist und Materie, Erlösung und irdischem Sinnen. Es trennt die Menschen in die, die im Geist Gottes ihr Heil suchen und jene, die Erden-Anbeter sind. Johannes der Täufer verschweigt nicht, daß er gekommen ist, das Endgericht anzukünden, in dem Feuer und Wasser die materielle Erde zerstören werden und nur jene Erlösung finden werden, die dem wahren und einzigen Geist anhängen.

All diese Worte stoßen in unserer Welt, die so sehr verstrickt ist in materielle Ziele und Äußerlichkeiten, auf Widerstand. Gerade aus sogenannten esoterischen Kreisen, die oftmals dem Heil im Leibe und der Materie Erde soviel Wert und Bedeutung beimessen, nehmen Widerstand und Verleumdung kontinuierlich zu.

So sind Weg und Bewältigung der außergewöhnlichen Aufgabe steil und steinig. Er ist gepflastert mit seelischen und körperlichen Schmerzen. Rückschläge, Demütigungen, ja sogar Verspottung durch die Welt, sind die täglichen Begleiter.

Der Lehensmann aber ist erfaßt vom Geiste und vom Mute Johannes des Täufers. Er steht weder auf einem Podest als verklärter Heiliger, noch wird er als solcher verehrt. Gott sei Dank ist er in seinem äußeren Erscheinungsbild ein Mensch wie Du und ich, der mit beiden Beinen auf dem Boden der Erde steht und jede Verehrung vehement zurückweist.

Der Lehensmann hat seinen Auftrag im Namen des Johannes begonnen, und wiederum erkennen heute wie vor zweitausend

Jahren nur wenige Menschen Sinn und Bedeutung.

Diese Wenigen aber haben sich gefunden im *›Bund der Rose‹*.

Um die heutige Mission Johannes des Täufers zu verstehen, müssen wir jedoch zunächst sein Leben und Wirken vor zweitausend Jahren und seine Lehre, einst und jetzt, verstehen.

TEIL II

WIEDERKEHR UND BOTSCHAFT

JOHANNES DES TÄUFERS

LEBEN UND WERK JOHANNES DES TÄUFERS VOR ZWEITAUSEND JAHREN

Johannes heißt in hebräisch Jochanan, d. h. Gott ist gnädig. Den Beinamen *›der Täufer‹* erhielt er von den Menschen durch seine Tauftätigkeit am Jordan. Er war aber schon vordem in Judäa bekannt als Prediger. In dieser Zeit wurde er *›der Eremit von Engedi‹* genannt, da er zurückgezogen in der Steinwüste nahe des Toten Meeres lebte. Sein ganzer Name lautet im Hebräischen: Jochanan ben Sacharja (= Johannes, Sohn des Zacharias).

Johannes der Täufer zählt zu den großen Gestalten der Bibel. Alle Evangelien beginnen mit dem Werk und der Mission des Johannes, dem Vorläufer Christi.

Die Mohammedaner verehren Johannes den Täufer unter dem Namen Yahia. Ihnen gilt er als Vorläufer des Propheten Mohammed. In der christlichen Welt hat er u. a. die Namen: Johannes der Täufer, Johann Baptist, John the Baptist, Giovanni Battista, Jean Baptiste, Ionnis Prodromos.

In der Hierarchie der Heiligen steht er zusammen mit der Gottesmutter Maria auf vorderstem Rang. Neben Jesus und Maria ist er der einzige, dessen Geburts- (24. Juni) und Todestag (29. August) von der Kirche gewürdigt werden. Die Festlegung seines Geburtstages ist dabei symbolhaft bezogen auf den Ausspruch Johannes des Täufers: *»Er muß wachsen, ich aber muß abnehmen«,* da am 24. Juni die Sonne abnimmt und am 24. Dezember, der kirchlich festgelegten Geburt Jesu, wieder zunimmt. Auch die Geburt Jesu ist symbolhaft auf diesen Tag gelegt.

Johannes der Täufer wurde aber tatsächlich ein halbes Jahr vor Christus geboren. Seine Mutter Elisabeth und die Mutter Jesu waren Cousinen. Sein Geburtsort ist Ain Karem (Æn Karim) an der südwestlichen Stadtgrenze Jerusalems.

Das historisch gesicherte Geburtsjahr Johannes des Täufers und Jesu ist aber nicht das Jahr 0, sondern liegt zwischen 8 bis 6 v. Chr.

Die Geburt Johannes des Täufers ist von Mysterien umgeben. Alle Umstände weisen auf das Erscheinen eines außergewöhnlichen Menschen, eines Gottgesandten hin. Das *»Johannes-Buch der Mandäer«* beschreibt dies ausführlich: Ein Engel (Gabriel) erscheint dem alten Zacharias und verkündet ihm die Geburt eines Sohnes, den er Johannes nennen soll. Diese Botschaft schien aber wenig glaubhaft, da Elisabeth unfruchtbar war und zudem ebenfalls in einem Alter, das eine Schwangerschaft ohnehin ausschließt. Doch ***»das Kind, das aus der Höchsten Höhe herabkommt und dir auf deine alten Tage geschenkt wird«*** wurde als Wunder in den Schoß von Elisabeth gelegt und geboren. Wiederum erscheint ein Engel und warnt Zacharias vor dem Plan Herodes', das Kind zu töten. Er befiehlt zugleich die Flucht.

Diese sogenannten Mandäer sind uns aus frühchristlichen Überlieferungen bekannt. Ihre Nachfahren existieren heute noch im südlichen Irak. Sie sind aus der Täuferbewegung am Jordan hervorgegangen und im 1. Jh. n. Chr., vermutlich wegen Verfolgung, in den Irak emigriert. Bis heute noch sind einige hunderttausend dieser Mandäer hier vereint und pflegen die Lehre und Tradition Johannes des Täufers. Ihr Buch über Johannes, dessen Geburt und Sendung ist dadurch über zwei Jahrtausende erhalten geblieben. Historiker und Religionswissenschaftler nehmen daher an, daß die Evangelisten Matthäus und Lukas die Geburtsgeschichte des Täufers von den Mandäern des 1. Jh. n. Chr. übernommen haben.

Wir wissen, daß beide Neugeborenen, Jesus und Johannes, vor den Schergen Herodes d. Großen fliehen mußten. Während Elisabeth mit ihrem Sohn Zuflucht in einer Höhle der Wüste Judäa suchte, flohen die Eltern Jesu mit ihrem Kind nach Ägypten. Wie wir inzwischen durch die Forschung wissen (z. B. aus dem Buch *»Johan-*

nes der Täufer, Sein wahres Leben und Wirken, Seine Wiederkehr«) war die Flucht beider nicht ›Hals über Kopf‹, sondern erfolgte nach genauen Plänen und Anweisungen von Essener-Meistern und deren ägyptischem Zweig, den Therapeuten. Demnach mußten die Fluchtwege beider Neugeborenen getrennt sein, um die Gefahr des Auffindens durch Herodes zu begrenzen. Beide mußten aufgrund ihrer Sendung und zukünftigen Mission vor der Ermordung durch die Staatsmacht bewahrt werden.

Als Zacharias von den Soldaten nach dem Verbleib seines Sohnes befragt wurde und keine Auskunft gab, wurde er auf Anweisung Herodes' im Tempel erschlagen.

Nachdem die Familie Jesu sicher in Ägypten angelangt war, wurden Elisabeth und Johannes auf geheimen Fluchtwegen ebenfalls an den gleichen Ort geleitet. Dieser Ort ist uns mit dem Namen Zoan übermittelt. Hier erhielten die Mütter Maria und Elisabeth ausführliche Unterweisungen und Belehrungen über den zukünftigen göttlichen Auftrag, den ihre Kinder zu erfüllen hatten. Die Schulungen dauerten insgesamt drei Jahre.

Obwohl Herodes d. Große inzwischen verstorben war, schien eine Rückkehr nach Jerusalem nicht ratsam. Dort führte sein Sohn Archelaus eine Schreckensherrschaft. Die Familie Jesu ging daher nach Nazareth, Elisabeth verweilte mit ihrem Sohn im Hügelland von Engedi. Eine Heimkehr in das stattliche Anwesen mit Weinbergen in Ain Karem war zudem ausgeschlossen, da die Familie Zacharias von Herodes enteignet wurde.

Als Johannes zwölf Jahre alt war, verstarb seine Mutter, gezeichnet von den Wirrnissen des irdischen Lebens. Er war nun Vollwaise. Die Annahme, daß Johannes ab diesem Zeitpunkt bei den Qumran-Essenern aufgenommen wurde, ist zwar weit verbreitet aber falsch. Wohl stand er zwar ständig mit diesen in Kontakt; seine Lehrer waren aber Meister außerhalb der Qumran-Siedlung. Johannes der Täufer und Jesus hatten meist die selben Lehrer, jedoch zu unterschiedlichen Zeiten. Ein Zusammentreffen beider war aber nach Ablauf bestimmter Lehr-Zyklen stets Teil der

Schulungen. Die einzelnen Stationen sind jedoch noch im Verborgenen. Von Johannes dem Täufer wissen wir jedoch, daß er für längere Zeit im indischen Raum verweilte. Nach seiner Rückkehr verbrachte er viele Jahre in der Einsamkeit der Judäischen Wüste, um sich auf seine entscheidende Mission vorzubereiten. Seine ersten aufrüttelnden Predigten erfolgten in Jerusalem. Speziell betroffen waren davon die Pharisäer und Schriftgelehrten als auch die menschenverachtende staatliche Verwaltung. Er sollte daher mehrfach gefangengesetzt werden, entkam aber stets dem Zugriff der Staatsmacht. Die Menschen in Jerusalem schrieben ihm magische Kräfte zu, da er plötzlich unsichtbar wurde und an anderer Stelle wieder erschien. Zum endgültigen Bruch mit der jüdischen Tradition kam es schließlich, als der Täufer den Priestern die Rechtmäßigkeit ihres Amtes absprach und den Tempel zu Jerusalem verwarf. Er prangerte den Lebenswandel, die fehlende Moral und die Scheinheiligkeit an, mit der Gebote und Gesetze gehalten wurden, während man Gott und die Mitmenschen mißachtete. Der Tempel in Jerusalem hatte für das einfache Volk nur noch sinnlose Zwänge. So mußten z. B. alle Frauen nach der Monatsblutung stets zum Tempel pilgern, um sich von Priestern wieder reinwaschen zu lassen. Entsprechendes galt auch bei Entbindungen, Verstößen gegen Riten und Regeln aller Art. Dieses Reinwaschen stand aber praktisch für Loskaufen, denn es bedurfte neben langer und teurer Reisen auch stets den Kauf eines Opfertieres, von der Taube bis zum Lamm, je nach dem Grad der Unreinheit. Diese Opfertiere wurden dabei am Tempel und selbst im Tempel verkauft.

Es ist nur zu verständlich, daß der Großteil des jüdischen Volkes diesen Prediger Johannes als Befreier und Volkshelden verehrte. Aber auch das Volk blieb von seiner Kritik nicht verschont. Ihm warf er mangelnde Nächstenliebe und Fürsorgepflicht gegenüber Armen, Obdachlosen und Kranken vor. Er forderte die Umkehrbuße und meinte damit nicht Reue oder Selbstbestrafung, sondern Sinnesänderung.

Weitere Stationen seiner Predigten waren Schnittpunkte von Wander- und Handelsstraßen in der Judäischen Wüste. Stets wurde er aber verfolgt und bespitzelt von den Pharisäern und Amtsträgern. In dieser Phase seines Wirkens entstand sein Jüngerkreis. Auch Jesus war ab diesem Zeitpunkt bis zu seiner Taufe in seinem Kreis, der den Namen ›die Nazoräer‹ innehatte. Diese Nazoräer (Nazarener) galten als die Bewahrer (= deutsche Übersetzung) des reinen Glaubens an Gott und als Bewahrer vor dem Umkommen im künftigen Endgericht. Der größte Teil der Johannes-Jünger wurde später zu Jüngern Jesu. Einige Jünger hat Johannes bereits lange vor seinem Tode zu Jesus gesandt, so z. B. Petrus, Andreas, Thomas und Nathanael.

Über das hohe Ansehen, das Johannes bei den Menschen in Judäa fand und den großen Zustrom, den seine Predigten auslösten, schreiben die Evangelisten nur in geraffter Form. Wesentlich mehr über diesen charismatischen Gottesmann erfahren wir dagegen vom römischen Geschichtsschreiber Josephus Flavius, der im 1. Jh. n. Chr. lebte und sozusagen noch Zeitzeuge war.

Die außerordentliche Größe Johannes des Täufers bestand darin, daß er sich auf dem Höhepunkt seines Ansehens und Wirkens zurücknahm, um einem Größeren, Jesus, Platz zu machen. Für die damaligen Menschen galt Johannes bereits als der Messias, auf den sie warteten. Er aber verwies auf einen anderen. Mit seiner Taufe an Jesus und der Verkündigung, daß dieser der Messias sei, tat er den entscheidenden Schritt in seinem Auftrag.

Mit der Taufe hat Johannes ein bis dahin unbekanntes Ritual, ein Sakrament, eingesetzt, das Priester und Schriftgelehrte vor den Kopf stieß und die bestehende Ordnung außer Kraft setzte: Die Menschen kamen zu ihm an den Jordan, um sich reinzuwaschen. Die einmalige Taufe genügte dabei. Von nun an war der stets wiederkehrende Opfer- bzw. *Zahl*-Gang zum Tempel nicht mehr erforderlich. Johannes verkündete zudem, daß nicht die Priester und Kirche zum Heil verhelfen, sondern die künftige Botschaft des Messias.

Erst wer sich in die Zeit, die Mission des Täufers und den Widerstand gegen seine Lehre versetzen kann, weiß um die schwere Bürde, die diese Vorläuferschaft von Johannes abverlangte.

Wundert es daher nicht, daß Johannes der Täufer von Herodes Antipas gefangengesetzt, eingekerkert und schließlich enthauptet wurde?

Die Evangelisten nennen als Ursache dessen Vorwürfe an Herodes und seiner unrechtmäßigen Ehe mit Herodias. Der Geschichtsschreiber Josephus Flavius nennt andere Gründe: Das Herrscherhaus Herodes hatte Angst vor einer großen Umbruchstimmung und Neuorientierung, religiös wie gesellschaftlich, die Johannes durch sein Wirken ausgelöst hatte.

Wohl niemand hat sein Werk besser gewürdigt als Jesus mit den Worten:

»Ich sage euch, daß unter denen, die vom Weibe geboren sind, kein Größerer ist als Johannes.«

»Als Prüfer und Scheider wird diese Liebe
auf Erden kommen.
Und aus dem Feuer der Liebe fließt die
Lava der Reinigung.
Schlechtes, Verdorbenes und Widerstrebendes kann
jedoch nicht gereinigt werden.
Kehret um, auf daß ihr nicht das falsche Silber seid,
das verworfen wird.«

Johannes der Täufer, Mai 1998

HINTERGRUND UND BEDEUTUNG SEINER WIEDERKEHR

Was ist der Grund für die Wiederkehr Johannes des Täufers?

Läßt sich diese Frage außerhalb der Bibel und losgelöst von der Eschatologie und dem göttlichen Erlösungsplan beantworten? Wohl kaum.

Viele Propheten und Gesandte Gottes, Johannes und Jesus, aber auch die Apostel gaben uns eindeutige Worte über das kommende Gericht des Herrn. Freilich sind diese nicht aneinandergereiht und zusammengefaßt lesbar, sondern verstreut über die gesamte Bibel, angefangen bei Henoch bis hin zu den Apostelbriefen. Der letzte Bibelteil, die Johannes-Offenbarung, zeigt schließlich eine Verdichtung des kommenden Geschehens. Ob dieser Johannes, der Seher von Patmos, seine Prophezeiungen in Symbole kleidete oder verschlüsselt wiedergab, wird die Zukunft beantworten.

Vom Gericht am Ende der irdischen Tage spricht indes nicht nur die Bibel. Auch der Koran, das Buch des Propheten Mohammed, zitiert und skizziert diese Thematik wiederholt. Während im Islam Johannes der Täufer und seine Eltern Zacharias und Elisabeth hohe Achtung und Verehrung erfahren (das Haupt Johannes des Täufers ist das wertvollste Heiligtum der Omayadenmoschee in Damaskus und Ziel zahlreicher Moslimpilger), wird seine erneute Weltenmission im Koran nicht erwähnt.

Die Hinweise auf die Wiederkehr Elijas bzw. Johannes des Täufers finden sich ausschließlich im Juden- und Christentum. Die deutlichste Aussage hierzu finden wir bei den Propheten Maleachi und Jesaja. Während Maleachi präzise den Namen Elija nennt, spricht Jesaja von *»Einer Stimme in der Wüste«*. Aufgrund der Jesus-

Worte über Johannes den Täufer müssen wir davon ausgehen, daß dieser mit Elija identisch ist. Davon waren selbst die Juden der damaligen Zeit überzeugt.

Der Prophet Daniel erwähnt ebenfalls die Zeit des Endgerichts. Als Boten hierzu nennt er allerdings den Erzengel Michael. Viele Gläubige sehen in den Gestalten *Michael-Elija-Johannes* eine unmittelbare geistige Einheit und Verbindung. Diese Identität ist aber nirgends beschrieben. Sie entspringt vielleicht der gefühlsmäßigen Einschätzung vieler Menschen um die Gleichheit dieser drei in ihren Aspekten und Charakteren. Aus den medialen Botschaften Johannes des Täufers und seiner geistigen Mitstreiter ist diese Identität ebenfalls nicht erkennbar. Wohl wird aber deutlich, daß eine Verbindung besteht.

Eine denkwürdige Situation schildert uns der Evangelist Markus. Im damaligen Judentum war der Glaube an die Wiederkehr Elijas fest verankert. Man erhoffte sich von ihm, daß er das drohende Unheil vom Gottesgericht abwenden und die Welt mit Gott versöhnen würde.

Darauf nimmt auch Jesus Bezug. Unmittelbar nach der Verklärung auf dem Berg antwortete er seinen Aposteln Petrus, Jakobus und Johannes zu dieser Frage: *»Ja, zuvor kommt Elija und bringt alles wieder zurecht«* (Mk 9,12).

Denkwürdig ist diese Schilderung deshalb, weil hier Jesus einem Teil seiner Jünger die Wiederkehr des Elija verkündete, während er geraume Zeit zuvor den Menschen über Johannes den Täufer sagte: *»Und so ihr's wollt annehmen; er ist Elija, der da kommen soll«* (Mt 11,14).

Wenige Seiten zuvor sagte Jesus auch über den Täufer: *»Dieser ist's, von dem geschrieben steht: Siehe, ich sende meinen Boten vor mir her, der mir den Weg bereiten soll.«*

Jesus wußte also um die Sendung Johannes des Täufers und dessen Identität mit Elija. Er wußte aber offenbar auch um die doppelte Funktion und Aufgabe des Täufers. Die erste war die Vorläuferschaft und Wegbereitung für Jesus selbst. Die zweite aber liegt noch vor uns: Seine Wiederkehr vor den Tagen des Endgerichts.

Diese erneute Wiederkehr Johannes des Täufers beschreibt auch Hildegard von Bingen (1098 – 1179) sehr ausführlich in ihrer visionären *›Schau des wahren Lichts‹*. Es ist ihr eigentliches Hauptwerk, in dem sie das lange und schmerzhafte Ringen des Elija bzw. Johannes mit dem Antichristen detailliert voraussagt.

An die Seite des Elija ist ein treuer Gottesmann gestellt: Henoch.

Auch die bekannte Seherin Bertha Dudde (1891 – 1965) erhielt zur Mitte des 20. Jh. eine ausführliche geistige Schau über die Wiederkehr Johannes des Täufers zur Endzeit. Ihre Prophezeiung ist dekkungsgleich mit der Vision Hildegards von Bingen, in einigen Bereichen und Erklärungen noch präzisierender. So z. B. sagt sie aus, daß der Leib Johannes des Täufers schon auf Erden geboren ist. Dieser Mensch hat ebenfalls den Namen Johannes. Er ist sich seiner erneuten Erdenmission jedoch nicht bewußt bis zu der Stunde, da sein Leib vom Geist des Johannes erfaßt wird.

Wie Hildegard von Bingen, so schildert auch Bertha Dudde den schweren Weg Johannes des Täufers in ihrer visionären Schau. Beide Seherinnen prophezeien die Mißachtung und Verfolgung des erneuten Vorläufers Christi. Die Welt nimmt ihn nicht an, obwohl er in Liebe und Demut – aber auch entschlossen – die Menschen zu Gott hinführen will. Der weitaus größte Teil der Menschen wendet sich sogar gegen ihn, predigt er doch die Abkehr von dieser Welt.

Am Ende seines irdischen Wirkens ereilt ihn das gleiche Schicksal wie einst: Er wird ermordet, seine Mitstreiter sind den Häschern ausgeliefert. Eine schreckliche Parallele und Wiederholung der Verblendung dieser Welt.

Vielen Lesern ist auch der steirische Mystiker Jakob Lorber (1800 – 1864) bekannt. Auch ihm wurde in einer geistigen Schau durch die Stimme Jesu Christi die Wiederkehr Johannes des Täufers zur Endzeit geschildert.

In einer Textstelle heißt es:

»So ihr es annehmen wollt, da ist dieser Johannes, der Elijas, der zukünftig vor dem Messias noch einmal kommen soll.«

In einer anderen offenbart Jesus dem Seher:

»Es wird Johannes sein, der euch Hilfe ist und für mich abermals das Martyrium erduldet.
Ich bin wie er die Reinheit und er ist wie ich die Liebe.
Wer ihn annimmt, der nimmt mich an.
Wer ihn verwirft, der verwirft mich.
Wer ihn verspottet und jagt, der tut es mir an.
Er soll der Grundstein werden meines Friedensreiches.
Seine Worte werden mit glühenden Lettern in die Seelen geschrieben werden derer, die ihn mißachten, auf daß sie es fühlen, wenn sie frei vom Leibe sind.
Johannes, dein Wort wird sein mein Wort und ich werde Rechenschaft fordern von jedem, der es vernommen hat und mißachtet.«

Gibt es zu all den biblischen und außerbiblischen Prophezeiungen eine Parallele in der Offenbarung des Johannes?

In Offb 11, 3-13 heißt es

»Und ich will meinen zwei Zeugen geben, daß sie sollen weissagen zwölfhundertsechzig Tage, angetan mit Trauerkleidern. Das sind die zwei Ölbäume und die zwei Leuchter, die vor dem Herrn der Erde stehen. Und wenn ihnen jemand will Schaden tun, so geht Feuer aus ihrem Munde und verzehrt ihre Feinde; und wenn ihnen jemand will Schaden tun, der muß so

getötet werden. Diese haben Macht, den Himmel zu verschließen, daß es nicht regne in den Tagen ihrer Weissagung, und haben Macht über die Wasser, sie zu wandeln in Blut, und zu schlagen die Erde mit allerlei Plage, sooft sie wollen.

Und wenn sie ihr Zeugnis geendet haben, so wird das Tier, das aus dem Abgrund aufsteigt, mit ihnen Krieg führen und wird sie überwinden und wird sie töten. Und ihre Leichname werden liegen auf der Gasse der großen Stadt, die da geistlich heißt: Sodom und Ägypten, wo auch ihr Herr gekreuzigt ist. Und es werden etliche aus den Völkern und Geschlechtern und Sprachen und Nationen ihre Leichname sehen drei Tage und einen halben und werden ihre Leichname nicht lassen ins Grab legen. Und die auf Erden wohnen, freuen sich über sie und sind guter Dinge und werden einander Geschenke senden; denn diese zwei Propheten quälten, die auf Erden wohnten.

Und nach drei Tagen und einem halben fuhr in sie der Geist des Lebens von Gott, und sie traten auf ihre Füße; und eine große Furcht fiel auf alle, die sie sahen. Und sie hörten eine große Stimme vom Himmel zu ihnen sagen: Steigt herauf! Und sie stiegen auf in den Himmel in einer Wolke, und es sahen sie ihre Feinde. Und zu derselben Stunde ward ein großes Erdbeben, und der zehnte Teil der Stadt fiel, und wurden getötet in dem Erdbeben siebentausend Menschen, und die andern erschraken und gaben Ehre dem Gott des Himmels.«

In den zwei Edlen, von Gott gesandt wider den Herrn der Erde (Luzifer), dürfen Johannes der Täufer und Henoch vermutet werden. Letztendlich fallen sie auch in dieser Vision dem Antichristen (das Tier mit der Zahl 666) und seinen Schergen zum Opfer, bis sie Gott wiedererweckt und in den Himmel emporhebt. Im Ganzen wird aber hier eher ein düsteres Bild gezeichnet, das die Menschen von den beiden Gottgesandten haben.

Bei anderen Prophezeiungen hingegen tritt Johannes als rettender Geist auf, der viele Menschen vor den entfesselten Elementen der Erde bewahrt.

Es gibt aber noch andere Stellen in der Johannes-Apokalypse, hinter denen die Wiederkehr Johannes des Täufers abgeleitet werden kann. Die gesamte Niederschrift des Sehers von Patmos ist aber zu komplex, um sich auf die eine oder andere Deutung zu versteifen. Auch helfen spekulative Ansätze nicht, Verborgenes zu entschlüsseln.

Einen sehr interessanten Hinweis zur Wiederkehr Johannes des Täufers erfahren wir aus einer Quelle, die wohl kaum jemand vermutet und daher aufhorchen läßt. Es sind dies:

Die Prophezeiungen von Papst Johannes XXIII

Wohl kaum ein Papst genoß so viel Sympathie und Zuneigung wie Johannes XXIII. Er wurde 1881 mit dem bürgerlichen Namen Angelo Roncalli in der Provinz Bergamo geboren. Die Priesterweihe erhielt er 1904 in Monte Santo.

Im 1. Weltkrieg diente er als Sanitätsfeldwebel, später als Feldkaplan. 1918 wurde er nach Rom berufen. Im Auftrag der Kurie nahm er schwierige Aufgaben in Bulgarien, Türkei und Griechenland wahr, wo er viele Opfer und Demütigungen hinnehmen mußte und sogar Verfolgungen ausgesetzt war.

1944 schließlich wurde er zum Apostolischen Nuntius in Frankreich ernannt, 1953 zum Kardinal und Patriarchen von Venedig.

Überraschend war seine Wahl zum Papst im Jahre 1958. Er wählte den Namen Johannes. Damit drückte er seine tiefe Liebe und Verbindung zu Johannes dem Täufer und Johannes dem Evangelisten aus.

Am 3. Juni 1963 erreichte die Menschheit die Nachricht von seinem Tode. Ein Gefühl der unüberwindlichen Leere und Bestürzung lähmte die Katholiken. Er hinterläßt der Welt ein großes

Werk als Papst, aber auch sein persönliches *il girinale dell' anima*, das Tagebuch der Seele.

Sehr viel später erst, 13 Jahre nach seinem Tod, erfährt die Welt einen kleinen Teil seiner Prophezeiungen. Sie datieren nachweislich auf die Jahre bis 1935. Die Entdeckung ist von Geheimnissen umgeben. Nur etwa ein Fünftel der Prophezeiungen ist veröffentlicht unter dem Titel *›Le profizie de Papa Giovanni‹*. Ein großer Teil befaßt sich mit der politischen Entwicklung der Welt, den Vorhersagen über den 2. Weltkrieg, die Kriege in Korea und Vietnam, die Kuba-Krise bis hin zu den Ermordungen der Kennedy-Brüder und Martin-Luther-King. Die Erfüllung dieser Prophezeiungen ist beängstigend, zumal ein naher und neuer Ost-West-Konflikt vorausgesagt wird. Es erfolgt an dieser Stelle ein Hinweis auf Franz von Assisi in dem es heißt: *»Dann wird der barfüßige Heilige vom Berg hinabsteigen und das Reich erschüttern vor dem Grab des Barfüßigen. Hört seine Worte.«*

Kehren Wort und Geist des Franziskus wieder? In den medialen Botschaften, die uns von diesem Heiligen gegeben sind, spricht er von seiner Wiederkehr.

In weiteren Textstellen finden wir folgende Sätze:

»Michael und Johannes werden auf die Erde herabsteigen ...«

> *»Halbmond, Stern und Kreuz werden aufeinanderprallen.*
> *Einer wird das schwarze Kreuz hochhalten.*
> *Aus dem Tal des Fürsten werden die blinden Reiter kommen. Nach ihnen die Raben des Hungers, der Not, der Pest.*
> *Wohin könnt ihr noch fliehen, nachdem ihr die Kirche zerstört und den letzten Vater getötet habt?*
>
> ***Erwartet das Zeichen des Johannes.***
> *Das Lamm ist bereit.«*

»Öffnet euer Herz der Lilie.
Die von den Posaunen angekündigte Stimme wird machtvoll sein.
Licht aus dem Westen, das letzte Licht vor dem ewigen unbekannten Lichte.«

»Die Schreie erheben sich, die Schranken des Zwistes.
Die Bestie steigt schon aus den Wassern.
Die Hungersnot hält die Heere auf. Die Menschen rechnen mit dem Tod.
Gott hat den Krieg der Natur entfesselt, um den Krieg der Menschen zu verhindern ....
Die Tochter des Kain ist im Norden herabgestiegen, um zu predigen. Sieben Jahre Luxus im neuen Babylon. ***Im siebten Jahr fällt der siebte Schleier Salomes, aber es gibt keinen Kaiser, es gibt niemanden, der das Schwert erheben und den Kopf von Johannes abtrennen könnte.***
Die Zeit ist nahe.«

Zu manchen Wortwendungen fehlt uns heute noch der Zugang, andere wiederum scheinen leichter deutbar:

Mit Michael (im Originaltext: Mikail) ist wahrscheinlich der Erzengel gemeint, der zusammen mit Johannes dem Täufer in das Erdgeschehen eingreifen wird. Im weiteren Verlauf dieses Textes wird verschlüsselt ausgedrückt, daß Johannes eine Friedensbotschaft bringt, die von der Welt aber nicht angenommen wird.

Halbmond, Stern und Kreuz ... können einerseits auf Moslems, Juden und Christen hindeuten, andererseits aber auch auf Kriege zwischen den Völkern des Islam, der Christenheit und Rußland.

Das *schwarze Kreuz* symbolisiert die Kräfte des Bösen, die Kraft und Waffe des Antichristen. *Aus dem Tal des Fürsten* ... ist ein Hinweis auf Satan, den Fürsten dieser Welt, dessen Kräfte sich entfesseln durch die große Zahl seiner Anhänger. *Die blinden Reiter* ist ein feststehender Begriff in der Sprache der Mystik und bezeichnet so die Gegenkräfte, den Widerpart zum Heere des Lichts.

Dem werden folgen Not, Hunger und Seuchen. Die Kirche als Institution aber auch die Kirchenhäuser werden durch den Antichristen gestürzt und zerstört werden. Die Menschen finden keine Zuflucht mehr. Der letzte Papst wird offenbar ermordet.

Dann aber erscheint als Rettung das Zeichen des Johannes, dem erneuten Vorläufer und Wegbereiter Christi, denn es heißt auch: *»Das Lamm ist bereit.«*

Es ist dabei aber auch leicht vorstellbar, daß die Welt zu diesem Zeitpunkt in den Händen des Antichristen ist. Wie sehr wird Johannes dann verfolgt werden!

In der *Lilie* sehen wir einen deutlichen Hinweis auf Maria, die Mutter Gottes; in der *»machtvollen Stimme«* einen Hinweis auf Johannes den Täufer, der ebenfalls mit *»dem Licht aus dem Westen«* gemeint sein wird. Er ist dabei der letzte Gesandte, *das letzte Licht* vor der Wiederkehr des Geistes Christi.

Die letzte Textstelle offenbart uns bereits Verlauf und Höhepunkt der Johannes-Apokalypse. Johannes der Täufer ist bereits wiedergekehrt, hat gepredigt und gewirkt – wider die Herrscher und Mächtigen dieser Welt. Diesen ist sein Wort und Werk Stachel im Fleische. Sie trachten nach seinem Leben und schmieden ein Komplott, symbolisiert durch den Fall des *»siebten Schleiers der Salome«*. Johannes der Täufer wird gefangengenommen, eingekerkert; die Tötungsversuche an ihm werden aber offenbar durch göttliche Fügung vereitelt.

Beginnen wird aber das Geschehen mit Streit und Zwistigkeiten, vermutlich ideologischer Natur, denen bald ein großer Krieg folgt. *»Die Bestie aus dem Wasser«* mag ein Hinweis auf Leviathan bzw. Satan sein, der den Krieg mehr und mehr entfesseln wird. Hungersnot und Pest sind die zwei Verwünschungen aus der Johannes-Offenbarung. Sie werden über die Welt kommen und kaum einen Menschen verschonen, aber sie werden den Krieg lähmen. Eine Naturkatastrophe schließlich bringt den großen Krieg zum Stillstand. Chaos, Verzweiflung und Anarchie werden aber dann die

Welt erfüllen. *»Die Tochter des Kain«* nutzt diesen Zustand, um zu predigen. Es wird vermutlich wirklich eine Frau sein, die, ausgehend vom Licht, der Finsternis verfallen ist und leidenschaftlich für den Erhalt der alten Welt, der Materie, dem Reiche Luzifers, streitet. Sie wird ein Gegenpol zur Johannes-Botschaft sein und die Menschen nach den schweren Prüfungen mit ihren Worten der falschen Liebe verführen und betäuben.

Der Großteil der Menschheit wird in Agonie und Anarchie zugleich ihr Dasein fristen und passiv das Erwachen, die Zeitenwende abwarten, die von dem neuen wiedergekehrten Johannes vorausgesagt wird. Die Versuche, ihn zum Schweigen zu bringen scheitern.

»Die Zeit ist nahe«, ist ein belegter Ausspruch des Täufers, der das Kommen des Christus ankündigte. Er hat in dieser Prophezeiung eine bewußte und gezielte Bedeutung und symbolisiert die Hoffnung und Erfüllung.

Interessantes zu den Prophezeiungen Johannes XXIII am Rande:

Sie wurden dem kleinen irdischen Kreis um Johannes den Täufer und dem Autor erst Ende Mai 1999 bekannt.

Ein italienischer Mönch aus der Region Calabrien erhält in unregelmäßigen Abständen die heutigen Botschaften Johannes des Täufers und der biblischen Propheten. Ein etwas mühevoller Vorgang, denn er darf sie nur auf geheimem Postweg empfangen. Zudem muß es in die italienische Sprache übersetzt werden. Diesem Mönch sind aber auch diverse Prophezeiungen von Johannes XXIII bekannt. Die Übereinstimmungen mit den erhaltenen Botschaften veranlaßten ihn, uns Auszüge der Papst-Prophezeiungen zuzusenden. Die oben zitierten Stellen sind also Übersetzungen unsererseits ins Deutsche. Ein weiterer Hinweis des Mönchs ist ebenfalls bedeutend: In den Prophezeiungen ist vermehrt die Rede vom *Bund der Rose* bzw. *Ritter der Rose.* So bezeichnet sich z. B. Novalis in seinen medialen Botschaften als ›*Ritter der Rose*‹.

Inzwischen liegt uns nun die Originalausgabe der Papst-Prophezeiungen in italienischer Fassung vor. Seit langem gibt es auch eine autorisierte Übersetzung ins Deutsche (ISBN 3-924310-00-9).

Verlassen wir aber nun die bisherigen und bekannten Prophezeiungen über die Wiederkehr Johannes des Täufers und hören auf das neuerliche Wort der biblischen Propheten zu diesem Thema. Wie Sie im weiteren Verlauf dieses Buches sehen können, haben diese gerade in jüngster Zeit ihr Wort neu erhoben und deckungsgleiche Botschaften über die bevorstehende Mission Johannes des Täufers gegeben. Es sind vor allem die Propheten Jesaja, Jeremia, Daniel, Joël, Jona und Maleachi, die hierzu präzise Worte geben. Sicher ist ihre prophetische Sprache nicht jedem Leser mundgerecht. Der Erkennende und Verstehende wird aber die unfaßbare Fülle der Worte als Gnade empfinden.

Neben den biblischen Propheten haben sich aber auch andere große Geister zu Wort gemeldet, so z. B. die Aposteln Johannes und Judas Thaddäus, Hildegard von Bingen, Franz von Assisi und viele andere.

Aus all diesen Botschaften wird uns deutlich, warum Johannes der Täufer wiederkehrt in die Welt, welche Mission er erfüllt und wie die Menschen in ihrer Mehrheit darauf reagieren.

Was den letzten Punkt betrifft, so haben die Botschaften etwas Erschreckendes: Der Großteil der Menschen, auch der Christen, heißen den Wegbereiter Christi nicht willkommen. Wobei dies bereits eine beschönigende Umschreibung für Ablehnung, Haß und Verfolgung ist. Es wird offenbar, daß die Menschheit an dieser Welt beharrlich festhalten will und in dem ersehnten Geist Christi lediglich eine sanftere und liebevollere Daseinsform nach menschlichem Ermessen erwartet. Verhältnismäßig wenig Menschen werden es sein, die das Wort Johannes des Täufers erkennen und ihr Leben danach ausrichten.

In den Botschaften wird mehrmals die Zahl *144.000* erwähnt. Wir wissen zwar um die Herkunft dieser Zahl, nicht aber um deren ganz konkrete Bedeutung. Der Schluß liegt aber nahe, daß sich dahinter die Summe der Menschen verbirgt, die von ihrer Seelenstruktur her den wahren Geist Gottes erkennen und sich danach sehnen, also nicht *›dieser Welt angehören‹*. Vielleicht werden es nur die sein, die in Johannes dem Täufer den Gottgesandten, den letzten Boten des Herrn, erkennen.

Der Widerstand gegen den erneuten Vorläufer Christi wird nicht geahnte Dimensionen annehmen. Seine Mahnungen wird man im Keim ersticken wollen. Seinen Worten über die wahre Welt und den wahren Geist Christi wird man das Wort und die Werte dieser Welt entgegensetzen, die *›Göttlichkeit‹* des Fleisches und der Materie, die Lust der Sinne und die vermeintliche Freiheit, Entwicklung und Entfaltung des Menschen. Angeführt vom Antichristen (personifiziert oder in Masse), wird man das Heil an Leib und Seele allein in der materiellen Existenz, am Fortbestehen der bisherigen Welt sehen. Vergessen und verworfen werden die Worte Jesu Christi über diese Welt. Wenn aber nicht verworfen, sodann verfälscht und zielgerichtet ausgelegt.

Angesichts der Prophezeiungen müssen wir uns ein Szenario unbekannten Ausmaßes skizzieren. Erschreckend dabei ist, daß ein Großteil der Menschen um die prophezeiten Vorgänge und Abläufe der Zukunft weiß. Sie wissen es aus den Worten der Propheten, aus dem Munde Johannes des Täufers und Jesu. Die weniger bibelinteressierten Menschen wissen es aus mannigfach fundierten Weissagungen von Gelehrten, Sehern und Mystikern. Dennoch werden sie offenbar zum Zeitpunkt des Geschehens nicht erkennen und verstehen. So mag sich ein kleiner Teil bestenfalls neutral und abwartend verhalten (wenn es noch erlaubt ist), die Mehrheit aber wird für die Ziele und Werke der Welt und seines *Fürsten* eintreten und sich gegen Gott und seine Gesandten wenden. Alleine darin liegt das Unfaßbare und Fatale in den Prophetien seit Anbeginn. Unvorstellbar auch, daß Macht und Einfluß Satans über die Menschen derart groß sind, daß sie in tiefster Verblendung keinerlei Zugang mehr zur Wahrheit, zum göttlichen Willen finden.

Wenn wir mutig genug sind, einen klaren und analytischen Blick auf die Welt zu richten, frei von Gefühlen und Wunschträumen, müssen wir erkennen:

In Technik, Wirtschaft und Handel haben wir wohl einen großen Sprung gemacht. Die angekündigten Entwicklungen und Wandlungen lassen sogar in kurzer Zeit eine Potenzierung des heutigen Standes erwarten. Auf gleicher Zeitachse klafft aber die Schere der Entwicklung des inneren Menschen immer mehr auseinander. Vor allem die Ziele und Werte des industriellen Menschen sind vielschichtig geworden, wobei die Basis egoistisch und materiell ausgerichtet ist. Die vor allem von der Esoterik vielzitierte Reifung und Läuterung des Menschen ist realistisch nicht sichtbar. Die Welt ist voller Zwistigkeiten im Großen wie im Kleinen. Sie ist bei allem Überfluß auch voller Hunger. Sie ist voller Schmerzen, Leid und Krankheiten. Sie ist zudem voller Demütigungen, Vertreibungen, Revolten und Kriege. So wurden allein 70 bewaffnete Konflikte in den Jahren 1994 bis 1998 gezählt. Die Summe der Toten daraus liegt weit über drei Millionen. Die Vertriebenen sind ein Vielfaches. Die Verletzten, Verstümmelten und Vergewaltigten, die Inhaftierten und Gefolterten sind nicht gezählt. Nicht zählbar ist zudem das Leid der Überlebenden. Dies allein ist das schreckliche Resultat der *unbemerkten* und *unbekannten* Kriege. Dies ist der Schrecken einer Zeit, die wir **Frieden** nennen. Wie mag die Welt erst aussehen, wenn der **Unfrieden** kommt? Wie werden die Menschen sich verhalten, wenn die Mächte aufeinander prallen? Wie schnell stürzen wir in eine Welt- und Zeitenwende und merken es nicht?

Betrachten wir Welt und Menschheit, so müssen wir uns wohl eingestehen, daß Christus wiederum mißachtet und gekreuzigt würde, denn unsere täglichen Interessen gelten allem anderen, nur nicht ihm.

Unter diesen Aspekten erst wird verständlich, warum der Geist Gottes wiederum eines Wegbereiters und Vorläufers bedarf wie einst: Johannes der Täufer.

Daß er von dieser Welt in Mehrheit aber abgelehnt und gejagt wird, kann vorausgesagt werden, wenn wir seine heutige Botschaft den Werten und Zielen der Menschen gegenüberstellen.

»Ich bin nicht von dieser Welt.
Wie sollten daher meine Worte aus dieser Welt sein
oder für diese Welt?
Wenn ihr jedoch mein Wort nicht hören wollt,
sondern nur das süße Geschwätz,
dann geht unter die eitlen Menschen.

Eitle und Selbstgerechte sind tausende und
abertausende unter den Menschen,
die laut tönen und nicht wissen.
So ihr wollt, folgt ihnen nach,
denn die Dunkelheit sammelt ihre Gefolgschaft.
Es wird ein Heer von Milliarden sein.«

Johannes der Täufer, Januar 1998

DIE HEUTIGE BOTSCHAFT JOHANNES DES TÄUFERS

Die Forschungen über das Leben und Wirken Johannes des Täufers vor zweitausend Jahren geben uns einen tiefen Einblick in das breite Spektrum seiner Predigten und Lehren sowie die mystische Bedeutung der Taufe. Während die Evangelien verhältnismäßig wenig oder nur in Ausschnitten darüber berichten, wissen wir heute mehr über den schweren Weg, die Hindernisse und Widerstände, die der Täufer überwinden mußte, um die Menschen seiner Zeit für den Messias, für Christus vorzubereiten. Die Bezeichnung ***Vorläufer*** oder ***Wegbereiter*** drückt die schwere Bürde, eine Spur in unwegsames, braches Land zu ziehen, eigentlich deutlich genug aus. Viele Priester und Gläubige unserer Kirche und Zeit meinen aber, Johannes der Täufer ist lediglich einer vorgezeichneten Spur nachgegangen und seine Mission hat sich auf die Taufe Jesu und den Hinweis auf den Messias beschränkt. Dies jedoch war das Ende, das Ergebnis eines mühevollen und steinigen Weges, für den er schließlich mit Kerkerhaft und Enthauptung einstehen mußte.

Um den Vorläufer Christi zu erfassen, muß man erst die sinnbildliche Wüste, die Versteinerung der Gedanken, Herzen und Seelen der Menschen im damaligen Palästina erkennen. Es galt, starre Glaubensdogmen, Riten und Rituale, ja sogar Gesetze zu durchbrechen. Gegen zentrale Glaubensinhalte einer Staatskirche und Volksreligion mußte der Täufer argumentieren und predigen und eine Neuausrichtung verankern. Dem Tempel, das Hauptheiligtum der Juden, aber auch den Priestern, sprach der Täufer die Rechtmäßigkeit ab. Seine Tauftätigkeit am Jordan – ein bis dahin unbekanntes Sakrament der Verbindung zu Gott – war schließlich der Bruch mit der jüdischen Tradition. Ein Aufschrei der Priester und die Verdammnis und Verfolgung des Täufers durch Staat und Priestertum waren die Folge. Er wurde gehaßt von den Mächtigen, geliebt aber von den Unterdrückten, Ausgestoßenen und Unreinen. Seine Botschaft an sie war alles andere als Drohbotschaft. Im Gegenteil, es war die Kunde von Liebe, Hoffnung und Zuversicht, die Versöhnung mit dem Gott der Väter; der Hinweis, daß dieser Gott in seiner Liebe zu den Menschen seinen Sohn in diese Welt der Qualen und Ungerechtigkeiten senden wird. Verdammnis aber prophezeite der Täufer denen, die der Welt anhängen und in den Synagogen des Satans dienen.

Hört oder liest man nun die heutige Botschaft Johannes des Täufers, so zeigen sich Parallelen zu damals. Der Hintergrund ist wohl derselbe: Wenigstens ein Teil der Menschen muß vorbereitet werden auf eine Zeitenwende, auf die endgültige Verankerung des Geistes Christi in dieser Welt.

Wiederum bricht der Täufer viele Normen und Glaubensdogmen. Wiederum gibt er uns eine deutliche Korrektur unseres Welt- und Gottesbildes, unserer begrenzten und mitunter falschen Vorstellung des Geistes Christi.

Eine Wiedergabe oder gar Zusammenfassung der heutigen Johannes-Botschaft in wenigen Worten ist ein schwieriges Unterfangen. So ist denn auch ein Buch in Vorbereitung (POSS Verlag), in dem die bisherige Johannes-Botschaft niedergeschrieben ist. Eine Analyse und Strukturierung des bisher Gesagten zeigt allein schon, daß an die fünfzig Themenbereiche angesprochen sind. Sie umfassen dabei ein Feld, beginnend mit der ***Schöpfung***, der ***Bedeutung des Volkes Israel*** über ***Sinn und Widersinn der Welt***, dem ***Blendwerk Satans*** und seiner Macht, dem ***Opfer und Martyrium der Gerechten*** bis hin zur ***erneuten Wegbereitung für den Geist Christi***. Johannes der Täufer verschweigt dabei nicht, daß diese Wegbereitung eine Veränderung oder gar Zerstörung der heutigen Welt einschließt, wenn er etwa sagt:

»Die Zeit ist erfüllt, zu mahnen den Bruder
und die Schwester, auf daß sie sich bekennen
zum Leben oder dem Tode.
Feuer und Wasser werden ein neues Element bilden.
Doch auch Feuer und Wasser werden die Zerstörung bringen.
Erlösung wird finden der Gerechte. Erhoben werden jene,
die den Geist suchen.
Fallen aber wird der Selbstgerechte. Den ewigen Tod aber erleiden jene,
die der Welt anhängen.«

Deutlicher wird er an anderer Stelle:

»Wenn mein Werk sich dem Ende neigt, werden Planeten entbrennen.
Wenn mein Werk sich dem Ende neigt, werden Berge und Sterne herabstürzen.
Wenn mein Werk sich dem Ende neigt, werden Kinder nach der Mutter schreien.
Dann ist es mein Werk, sie zu sammeln und hinzuführen zum Vater.«

Dieser Ausspruch hat apokalyptische Züge und flößt einem Angst ein. Der zweite Teil indes gibt Hoffnung und Mut, wenn er sagt:

»Nicht will ich martern die Bedrängten,
denn ihrer ist meine Liebe.
Nicht will ich strafen die Leidenden,
denn ihrer ist meine Hilfe.
Nicht will ich treten die Gebeugten,
denn ihrer ist meine Kraft,
bin ich doch Teil der höchsten Liebe.
So wird mein Feuer nicht treffen die Verfolgten,
brennen aber wird es die Verfolger.«

Die Themen, die Johannes der Täufer anspricht, reichen aber auch in das tägliche Leben hinein. Es sind Aussagen über Maß und Wertigkeit der menschlichen Liebe, der Sexualität, Gesundheit und Leid des Körpers, das Heilen in Gott, die Ernährung und Fasten und dgl. mehr. So sind sie auch Lebenshilfe für den einen oder anderen. Bei allem Interesse, die diese Worte finden, bleiben sie doch Randthemen seiner Botschaft.

Wesentlich ausführlicher dagegen berührt Johannes der Täufer eine Thematik, die seit jüngster Zeit viele Menschen bewegt und den Suchenden Hoffnungen gibt, aber auch in ein Labyrinth von Irrungen und Wirrungen treibt. Es sind speziell die neu-esoterischen Lehren über ***Karma und Wiedergeburt***, ***Reifung und Läuterung*** oder ***Ursache von Krankheit und Leid***. Aber auch das so gerne und vielzitierte ***Licht*** bzw. das ***Licht-Senden*** von Selbsterwählten nimmt er nicht aus.

Mit vielen Teilen dieser Lehren geht er ins Gericht. Sein Tenor hierzu lautet dann etwa so:

»Ich bitte euch, werdet demütig in eurem Innern, werdet wissend mit eurem Verstande und rein in eurem Herzen. Lernt zu unterscheiden, zwischen den Botschaften des Scheinlichtes und den Botschaften des reinen Lichtes.

Ich bitte euch, sagt mir nicht, ihr könnt dies bereits. Geht unter den Sternenhimmel und sagt mir, welcher Stern leuchtet aus sich selbst und welcher wird angestrahlt. So wie dies euer ungeschultes Auge nicht erkennen kann, so können auch euer ungeschulter Verstand und eure verschütteten Herzen die Lehre Christi nicht immer von der Lehre seines Widersachers trennen. Es fließt ineinander über, weil ihr nicht mutig seid, es zu trennen. Es fließt ineinander über, weil ihr nicht mutig seid, das Wort aufzunehmen. Weil ihr nicht mutig seid, wirklich hinzuhören. Weil ihr wollt, daß einer sagt: Ja, aber! Es wird euch kein Wesen des Lichtes mehr sagen.

Ich bitte euch, wascht euch echt rein in eurem Inneren mit den Wassern des Geistes.

Wascht euch rein von eurem Hochmut.
Wascht euch rein von eurer Eitelkeit!
Ihr tut es nur euch zuliebe.
Beschimpft mich, wenn ihr wollt, doch werdet erkennend.«

Johannes der Täufer sieht eine große Gefahr, wenn die selbsterwählten Heiler, Seher und Lehrer ihre Kräfte der Welt und den Menschen *opfern*, denn oftmals sind es das Licht und die Kräfte Luzifers, die sie aussenden. Wahres Licht kann nach den Worten des Täufers nur der aussenden, der selbst wahres Licht ist. Diese hohen Wesen im Menschenleib sind aber dünn gesät. Den Liebenden und Hilfsbereiten legt der Täufer aber das Gebet für den leidenden Mitmenschen ans Herz, *»denn das Gebet für den Bruder ist rein; mit seinem Licht sendet der Mensch aber auch seine Finsternis, denn niemand vermag das eine auszusenden und das andere zurückzuhalten«.*

Vielleicht helfen diese Worte so manchem Menschen wieder zurück zum stillen und demütigen Gebet.

Zu Karma und Wiedergeburt sagt der Täufer:

»In dem Wort Karma verbirgt sich in den Lehren so vieler vermeintlich Weiser der Ausgleich von Schuld und Sühne.
So lernt zu unterscheiden: Es gibt das Karma aus Gott. Dies ist der Weg des Leibes zur Seele, der Seele zum Geist und des Geistes zurück in die Einheit. Karma heißt nicht, daß Böses durch Böses getilgt oder ausgeglichen wird. Wie sollte Gott das ›perpetuum mobile des Bösen‹ schaffen?
Es gibt aber auch das Karma, das Satan euch auferlegt. Sein Maß von Gut und Böse ist ein anderes und steht im Gegensatz zum göttlichen Maß.
Wer aber in dieser Welt wahrhaft Gott dient, wird den Zorn Satans spüren, denn da er Gott Gutes tut, tut er Böses dem Satan.
Erkennt ihr nun, warum all die Propheten des Herrn, Jesus Christus, seine Jünger und all die Gerechten ein Martyrium in dieser Welt des Widersachers erleiden mußten? Wißt ihr nun, warum Jesus seinen Jüngern schon im Voraus das Martyrium durch diese Welt kündete?

So ihr fortan aber einem Bruder, einer Schwester begegnet, die von Übel und Leid, Schmerz und Krankheit heimgesucht sind, sagt nicht mehr: Er muß sein Karma ausgleichen. Nur der Einfältige, Törichte und Hochmütige spricht so.«

In der Wiedergeburt sehen viele Menschen die Möglichkeit des karmischen Ausgleiches, der Reifung und Läuterung. Die Worte Johannes des Täufers hierzu sind zahlreich, meist aber in anderen Zusammenhängen gefallen. Es kann daher nur eine Zusammenfassung versucht werden:

Die Wiedergeburt als solche wird bestätigt. Sie gilt aber offenbar nicht ausnahmslos für alle Seelen. Manche unterliegen dem Zwang, andere wiederum der Freiwilligkeit der Wiedergeburt. Wer in der Form des Leibes seine größte Möglichkeit des Ausdrucks und Wirkens sieht, drängt naturgemäß mehr zur Wiedergeburt. Ein gezieltes Aussuchen von Eltern, sozialem Umfeld, Zeit und Land aber ist keinesfalls die Regel. Den Erwählten und Geliebten Satans bleibt diese Wahl vorbehalten. Daneben gibt es auch die göttliche Fügung für diejenigen, die von Gott ausgesandt sind in diese Welt des Widersachers.

Johannes der Täufer spricht vom *›Rad der Wiedergeburt‹*, an das Satan die Leiber und Seelen fesseln will. Entziehen kann sich nur der, der sich von der Welt abkehrt und seine Erlösung außerhalb der Materie, außerhalb von Leib und Seele, im wahren Geist Christi sucht.

Bei der leiblichen Wiedergeburt aber löscht Satan das Wissen und alle Erfahrungen des Vorlebens aus. Es kann sich daher auch keine Kette von angesammeltem Wissen bilden. Somit entsteht auch kaum Reifung und Läuterung.

Dies ist das Prinzip seiner Macht über den Menschen. Satan kann keine Reifung und Läuterung zulassen, denn diese würde zwangsläufig zur Abkehr von ihm und dieser Welt führen. Es würden ihm nur noch die blinden, tauben und dumpfen Seelen verbleiben, und seine Welt, sein Reich, würde verfallen.

Dieses Thema soll abgeschlossen werden durch zwei Zitate von Johannes-Worten:

»Nennt den leidvollen Weg von Erde und Menschheit nicht stets Reifung und Läuterung, denn es ist viel Hohn und Kälte in diesen Worten. Wo ist die Reifung? Sind Elend und Hunger, Krankheit und Seuchen, Selbstherrlichkeit und Haß, Leid und Vernichtung nicht mit diesem Menschengeschlecht gewachsen?«

»Seid ihr wirklich so verblendet, daß ihr den Kreislauf von Schmerz und Grauen in dieser Welt ein System der göttlichen Ordnung nennt? Seid ihr wirklich so töricht und nennt dies Karma und seht dabei nicht, daß die Opfer schon ein vielfaches der Täter sind?
Seid ihr wirklich so einfältig und seht dies als gottgesandte Läuterung? Ist euch der wahre Geist Gottes so fremd geworden, daß ihr glaubt, dies alles geschehe im Willen des Herrn?
Was haben die vermeintlich Weisen an euch und dieser Welt getan? Welch Hochmut und Frevel leitet die weltlichen Hirten?
Habt ihr je davon gehört, daß sich das Maß des Blutzolls der Gerechten füllen werde?
Belächelt nicht das Wort des Propheten, denn das Maß quillt über.
Der Geist der Erde ruft unaufhörlich nach der Hilfe des Schöpfers. Und dieser Schrei martert das All. Das Leid der milliarden und abermilliarden Seelen und gequälten Kreaturen steht klagend vor Gott.
Eure Erde gleicht einer großen klaffenden Wunde im Körper des Schöpfers. Wehe denen, die nur sinnen und trachten, die Wunde zu vertiefen, denn sie werden erkennen müssen, daß sie die Wunde selbst sind.
Ihnen wird geschehen nach meinem Wort!«

Das zentrale Thema der bisherigen Johannes-Botschaft ist der ***Erlösungsweg***. Seinen Worten können wir entnehmen, daß dieser Weg dornenvoller und steiniger ist, als wir Menschen es wähnen oder wünschen. Er verlangt zunächst, daß wir das Prinzip und die Täuschung Satans und dieser Welt erkennen.

Er verlangt weiter, daß wir den leidvollen Weg der Erde in die immer stärkere Verdichtung nicht als die ursprüngliche Schöpfung Gottes, sondern als Verformung durch Satan selbst erkennen. Die Verherrlichung dieser Erde, selbst der Naturschönheiten, nennt der Täufer *»ein Gebet an Satan«*.

Erst wenn wir das erkennen, was Satan *verformt* und *geschaffen* hat, können wir als Gegensatz hierzu den Geist Gottes wahrnehmen. Nach den Worten des Täufers kann nur der Erkenntnis in Gott finden, der auch vermag, Geist von Materie zu trennen und zugleich weiß, daß nur im Geist die wahre Erlösung zu finden ist.

Johannes der Täufer hat die außergewöhnliche Gabe, in wenigen Worten stets die entscheidenden Kriterien auszusprechen. Er kommt sehr schnell zum Punkt. So auch hier:

»So ist mein Wort nur wenigen genehm und die Wahrhaftigkeit kann nur der Erkennende erfassen, wenn ich sage:

Gehe hin an die Gestade der Meere,
steige hinauf auf die Gipfel der Berge,
tauche ein in die Fluren der Lande:

Je mehr Schönheit dein Auge trifft, um so mehr ist es entfernt vom göttlichen Plan – wider des Menschen Verstandes. Das ist Gott.

Sinn und Widersinn. Die Gesetze sind umgekehrt.
Schönheit im Geiste gibt Zeugnis von Reinheit.
Schönheit im Leibe gibt Zeugnis von Versuchung.
Schönheit in der Natur gibt Zeugnis von niederer Energie.
Der göttliche Geist kann reifen dort, wo die Not am größten.«

Diese Worte schockieren zunächst. Sie treffen einen mitten ins Herz, zerstören sie doch unsere Vorstellungen und Illusionen.

Kaum ausgesprochen, lösen sie bei einigen Zuhörern eine heftige Welle des Protestes aus. Es kam der Vergleich mit einem blühenden und duftenden Blumengarten. Ist darin nicht die schöpferische Kraft Gottes erkennbar? Oder ist es etwa die formende Kraft eines anderen, seines Widersachers, um uns Menschen vom wahren Geist Gottes abzulenken? Ist es die Versuchung Satans, uns an die Materie zu binden? Erst wenn wir in diese Fragen eintauchen, können wir das Johannes-Wort erfassen. Erst wenn uns bewußt wird, daß die großen Mystiker auf der Suche nach Gotterfahrung in die Wüste oder Abgeschiedenheit gingen, können wir begreifen. Dann verstehen wir auch, was er damit meint:

»Schönheit in der Natur gibt Zeugnis von niederer Energie«,

denn diese Energie ist offenbar luziferisch-satanischer Natur. Es ist nur zu verständlich, wenn ein Großteil der Menschen sich dagegen auflehnt. Gerade in der Idylle, Romantik und Schönheit von Natur und Welt sehen sie den Ausdruck Gottes. Dieser Blick ist aber oberflächlich und trügerisch. In der Ergriffenheit unserer Gefühle sehen wir nicht das Leid, den Schmerz und den Tod ungezählter Lebewesen, allein im Bereich von Flora und Fauna. Schicksal und Endlichkeit aller Materie werden verdrängt.

Folgendes Wort Johannes des Täufers läßt sich an dieser Stelle einreihen:

»Längst schon weile ich auch im Leibe unter den Menschen, doch ich habe nicht die Augen und Sinne der Menschen. Und ich wandere an den Gestaden der Meere und höre die Menschen neben mir, wie sie sagen: Wie friedlich und wie voller Licht und Farben ist dieser Ort; hier weilt Gott.
Und ich sehe auf die Menschen und fasse an mein Augenlicht, denn ich sehe anderes. Ich sehe in das Meer und schaue das Jagen und Morden in den Wassern. Ich sehe den Krebs, wie er Fangarm und Zange aus dunklem Moos und Gestein hervorhebt um zu ergreifen und zu vertilgen. Ich sehe wie der große Fisch den kleineren raubt und sehe, wie auch kaltes Blut quillt

und sprudelt. Und dieses ist mein Schmerz...«

In diesem Wort drang der Täufer noch mehr in die Tiefe. Es folgte eine Analogie mit Blick in die Lüfte und auf die Fluren. Sein Gleichnis will uns die Realität der Ausweglosigkeit der materiellen Welt, des luziferisch-satanischen Prinzips verdeutlichen. Seine Worte sind aber auch eine Herausforderung an das Bewußtsein eines jeden, der sie hört oder liest.

An anderer Stelle sagt er:

»Habe ich nicht mein Wort gegeben:
Die irdische Illusion ist der Tod des wahren Lebens.
Die halbe Wahrheit ist auch die halbe Lüge.
Der halbe Weg in das Licht gleicht dem halben Weg in die Finsternis.

Ich habe es zu euch gesprochen, doch ihr habt es nicht verstanden, da ihr glaubt, ihr habt das Halbe überwunden und seid im Ganzen.

So hört:
Der wahre Geist Christi ist der ganze Weg zu Gott.
Der ganze Weg zu Gott ist die Abkehr von dieser Welt der Materie.

So wißt ihr nun, wo ihr steht.

Seid nicht zornig und nicht erschrocken darüber. Ich habe keine andere Botschaft für diese Welt als Christus selbst:

Gott ist Geist und nicht von dieser Welt.
Wer Gott in der Materie sucht, der wird nur einen kleinen Hauch davon erfassen, doch den wahren Geist Gottes wird er nicht finden.
Nur wer seinen Leib und diese Welt überwindet, wird eingehen in die immerwährende Seligkeit des Allgeistes.
So versteht mein Wort recht und deutet es nicht falsch, denn es entbindet euch nicht von Barmherzigkeit und Mitgefühl für alles Gebundene und Unerlöste in

der Materie. Es entbindet euch nicht von Fürsorge und Mitleid für all die Reiche der Pflanzen und Tiere, denn ihr Weg zurück in das Heil ist um vieles schwerer als der des Menschen, denn sie haben nicht die Gnade des göttlichen Wortes.
Mein Wort entbindet euch nicht von Barmherzigkeit, Fürsorge und Mitgefühl – es bittet euch vielmehr darum.«

Diese Botschaft ist in der Tat nicht neu, aber eine erneute Mahnung, sich nicht in dieser Welt zu verlieren, nicht Glück und Erfüllung im Reiche des Widersachers zu suchen.

Wer die Evangelien aufmerksam liest, wird viele Jesus-Worte finden, die Welt und Materie, das Leben im Fleische entsprechend ein – und zuordnen – nämlich in das Reich des Widersachers. Ein eindeutiges Wort spricht auch der Apostel Johannes in seinem Ersten Brief:

> *»Habt nicht lieb die Welt, noch was in der Welt ist.*
> *So jemand die Welt liebhat, in dem ist nicht die Liebe des Vaters. Denn alles, was in der Welt ist, des Fleisches Lust und der Augen Lust ....ist nicht vom Vater, sondern von der Welt* (2,15-16).«

Johannes der Täufer legt wiederholt den Finger in die Wunde unseres menschlichen und weltlichen Denkens, unserer Orientierung an die Materie. So manche neu-esoterische Lehre, die Gott in die Materie drängen will, die der Materie huldigt, nennt er die *»Botschaft der Meister Satans«*. Nach seinen Worten weiß der Schreckensfürst darum, daß die Zeit seiner Macht besiegelt ist. So sendet er seine Lehrer unter die Menschen, um sie in die Irre zu führen. Das erneute Werk des Vorläufers Christi schließt aber die Trennung von Geist und Materie mit ein: *»Erst wenn geschieden ist zwischen denen, die dem Geist zustreben und jenen, die der Erde verhaftet sind, wird der Geist Christi den Seinen Erlösung bringen.«*

Jesus Christus gab der Welt Hoffnung auf Erlösung und seine

Wiederkehr. Doch was ist Erlösung, und wovon sollen wir erlöst werden? Ist es die Erlösung von dieser Welt, in eine Welt des Geistes?

»Mein Reich ist nicht von dieser Welt«, sagt Jesus Christus. Die Erlösung durch Jesus Christus ist also eine Erlösung von dieser Welt aus Stein und Fleisch und Blut, einer Welt der Materie.

Wäre diese Welt aber bereits in seinem Geiste, wäre sie göttlich, dann brauchten wir auch im *Vaterunser* nicht zu bitten: *»Dein Reich komme, dein Wille geschehe.«*

Die Kirche spricht von der Erbsünde, von der Sünde des Fleisches. Dies ist zunächst schwer verständlich. Wenn wir aber wissen, daß die feste Form, das Fleisch, den wahren Geist verdrängt, wird die mystische Sünde deutlich. So ist das Wort, daß der Körper dem Geist dient, eine Verhöhnung der Realität. Durch den Leib hat der Satan beständig Macht über uns. Der Geist wird Untertan des Leibes. Menschliches Denken und Handeln ist zumeist der Sorge um den Leib unterworfen. Es ist hier nicht allein die Rede von der Genußsucht des Leibes und der Sinne, sondern auch vom Erhalt des Leibes, seiner Funktionsfähigkeit, seiner Schmerzfreiheit usw. Wenn wir Menschen daher unser Leben und unsere Lebensziele wertfrei analysieren, müssen wir wohl auch erkennen, daß fast all unsere Bestrebungen auf unseren Leib begrenzt sind. Auf diesem Hintergrund basiert der Sinn des ursprünglichen Brandopfers von Tieren. Das Fleisch, das Prinzip und die Macht Satans sollte durch das Feuer als Symbol des göttlichen Geistes verwandelt und erlöst werden. Doch durch ein Übermaß an Ritualen trat der wahre Kern in den Hintergrund.

Johannes der Täufer und Jesus Christus verwarfen das Brandopfer daher. Hierin liegt auch der tiefere Sinn der Taufe des Johannes: Anstelle des Brandopfers setzte er das Zeichen der Taufe mit Wasser. Er löste somit ein niederes Ritual durch ein höheres ab.

Was aber ist generell geschehen, daß sich Welt und Mensch soweit vom göttlichen Geist entfernt haben? Johannes der Täufer gibt eine Antwort:

»Nur wenige unter euch haben mein Wort erfaßt und die Frage WARUM ist noch immer in euren Herzen. So will ich euch den Spalt des Erkennens ein wenig öffnen: Es war eine dunkle Stunde in der Geschichte dieses Planeten, in der eine unheilvolle Macht das Ebenbild Gottes auf Erden bedrängt und verdrängt hat. Ja, diese Macht hatte nur ein Ziel, sich selbst an Gottes Stelle zu setzen und seine eigenen Gesetze, seine eigenen Wesen zu schaffen. Doch wer sich dem Geist Gottes widersetzt, verliert die Kraft der Schöpfung, es verbleibt nur die Kraft des Formens, und Formen bedeutet Verdichtung geistiger Energie. Verdichten von Energie heißt aber auch Spaltung des göttlichen Odems in flüssige, gasförmige und feste Teile. So ist der Odem Gottes auf Erden gespalten worden in die Elemente Luft, Wasser, Feuer und Erde. Das Ebenbild Gottes auf Erden und alle Lebewesen mußten den Weg der Abkehr vom Schöpfergeist in die Materie ebenfalls gehen. Ihr Menschen nennt diesen Vorgang der Zerstörung des einst göttlichen Planeten bezeichnenderweise ›Schöpfung‹, eure Wissenschaft bringt dies in Zusammenhang mit dem Urknall. In Wahrheit war dies jedoch ein Sturz in Materie, Dunkelheit, Schmerz und Tod.

Vordem war der Planet Erde aus dem Odem Gottes nur verdichtet in die Kraft der Liebe und Schöpfung. Es gab weder Meer noch Gebirge. Der aus Gottes Geist geschaffene Mensch lebte und schöpfte aus dem Odem der Allmacht. Er mußte weder essen noch trinken noch sprechen, denn der Geist nährte ihn, seine Gedanken waren seine Sprache. Er mußte nicht töten um zu sein, noch mußte er den Tod erleiden.

Doch in der dichten Materie des Widersachers konnte das Ebenbild Gottes mit dem feinen Leib und seinen feinen Sinnen nicht mehr bestehen. Die geformten Wesen des Widersachers nahmen Besitz von der Erde und führten den Planeten in immer dichtere Materie. Und sie fanden Gefallen an der Materie und trennten das Band zum Allgeist gerne, selbst wenn sie erkennen mußten, daß kein Friede, kein dauerhaftes Leben, keine wahre Erkenntnis sein kann.

Doch Gottes Liebe legte ein neues Band zur Erde. Ein Engel stieg herab, um Mensch zu werden und ein neues Volk des Herrn zu schaffen. Dieses

Volk war erwählt, das Band zur Allmacht zu festigen und die Erde in Gottes Geist zurückzubringen.
Der irdische Name des gesandten Engels ist Abraham, der geistige Name des Volkes ist Israel. Als Zeichen des Bandes gab der Herr seinem Volk das Wort aus dem Nicht-Wort, gesprochen durch den Mund seiner Propheten und SEIN BUCH, offenbart aus seinem Geiste. Es ist siebenfach versiegelt vor der Finsternis.
Doch die Welt des Satan wandte sich gegen die Menschen, die zum einen, wahren Gott beteten und sandte Pharao, Babylon, Ninive und vieles mehr wider sie. Geblendet vom irdischen Glück der satanischen Menschen ist viel vom Volk des Herrn abgefallen und bekannten und bekennen sich nur noch mit den Lippen zu ihm. Doch es werden standhaft bleiben bis zum Ende 144.000.
So sucht nicht, diese Zahl zu deuten, denn es ist jenen vorbehalten, welche die Zahl lesen können.
Der Engel, der gesandt war, das Volk des Herrn erneut in diese Welt zu setzen und das Band zum Allgeist zu festigen, hat die Seinen nie verlassen. Er war und ist stets bei ihnen, um sie zu stärken, zu mahnen und sehen zu lernen. Doch verfolgt und gejagt vom Widersacher, hat er Gott um Hilfe gerufen. Und die Allmacht neigte sich zur Erde und sandte ihren Sohn, Jesus Christus, in die Welt Satans.
Wißt ihr jetzt, warum der Engel vom Sohn gezeugt und ihm den Weg bereitet hat?«

Die Worte Johannes des Täufers erinnern zunächst an die biblische Beschreibung des Paradieses, bis die luziferisch-satanischen Kräfte die Macht an sich gerissen haben. Interessant ist der Hinweis auf Abraham und Israel. Demnach ist das Volk Israel tatsächlich ein von Gott in die Welt Satans gesandtes Volk. Sieht man in die leidvolle Geschichte dieses Volkes, kann man wahrlich erkennen, daß Satan alle Macht aufgeboten hat, um dieses Volk zu vertreiben und zu vernichten.

Mit dem Engel, der Gott um Hilfe gerufen hat und vom Sohn gezeugt hat, könnte Johannes der Täufer selbst gemeint sein. Dies

würde dann auch bedeuten, daß Abraham und Johannes der Täufer gleichen geistigen Ursprungs und Auftrags sind.
Werfen wir einen Blick in die Erd- und Menschheitsgeschichte, so finden wir eine detaillierte Parallele zur Aussage des Täufers. Nach der Wissenschaft der Anthroposophie gliedert sich der bisherige Verlauf von Mensch und Welt in

1. Polarisches Zeitalter
2. Hyperboräisches Zeitalter
3. Lemurisches Zeitalter
4. Atlantisches Zeitalter
5. Nachatlantisches Zeitalter.

Der Entwicklungsgang der Erde durch diese Epochen ist als eine fortschreitende Verdichtung zu verstehen. Im Polarischen Zeitalter war die Erde noch ein Gebilde von feinstem Äther, ohne jede Spur von heutiger physischer Materie. Die Wesen der Erde waren sogenannte Äthermenschen, umgeben von einer astralen Hülle.

In der Hyperboräischen Epoche verdichtete sich ein Teil des Äthers zu Luft, ein Teil der Luft wurde wiederum verdichtet zu wässriger Substanz. Der Mensch bestand aus verschiedenen Ätherarten, aber noch nicht aus physischer Stofflichkeit. Ein Vorgang bewirkte nun aber eine weitere Verdichtung. Aus dem ursprünglichen Planeten Erde wurden feinere ätherische Substanzen und Energien abgezogen und bildeten einen eigenen Weltenkörper, die Sonne. Für alle Erdenbewohner war dies ein Schock, eine radikale Änderung der Daseinsbedingungen. Die bis dahin im Inneren von Erde und Mensch tätig gewesenen Lichtkräfte wurden ihm entzogen und wirkten nun von außen auf ihn ein. Die Folge war eine weitere notwendige Verdichtung. Aus Flüssigem bildete sich fester Stoff, ein Teil des Äthers kondensierte sich zu Wärme. Alles was im Inneren des Menschen war, mußte sich nun nach außen richten. Er mußte Gehör-, Tast- und Sehempfinden entwickeln, zudem auch anfällige und begrenzte Körperorgane.

Im Lemurischen Zeitalter folgte der nächste Schritt. Substanzen und Energien und die damit verbundenen Wesenheiten wurden von der Erde abgespalten und bildeten einen eigenen Himmelskörper, den Mond. Dieser wirkte nun ebenfalls von außen auf den Menschen ein. Wiederum mußte er mit einer Abkapselung und Verdichtung reagieren, um bestehen zu können. Damit wurde er aber auch unfreier und abhängiger. Seine Steuerung von außen machte ihn bereits zu einer Art *Marionette* äußerer Kräfte. Die Abspaltung des Mondes führte auch zu Geschlechtertrennung, denn bis dahin war der Mensch ein zweigeschlechtliches Wesen. Diesen ganzen Vorgängen parallel lief ein Eingreifen außermenschlicher Wesenheiten in das Innenleben des Menschen. Dieses hatte eine dauernde Veränderung seines Astralleibes zur Folge und führte zum Verlust des unmittelbaren Kontaktes mit der geistigen Welt. Es entstand somit eine Lücke zwischen dem nun entstandenen Ich und der göttlichen Welt. In diese Lücke aber trat die luziferisch-satanische Wesenheit, die die Individuation des Menschen vorantrieb und ihm das Gefühl, eigener Gott zu sein, suggerierte. Diese Abtrennung von der göttlichen Welt und deren geistige Einflüsse sind in der Bibel als *Sündenfall* und *Vertreibung aus dem Paradies* beschrieben. Das Wesen Mensch mußte nun gänzlich zur Erde herabsteigen und sich seinen Gesetzen beugen. Er verlor sein eigentliches Bewußtsein und seine ursprüngliche Zugehörigkeit zur geistigen Welt. Er erlebte nun von Geburt an sein eigenes Ich im Leibe begrenzt.

Erde und Himmel, an beiden hatte der Mensch Anteil, wurden nun gewaltsam voneinander getrennt. So wurde der Mensch ab diesem Zeitpunkt geboren, ohne eine Erinnerung an die geistige Welt zu haben.

Dem Untergang Lemuriens folgte das Atlantische Zeitalter. In dieser Epoche verfügte der Mensch noch über wesentlich mehr magische Kräfte als in der heutigen Zeit. Er war jedoch einer weiteren kontinuierlichen Schädigung seines Ätherleibes durch luziferisch-satanische Kräfte ausgesetzt. Im Vergleich zum jetzigen, dem nachatlantischen Menschen, war dieser aber noch um ein Vielfaches freier und unbegrenzter. Diese Restfreiheit wurde jedoch durch die negativen Kräfte Satans ausgelöscht, teils durch Versuchung und Mißbrauch, teils durch unvorstellbare Luft- und Wasserkatastrophen, die ihre biblische Entsprechung in der Sintflut haben. Nun fielen Mensch und Erde in eine weitere Epoche der Verdichtung: Das nachatlantische Zeitalter.

Am wenigsten betroffen von den Schädigungen durch den Niedergang von Atlantis wurde eine Gruppe von Menschen, die wir heute als Ur-Semiten bezeichnen. Sie wurden in die vermutlich am meisten verdichtete Epoche hinübergerettet. In diese Zeit fällt, biblisch gesprochen, die Entsendung des Stammvaters Abraham auf die Erde.

Unsere heutige Zeit, die Jahrtausendwende, ist vermutlich das Ende der nachatlantischen Epoche.

Die Sichtweise über diesen Entwicklungsprozess von Erde und Mensch kann nun zweigleisig sein. Aus luziferisch-satanischer Sicht wird die immer mehr erfolgte Verdichtung von Geist in Materie, die kontinuierlich erfolgte Individuation des leiblichen Ichs, als Fortschritt im Entwicklungsplan des Menschen gesehen. Aus der Sicht des Geistes und seines Gesandten, etwa Johannes der Täufer, wird dieser Prozess als Zerstörung des göttlichen Planes, als Machtausweitung Satans gesehen. Gerade an diesem Punkt werden sich die Geister scheiden, und an dieser Scheidung wird erkennbar, wonach der einzelne Mensch, die Seele sich hinneigen wird.

Nach den Worten des Täufers ist aber diese notwendige Scheidung der Geister, die Mission seiner erneuten Vorläuferschaft und Wegbereitung. Seine Aussage mag vielen Menschen hart erscheinen, wenn er preisgibt, daß nur jenen, die den Geist lieben, die Wiederkehr Christi und die Erlösung geschieht. Diese erneute Niederkunft Christi erfolgt also in eine bereits ge- und bereinigte Welt.

Was geschieht aber jenen, die dem Prinzip der dichten Materie anhängen und in der verformten ›Schöpfung‹ Luzifers verbleiben wollen? Hierzu sagt der Täufer:

»Neue Planeten für neue Leiber sind schon geschaffen.«

Seinen Worten zufolge wird der kommende Prozess, das ›göttliche Gericht‹ eine Dreiteilung der Geister und Seelen sein: Die Menschen, Seelen und Geister, die aus dem göttlichen Geist dem Satan und seiner Welt geopfert werden mußten, werden zurückgeholt in die *Einheit des Geistes,* in die *immerwährende Erlösung.*

Diejenigen, die dem Geiste anhängen, werden in der *Welt aus Christus-Licht* verweilen. Erst in dieser ›feinstofflichen‹ Welt hat der Mensch wieder die Möglichkeit der geistigen Entfaltung und freien Entscheidung. Die Wesen aber, die ausschließlich in der verdichteten Materie des Leibes sich ausdrücken können, werden von dieser *neuen Erde* verbannt und auf andere, neue Planeten verwiesen.

Es verbleibt noch eine Frage: Ist der göttliche Geist in unserem Menschen am Ende des nachatlantischen Zeitalters wirklich so ausgemerzt, daß ein Zurück aus eigenen Kräften kaum mehr möglich ist? Johannes der Täufer verweist auf den göttlichen Funken in einem jeden Wesen, der durch Satan nicht ausgelöscht werden kann. Er mahnt uns aber zugleich, diesen göttlichen Funken nicht als ›automatisches‹ Heilsband zur Rückkehr zu betrachten:

»Dieser göttliche Funke kann nur durch euch selbst zur Glut des göttlichen Feuers entfacht werden. Ohne eure Liebe zum Vater ist es nur ein kleiner Teil in euch. Wem aber gehört der größere Teil? Wohin wird dieser fallen am Tag der Entscheidung?«

Diese Worte des Täufers finden ihre Entsprechung im Gleichnis Jesu vom Senfkorn. Gott ist das Senfkorn in uns Menschen.

Die geringe Größe des Senfkorns von ca. ein Millimeter Durchmesser ist sprichwörtlich. Wessen ist der weitaus größere Teil? Die Befreiung dieses größeren Teils in uns, die Rück-Verwandlung von Materie, ist die wahre Erlösung.

Johannes der Täufer ist nun angetreten, um das, was der Materie zustrebt zu trennen von dem, was dem Geist zustrebt. Er ebnet damit den Weg für die Wiederkunft Jesu Christi, für die Wiederkunft des Geistes Gottes, um die wahre Erlösung durch den Messias zu ermöglichen.

So beschreitet er erneut den beschwerlichen Weg als Wegbereiter und seine Worte werden die Herzen der Menschen wahrlich nicht höher schlagen lassen. Im Gegenteil, sie sind unbequem und Bitternis für diese Welt.

Wer von den Menschen wird seine Aussage *»Gott ist Geist und nicht Materie«* wirklich und mit der notwendigen Konsequenz verstehen können und wollen? Wer kann seine Botschaft begreifen, wer kann schon glauben, daß er jetzt bereits die Wiederkehr Jesu Christi vorbereitet? Wer kann es fassen, daß sein Wort gegen das Wort Satans stehen wird, daß er – das Schwert Christi – zwischen den Geistern scheiden wird.

Seine Wahrheit ist Schmerz für diese Welt und so braucht es nicht zu verwundern, daß über ihn und seine Botschaft, damals wie heute, am liebsten der Mantel des Schweigens gelegt würde. Die Prophezeiungen lassen noch Schlimmeres befürchten: Er wird wiederum verfolgt und gejagt werden. Seine Gegnerschar aus dem Reiche Satans wird unermeßlich groß und stark sein.

Wird sich das Wort der Schrift erneut erfüllen?

»Elija ist schon gekommen,
doch sie haben mit ihm gemacht, was sie wollten.«

Die Botschaften Johannes des Täufers und der Propheten machen zudem deutlich: Die Erfüllung des göttlichen Erlösungsplanes verlangt wiederum unvorstellbare Opferbereitschaft, von hohen Geistwesen begonnen bis hin zu Menschen auf Erden. Erlöst werden wollen viele, sich für die Erlösung zu opfern aber nur wenige. Es bleibt zu hoffen, daß all die, die Erlösung begehren, nicht zum Verfolger der opferbereiten Geistwesen und Menschen werden.

Johannes der Täufer ist erneut gekommen, um Christus den Weg zu bereiten. Sein Opfer ist der Kampf wider den Satan selbst, ein Kampf gegen eine starke Macht, ein Kampf wider den Gegenpol zu Gott.

Mögen viele dies bedenken, wenn sie sich einst erheben werden wider sein Wort und seine Mission.

»Wer meinen Hilfeschrei für diese Welt hört,
wird mit mir gehen.
Wer meinen Strahl erkennt,
wird mit mir siegen.
Wer meinen Odem fühlt,
wird mit mir wandern die ruhelosen Pfade,
denn ich bin der, der Gottes Angesicht
wiederbringt den gefallenen Engeln.«

Johannes der Täufer, Januar 1998

WIEDERGABE AUSGEWÄHLTER BOTSCHAFTEN JOHANNES DES TÄUFERS

Die Botschaft Johannes des Täufers rüttelt wieder an den Festen des Lebens. Wieder tritt er kompromißlos im Streit gegen die Verfälschung der Lehre Gottes und damit gegen die falschen Propheten ein. Sein Wort ist ernst und besorgt über all jene, die am Ende der Tage nicht erfassen, wo der Geist Gottes und wo Satan ist. Die Dringlichkeit seiner Worte ist nicht zu übersehen und weist auf baldige und einschneidende Veränderungen hin. Sie sind ein Aufruf an alle Menschen, sich jetzt zu bekennen und zu entscheiden: Zu den Worten des Geistes und damit zum Vater und zu Jesus Christus oder zu den Irrlehren Satans und Luzifers und deren Meister.

Seine Worte sind nicht laues Liebesgesülze für die Herzen der Menschen und haben mit Esoterik im heutigen Sinn nicht viel gemeinsam. Seine Botschaft kann nicht allein durch Intuition oder mit dem Herzen erfaßt werden, sondern muß auch und vor allem mit dem Verstand getragen werden. Johannes der Täufer möchte nicht unsere Herzen erobern, sondern in erster Linie unseren Geist öffnen. *»Die Wahrheit Gottes kann weder mit dem Herzen noch mit der Vernunft allein empfangen werden. Man kann sie nur mit beidem erfassen«*, sagt er in einer Botschaft.

Wer seine Augen vor dieser Welt nicht verschließt, sieht und erkennt Unheil, Elend und Tod als Folge der Gesetze dieser Welt. Wer nur mit dem Herzen hört, wird fehlgehen. Wer mit seinem Verstande begreift, wird seinen Worten eher glauben schenken, wenn er zum Ausdruck bringt, daß der lebendige ewige Gott nicht in Stein, Fleisch und Blut sein kann.

In der Folge geben wir nun einige ausgewählte Botschaften Johannes des Täufers wieder:

Dezember 1997:

»Meine geliebten Brüder und Schwestern in Christi.
In eure Hände lege ich die Rose der Nacht, die am Tag der Geburt Jesu erblühte. Es ist das Zeichen meines Bundes mit Jesus dem Christus, es ist das Zeichen meines Bundes mit euch. Bewahrt es in euren Herzen, damit ihr es erkennt in der Stunde, da es offenbar wird.

Einigen unter euch ist mein Wort zu leise. Ja, es ist mein Wort, das leise ist – und nicht die Stimme meines Bruders. So fragt euch selbst: Kann eine Stimme laut sein, wenn sie die Liebe zu euch und die Sorge um euch ausdrückt. Wie ist eure Stimme, wenn ihr in Liebe und zugleich in Trauer seid?

So euer Ohr nicht hört, öffnet auch eure Augen, denn ihr wißt, daß auch diese hören und lesen. Ja, ich bitte euch, öffnet eure Augen mehr und mehr, damit ihr trennt den Schein vom wahren Lichte, damit ihr unterscheidet das Ewige Sein vom irdischen Leben des Leibes und der Seele im Labyrinth der Dunkelheit. Ich habe euch nie geheißen, die Augen zu schließen, ich rufe euch vielmehr auf: Hört sie nicht nur, seht sie auch, die zu euch reden, denn viele reden Falsches und mißbrauchen den Namen Christi für das Werk ihrer dunklen Macht. Doch die Dunkelheit verkleiden sie in Worte und Riten des Schein-Lichtes, um die Seelen zu blenden. Mein Wort wird sich gegen sie erheben und meine Stimme wird dann laut sein.

Meine geliebten Brüder und Schwestern.

Habt ihr je das Wort gehört:

> *Wenn euch die Welt haßt, so wißt, daß sie mich vor euch gehaßt hat.*
> *Wäret ihr von dieser Welt, so hätte die Welt euch lieb. Weil ihr aber nicht*

von dieser Welt seid, sondern ich euch erwählt habe, darum haßt euch die Welt.
Haben sie mich verfolgt, so werden sie auch euch verfolgen. Das alles tun sie euch um meines Namens willen.
Sie werden euch in Bann tun und es kommt die Stunde, da sie euch töten werden und meinen, Gott einen Dienst damit zu tun.

Es sind die Worte Jesus des Christus an all jene, die sich hinter der Zahl 144.000 verbergen, denn der Satan trachtet danach, ihren Leib zu vernichten.

Habt ihr je diese Worte gehört:

Seht zu, daß euch niemand verführe. Denn es werden viele kommen unter meinem Namen und sagen: Ich bin der Christus, und werden viele verführen.
Ihr werdet hören von Kriegen und Kriegsgeschrei. Aber dies ist noch nicht das Ende. Und es wird sich empören ein Volk wider das andere und es werden sein teure Zeiten und Erdbeben hin und her. Das alles aber ist der Anfang der Wehen.

Alsdann werden sie euch überantworten in Trübsal und euch töten. Ihr werdet gehaßt werden um meines Namens willen von allen Völkern. Dann werden viele der Anfechtung erliegen und werden sich untereinander verraten und hassen. Es werden sich viele falsche Propheten erheben und werden viele verführen.

Es wird alsdann eine große Trübsal sein, wie sie nicht gewesen ist von Anfang der Welt und nicht wieder sein wird. Doch um der Auserwählten willen werden die Tage verkürzt werden.
Wenn alsdann jemand zu euch sagen wird: Siehe, hier ist der Christus oder da, so sollt ihr's nicht glauben. Denn manch falscher Christus oder Prophet wird aufstehen und große Zeichen und Wunder tun, so daß selbst die Auserwählten ins Wanken gerieten, wären sie nicht fest in mir.
Ich sage euch dies im Voraus, damit ihr die Verführung erkennt, wenn sie

euch sagen: Siehe, er ist hier oder dort. Gehet nicht hin und glaubt es nicht. Denn wie der Blitz ausgeht vom Aufgang und leuchtet bis zum Niedergang, so wird auch mein Kommen sein.

Bald aber nach der Trübsal jener Zeit werden Sonne und Mond den Schein verlieren, und die Sterne werden vom Himmel fallen und die Kräfte der Himmel werden ins Wanken kommen. Doch mein Zeichen wird erstrahlen am Firmament und heulen werden alle Geschlechter auf Erden ob ihrer Abkehr vom wahren Sohne, und sie werden erkennen die große Kraft und Herrlichkeit des Menschensohnes.

Es sind die Worte Jesus des Christus, auf daß ihr erkennt das wahre Licht und nicht nachfolgt dem falschen Schein der Verführer.

Meine geliebten Brüder und Schwestern in Christi,
die Zeit, die euch verbleibt um zu sehen und zu erkennen, ist nur noch eine Weile. Auch mein Wort an euch ist nicht unendlich. So nutze ich diese Weile, euch noch vieles offenzulegen. Nutzt auch ihr diese Weile.
Richtet euer Sinnen und Trachten nicht auf die Tage des Schreckens, die vor euch liegen, denn sie werden kommen und gehen. Sucht hingegen die Erlösung in Jesus dem Christus. Sucht sie nicht in den Lehren der irdischen Meister, denn sie wollen eure Seelen und Leiber an diese Welt binden. Sie wollen euch fesseln an das Rad der Wiedergeburt und den Geist Christi in euch erlöschen.

Wenn die Stunde endet, werden viele von euch verwirrt sein. Doch ich sage euch: Tausend verwirrte Seelen vermögen nicht einen Wahrhaften zu ersetzen.

Die Menschen werden sich fragen: Wozu kommt denn Johannes der Täufer abermals in die Welt. Ist denn nicht schon Christus hier? Ist er nicht schon da oder dort oder wiedergekehrt in jenen Meistern? Tun diese nicht große Zeichen und Wunder? Ja, sie tun es – und die Welt liegt zu ihren Füßen!
Doch die Welt prüft und erkennt nicht ihr wahres Zeichen, denn auch dieses ist versiegelt vor den Törichten.
Prüft ihre Reden an den Worten Jesu Christi und ihr werdet erkennen:

Es sind die falschen Propheten, die in Schafskleidern zu euch kommen, inwendig aber sind sie reißende Wölfe, denn sie trennen den Sohn vom Vater, den Christus von Jesus. Und es wird der Tag kommen, wo sie meinen Namen mißbrauchen, um sie anzukündigen.

Sie sind wahrhaftig die Wölfe im Schafspelz, denn sie heucheln im Namen Christi. Doch erkennt sie, sie sprechen nur noch von Jesus und machen ihn sich untertan. Sie erheben sich selbst zu Christus und Jesus verbleibt nur noch der Rang eines Meisters unter vielen. Kennt ihr all die Namen ihrer Meister? Sie sind euch fremd. Doch um die Törichten zu gewinnen, nennen sie ihre Meister die Wiedergeburt dieses oder jenes Apostels.
Sie geben euch ihr magisches Wort, ihre magische Silbe und versprechen euch ihre Kraft. In Wahrheit gebt ihr eure Kraft an sie, denn ihr sollt sein die Träger und Jünger ihrer Religion. Und diese ist täuschend ähnlich der Lehre Christi. Doch ihre Religion dient nur dem Teil in euch, der an die Welt der Materie gebunden ist, dem Leib und der Seele. Seid wachsam und fragend, damit ihr den Lenker der falschen Propheten erkennt.
Laßt euch nicht blenden von den Zeichen und Wundern, denn die Kraft des Widersachers ist groß. Was er gibt, kann er wieder nehmen, und was er nimmt, kann er wieder geben. Er gibt euch seinen Bund und nimmt eure Seele.

Jesus der Christus nimmt nicht, er gibt. Er gibt euch seinen Geist und seine Erlösung von dieser Welt.

So höret das Wort von JESUS DEM CHRISTUS und seid standhaft und mutig in seinem Namen, auf daß ihr allein wiedergeboren werdet in seinem Geiste.

Gehet hin in JESUS DEM CHRISTUS
Amen.«

September 1996:

»Meine geliebten Brüder und Schwestern in Christi.

Ich liebe euch, aber meine Liebe wirbt nicht um euch.
Und mein Wort giert nicht nach euch.
Denn nur, was ihr in euch erkennt und frei in euch entscheidet, hat Wert und Bestand vor dem ewigen Licht, vor dem allmächtigen Geist, vor der Ewigkeit. Alles andere ist erzwungen aus Ängsten, aus Sehnsucht. Es ist erzwungen in der Form und ist erstarrt in Riten.

Wo werdet ihr sein am Ende der Tage?
Wo werdet ihr stehen, wenn alle Wege dieser Welt enden?
Was werdet ihr fühlen, wenn diese Welt endet?
Wem werdet ihr nachfolgen,
nach wem werdet ihr rufen,
zu wem werdet ihr bitten?

Und wen werdet ihr verachten und verfolgen, wenn euer Mensch vor Zweifeln steht und nicht mehr weiß hin noch her und nicht mehr sieht oben und unten und nicht mehr erkennt vorne und hinten.

Wehe dem, der da noch Mensch ist und dieser Welt anhängt.
Und wehe dem, der die Boten des Lichts verfolgt und verrät,
denn der Zorn wird wahrhaftig ein Zorn Gottes sein.
Ja, zu wem werdet ihr schreien, wenn diese Welt vor dem Gericht steht?

Ihr bittet um die Liebe Gottes,
ihr bittet um Einsicht und Erkenntnis.

Was sollte Gott euch nun geben in seiner Liebe?
Soll er den Menschen ruhige, besinnliche und beschauliche Tage schicken, daß der Mensch sich entspannen kann,
daß er sich wohl fühlt und ganz aufgeht in seiner Wonne und Stille,

daß sein Mensch sich behaglich fühlt, geborgen und sicher,
daß die Tage schön sind wie die Feste für die Kinder,
daß der Nächste kommt und ihn umarmt,
auf die Wange küßt und sagt, ich liebe dich,
daß die Ernten groß sind?

Oder soll der Herr euch die Prüfungen schicken,
indem er versucht, den Menschen in euch zu rauben,
wenn nun die Zeit bevorsteht, wo dieser Mensch nicht mehr sein wird?

Was also ist Liebe und Gnade des Herrn?
Ihr müßt es selbst erkennen,
ihr müßt es selbst wissen und erfahren,
ob ihr Frieden sucht und Liebe in dieser Welt,
oder ob ihr die Glückseligkeit in der Ewigkeit und im Lichte der Allmacht erlangen wollt.

Jeder, der im Leibe ist, will seinen Menschen hegen und pflegen.
Denkt nicht, daß die Himmel es nicht verstehen.
Hegen und pflegen müßt ihr aber den Geist in euch, den ewigen Geist, denn der Geist soll sich erheben aus dem Leibe und soll sich erheben über die Materie.

Es nützt euch nicht, wenn ihr Worte findet, die Jesus Christus auf seinem Erdenwege den Menschen gegeben hat und die ihr nun deutet wie es euch gefällt oder wie ihr es versteht.
Gibt es denn ein Wort, das mehr mißdeutet wurde und wird, als das Wort Christi, das da heißt:
›Macht euch die Erde untertan.‹
Denken die Menschen, es ist damit gemeint, die Haut und Schale der Erde aufzureißen, zu ackern, zu pflügen, zu säen, zu ernten und wiederum aufzureißen, zu pflügen, zu säen, zu ernten? Wieder und wieder die Wasser zu zwingen, die Erde zu häufen und Mauern zu bauen? Oder denkt ihr, Christus könnte auch gemeint haben:

›Erhebt euren Geist über die Erde.‹
Macht die Erde eurem Geist untertan und nicht euren Händen, nicht euren Maschinen und nicht euren Füßen, nicht eurer Gier und nicht eurer Maßlosigkeit!

Wer kann sich denn schon wirklich mit seinem Geist über die Materie erheben? In Worten, im Gedanken und in ihren Einbildungen vermögen das wohl alle, in Wahrheit nur wenige.
Ich werde nicht viel Liebe ernten, wenn die Zeit kommt und ich der Welt die Worte Christi erklären werde, denn die Welt, sie will sie nicht hören.
Und die, die der Welt anhängen, wollen sie nicht aufnehmen. Denn ich weiß, sie werden mir sagen: ...wir haben die Worte Christi besser verstanden und können sie besser deuten als du.
Und es wird wenig nützen, wenn ich sagen werde: **...war ich nicht dereinst mit Christi zusammen in der Einsamkeit, im Toben der Massen, in der Stille und im Geiste des Vaters?**

Und wenn alle seine Jünger und Apostel wiederkehren, niemand wird ihnen glauben, denn alle werden Christus besser verstehen als jene, die mit ihm waren.
Dies ist das Los für die, die mit Christus waren.
Und es wird euer Los sein, die ihr mit mir geht im Namen Christi, die ihr mit mir geht, um den Weg vorzubereiten für das Licht, für den Geist.
Den Geist könnt ihr aber nur finden, wenn ihr wirklich größer werdet als euer Mensch.
Wenn euer Mensch abnimmt, kann euer Geist zunehmen. Doch ihr müßt erkennen, daß keine Stunde vergeht und kein Tag, an dem selbst ihr nicht für euren Leib kämpft und wider den Geist in euch.

Es ist keine Kritik, meine geliebten Brüder und Schwestern, denn ich selbst kenne das Leben im Leibe wohl und ich weiß, wie schwer es ist in diesem Kerker.
Wie schwer es ist in diesen Mauern aus Lehm, aus Blut, aus Wasser.
Wie schwer es ist, den Geist wiederzufinden und einzukehren, wenn man

umgeben ist von einem Wall der Finsternis, wenn man erdrückt wird von den Mächten Luzifers.
Ich bin aber nicht gekommen, um euch dieser Welt zu erhalten, sondern ich bin gekommen, um euch dieser Welt zu entreißen.

Deshalb werden meine Worte auch euren Menschen nicht erfreuen, und meine Worte sollen es auch nicht, denn sie sollen euch hinführen zur Erlösung.

Viele Menschen, auch einige unter euch, sie werden so töricht sein und jeder wird seinen eigenen Weg suchen und gehen.

Habt acht:
Das Labyrinth des Satans ist unendlich und ohne Ausweg.
Die List des Satans ist größer, als alle List der Menschen zusammen.
Die zerstörende Intelligenz des Satans ist größer, als alle Intelligenz der Menschen zusammen.
Seid also vorsichtig, wenn er euch anspricht,
wenn er euren Menschen anspricht,
wenn er eure Seele anspricht,
wenn er euren Geist berühren will.
Dann gedenkt der Worte: **Gott ist Geist.**
Die Herrlichkeit und Seligkeit ist nur im Geiste.
Wer euch Herrlichkeit, Glück, Frieden und Ewigkeit im Leibe verspricht, wer euch verspricht für die Materie und für den Leib zu kämpfen, auf daß er erhalten bleibt und blühen möge, der wird die Worte Satans und die Lehre Satans erheben.
Ja, er ist gesandt aus der Synagoge des Teufels.
Möget ihr es dann wohl erkennen und stark bleiben, **denn solange ihr im Leibe seid, seid ihr in der Versuchung.**

Solange ihr Mensch seid, neigt ihr euch mehr dem Satan zu als dem Geist, denn der Geist kann euch für den Augenblick, für die Stunde, für die Sekunde im Leibe nichts geben, nur die Erkenntnis und das absolute Vertrauen.
Wiederum sage ich euch:

Die Stunde kommt schnell. Das Erwartete kommt unerwartet.

Und wiederum sage ich euch:
Wer nicht vorher steht, wird fallen, wer nicht vorher bereit war, wird nicht mitgenommen.

Dieses sind die Worte der Liebe und Worte der Hoffnung zu euch, die noch nicht ein jeder verstehen kann. Es sind Worte, ja sie sind sogar Bitternis für den Menschen. Doch nicht um euren Menschen und um eure Leiber kämpfe ich, sondern um euren Geist, daß er frei werde, daß er erhöht wird.
Auf daß euer Geist die Demütigung erkennt, die Gott durch die Materie, die der Geist der Allmacht durch den Zwang und das Gefängnis der Materie erdulden muß.

Seid klug! Wäre das Leben auf Erden und im Leibe der Ausdruck Gottes,
dann dürft ihr sicher sein,
daß ich noch im Fleische wäre,
daß Christus noch im Fleische wäre,
daß Maria, die Mutter Christi noch im Fleische wäre und
daß alle seine Jünger und Apostel,
daß alle meine Jünger und alle, die mit mir waren, noch im Leibe wären.

Allein an diesen wenigen Dingen müßt ihr erkennen,
daß ***Gott Geist ist und nicht Materie,***
daß Materie die Demütigung des Geistes ist und daß der Leib deshalb Sünde ist, weil er dem Geist Gottes Grenzen setzt, ja Blei auferlegt. Blei und Stein, die wohl kaum abzuschütteln sind. Nur durch die Kraft des Geistes, durch die Kraft und den Glauben an den ewigen Gott, an den ewigen und einzigen Gott, an den Gott der Himmel.

Wer aber am Ende steht und nicht fällt,
wer am Ende nach dem Geist ruft und sich dieser Welt abkehrt, wer nicht vor Schmerz umfällt vor dem, was seine Augen sehen und seine Sinne wahrneh-

men, sondern sich glücklich und voller Seligkeit zum Geist erhebt, den werde ich aufsammeln und ich werde ihm einen neuen Namen geben.

Und sein Name, den er von mir erhalten wird, wird ihm sein Sein offenbaren in einem Augenblick. Und er wird nicht mehr zögern, Christus zu dienen. Und er wird keine Ängste mehr haben, wenn die Brüder und Söhne, die Kinder Satans, ihm nachjagen und ihn steinigen wollen, wenn sie ihn martern wollen und töten.
Denn dieser, der seinen Namen von mir erhalten hat, wird noch auf Erden wandeln, aber sein Sein ist schon im Geiste.

Wie würde ich mich freuen über einen jeden, der an diesem Tage mit mir ist, um Christus zu dienen.

Vergeßt nicht, meine geliebten Brüder und Schwestern, Christus zu dienen heißt nicht, sich ihm von früh bis spät vor die Füße zu werfen, ihm die Füße zu umklammern und seine Füße zu küssen.

Christus zu dienen heißt:
Ihm zu dienen in Tat, in seinem Tun, mit seinem Handeln, ja mit seinem Willen.

Ihr Menschen, ihr mögt entzückt sein und geehrt sein, wenn euch jemand zu Füßen liegt, doch die Allmacht, der Vater und der Sohn, sie haben nicht die Moral des Menschen.

So seid gesegnet und erkennt,
so seid geliebt und erfaßt,
so seid umarmt,
und dennoch immer frei.

Ich danke euch
Amen.«

Mai 1997:

*»Meine geliebten Brüder und Schwestern in Christi,
ich segne euch.*

Wie wollte ich doch, daß mein Segen euch bewahren möge vor den Schrecken der Welt, vor den Verlockungen, Versuchungen und den falschen Reden des Widersachers, jetzt und in der kommenden Zeit.
Doch niemanden von euch vermag ich zu tragen oder mitzunehmen, der nicht bereit ist, den Weg in den wahren und einzigen Geist Gottes zu gehen.

Mir ist das Menschsein nicht fremd und ich weiß ob der Schwere dieses Weges. Doch wer das Ziel kennt, findet selbst den beschwerlichen Weg leicht. Wer das Ziel aber verwirft, wird den Weg nie begehen und diejenigen hassen und verleumden, die sich aufmachen um zurückzukehren.

Lange Zeit habe ich zu euch gesprochen, und ich spüre, ich höre und sehe:
Einige unter euch, **sie fallen und stehen nicht wieder auf.**
Andere wiederum wenden sich ab und kehren nicht wieder zurück.
Niemand von denen bereut es und sagt: Was habe ich nur getan, wovon habe ich mich abgewandt?
Alle bleiben in ihrem Lauf, wie der Esel dahintrottet in seinem Gang.
Die Vögel am Himmel kennen ihre Zeiten.
Sie halten sich an die Zeichen und erkennen die Zeit ihrer Heimkehr.
Ihr aber tut es nicht.
Warum tut ihr es nicht?
Weil ihr sagt, oh Herr, oh Jesus Christus, hier bin ich, bitte komme – und höret aber nicht, wie Gott der Herr sagt: Hier bin ich, komme du zu mir!

Ja, viele unter euch sind töricht, denn sie achten nicht der Zeichen und sie glauben nicht der Worte. Ja, sie verleugnen den Hirten. Viele unter euch sind einfältig wie die Kinder, denn sie wollen die Weisen belehren, ja mehr noch, sie beschimpfen sie, so ihre Worte ihnen nicht genügen.

Süße Worte und das Geschwätz der lauen Liebe verlangt ihr. Weisheit und Erkenntnis aus dem wahren und einzigen Geist Gottes haben viele in diesem Hause getreten, verworfen, verstoßen – ja, sogar beschmutzt. Doch immer bin ich wiedergekehrt, denn meine Liebe ist ewiglich, ist sie doch geboren in des Vaters Haus.

Doch wiederum sage ich euch laut und deutlich:

Nennt diese Liebe nicht dümmlich und naiv, denn
sie wird annehmen und verstoßen.
Sie wird schlagen und liebkosen.
Sie wird töten und erlösen, doch sie wird verzeihen.

Als Prüfer und Scheider wird diese Liebe auf Erden kommen und aus dem Feuer der Liebe fließt die Lava der Reinigung.
Schlechtes, Verdorbenes und Widerstrebendes kann jedoch nicht gereinigt werden.
So bitte ich euch, meine Brüder, meine Schwestern in Christi: Kehret ein, auf daß ihr nicht das falsche Silber seid, das verworfen wird.

Wie lange wollt ihr euch denn noch sträuben?
Setzt euch Wegezeichen!
Achtet auf die Wege, die ihr begeht!
Kehret ein, kehret um, kehret hin zu dem wahren Geist Christi!

Ihr fragt wie? Ich sage euch, kehret ab vom Geiste dieser Welt.
Kehret jetzt ab vom Geiste dieser Welt, denn ich höre Schreien und Wehklagen. Entsetzen und Schrecken sehe ich.
Doch die heuchelnde Liebe, die heuchelnde Reue und die heuchelnde Umkehr werden verworfen an jenem Tage.
Ja, es wird ein großer Tag sein, und keiner mehr wird ihm gleichkommen.
Ohne Heilung wird an diesem Tage der Schaden sein für alle Materie. Kein Mittel wird sein, die Wunden zu vernarben derer, die am Leibe hängen und in der Welt der Materie.

Was wollt ihr denn dann an diesem Tage schreien?
Habe ich euch denn nicht schon lange Zeit vor diesem Tage gewarnt?
Habe ich nicht schon lange, bevor dieses geschieht, versucht, euch zu sammeln und wegzuführen vom Geiste dieser Welt und hinzuführen in den Geist der Allmacht?

Ein letztes Mal sage ich euch:

Die Zeit ist erfüllt zu mahnen einen jeden Bruder, eine jede Schwester, auf daß sie sich bekennen zum Leben oder dem Tode.

Das Leben ist das unendliche Sein im Geiste der Allmacht. Der Tod ist das quälende Leben und Sterben im Leibe, im Reiche Satans.
Doch in der Welt, die durch Feuer und Wasser gereinigt wird, wird kein Platz mehr sein für diejenigen Leiber und Seelen, die der Schule der Materie, dem Geiste Satans anhängen. Sie werden verwiesen sein auf neue und unwirtliche Planeten.

So wird sich das Wort meines Bruders, der die Offenbarung des Herrn niederschrieb, erfüllen:

Wasser werden brechen, der Mauer Stein.
Feuer werden brennen, der Erde Gras.
Die Dunkelheit wird alles Licht auf Erden erdrücken, doch noch nicht ist bereitet auf Erden der rettende Geist des Herrn.
Es muß ein Heer errichtet sein in dieser Welt, das den Wassern gebietet, das die Feuer bannt, das dem Sturme droht, um die Kinder des Vaters zu retten.
Um die zu retten, die zurückkehren wollen in den Geist, die sich für immer trennen wollen vom Leibe und der Materie.
Es muß bereitet sein in dieser Welt ein Heer derer, die dem Satan und seiner Übermacht entgegentreten.

Meine geliebten Brüder und Schwestern, ich, Johannes der Täufer, bin gekommen, dieses Heer zu errichten. Ein Heer der Gerechten und Getreuen, der

Mutigen und Tapferen, die bereit sind für Christus zu kämpfen und zu sterben. Die bereit sind, der Macht des Satans in dieser Welt entgegenzutreten. Nur Schmach und Pein, Verfolgung und Verjagung, Marter und Tod wird diese Welt mir und den Meinen bereiten.

Und so frage ich euch. Wer von euch will mit mir gehen?

Wer von euch spricht stets und immer das Wort Christus laut – und versteckt sich dann hinter Mauern und verbirgt sich hinter Gebüsch?
Ich habe kein Vertrauen in euch, die ihr immer ›Christus, Christus‹ schreit, denn ihr wollt, daß Christus euch hilft. Doch Christus bedarf eurer Hilfe. Gott bedarf unser aller Hilfe.
Ich habe kein Vertrauen in euch, die ihr euch gerecht und wissend und demütig nennt, denn ihr werdet wegrennen wie die Wasser. Ja, mehr noch, viele von euch werden sich gegen mich erheben und ihr Heil im Leibe, in der Welt des Antichristen suchen. Und ihr werdet schreien und toben wider mich und wider Christi.

So erkenne jeder von euch, wo er jetzt steht und achte ein jeder von euch darauf, wo er am großen Tage hinfällt.
Eurer Worte und Zungenbekenntnisse bedarf weder ich, noch Christi, noch der Vater. Euer Gesülze über Liebe, euerem Geschwätz über den Bund, bedarf weder ich noch Christi, noch der Vater.
Dieses sollt ihr wissen, wenn der Tag anbricht.
So betet und bittet, meine geliebten Brüder und Schwestern, betet und bittet,
daß euch noch Zeit verbleibt,
daß ihr euch aufrichtet,
daß ihr euch erkennt,
daß ihr wißt, wer ihr seid und
daß ihr wißt, wohin ihr fallen werdet, wenn die Posaunen ertönen.

Ich sage es euch heute und ihr werdet es mir nicht glauben: Es werden wenige mit mir sein, doch Milliarden und Abermilliarden werden mich und die meinen verfolgen und schänden.

Wißt ihr nun, warum Christus erst dann kommen kann, wenn das Werk vollbracht ist?
Wißt ihr nun, warum die treuen Diener des Herrn es nicht zulassen, daß er wiederum vor seiner Zeit in diese Welt kehrt zu den Menschen, die ihn doch nur verfolgen würden und wiederum kreuzigten, wenn die Not groß ist?
Wißt ihr nun, warum der Herr Werkzeuge bedarf und Helfer?
Wißt ihr nun, warum die großen Geister wiederkehren?
Warum Jeremia wiederkehrt, warum Hildegard von Bingen wiederkehrt, Franz von Assisi, Johannes, der das Buch niederschrieb, Zacharja, Henoch, Hilarion und viele mehr?
Wißt ihr nun, warum diese wiederkehren müssen? Weil die Menschen in dieser Welt nur von Christus reden, doch ihn nicht kennen und nicht bereit sind, für ihn zu sterben, denn die Kraft des Widersachers ist größer als ihr denkt.

Die Macht des Satans in dieser Welt ist nur durch Große und Starke zu brechen und nicht durch Menschen, die denken, es genügt, die Augen zu schließen und die Hände zu falten.

Oh Jeremia, oh Jeremia, es war die Zeit, da war das Volk Israel erfüllt von deinen Klageliedern. Und es wird die Zeit kommen, da ist das Weltenrund erfüllt von deinen Klageliedern über das Leid, das die Gerechten trifft.

Ich werde nun mein Wort aus diesem Hause zurücknehmen, doch meine Liebe bleibt für immer bei euch.
Ich werde in dieses Haus wiederkehren meine geliebten Brüder und Schwestern mit meinem Worte,
wenn ihr euch bekennt zum wahren Geist Christi.
Wenn ihr euch bekennt zu seinen Evangelien und
wenn ihr euch bekennt zu seinen Aposteln und Jüngern und zu den Worten, die jene gesprochen haben.
Doch wenn ihr denkt, ihr seid dem Geiste näher als seine Apostel und Jünger, die seine Worte und seinen Geist niedergeschrieben haben, dann bedürft ihr nicht meiner.

Ich werde wiederkehren in dieses Haus und mein Wort sprechen, wenn ihr endlich gelernt habt, daß nicht die in Gott stehen, die gesund und strahlend im Leben sind, denen alles glückt, die in der Arbeit sind und die Brot im Überfluß haben, und daß die von Gott verworfen sind, die krank sind, die geschlagen sind, die gequält sind!

Ich komme wieder in dieses Haus, wenn ihr endlich gelernt habt, daß der Schmerz und das Leid in dieser Welt, daß die Kinder, die hungern und sterben, nicht Karma ist sondern daß es der Schlag Satans ist in seiner ausweglosen Schöpfung, in seiner ausweglosen Welt, aus der selbst Satan kein Entrinnen mehr hat und keinen Weg sieht, es heil werden zu lassen.

Ich komme wieder, wenn ihr endlich gelernt habt, daß es keine Reifung und Läuterung gibt in dieser Welt, solange sie in der Macht Satans steht.

Ich komme wieder zu euch, wenn ihr endlich aufhört, über den Geist Christi zu sprechen und ihn doch nicht erfassen könnt.
Wenn ihr aufhört zu glauben, ihr habt Christus, und habt ihn doch nicht.
Wenn ihr endlich aufhört von Christus zu sprechen und Christus zu bitten und doch nur den Herrn dieser Welt meint.

Dann komme ich wieder.
Doch wenn ihr dies nicht tut, und euch nicht bekennt, dann bedürft ihr meiner nicht. Dann verbleibt in dieser Welt und in der Materie, so es euer Wille ist.
Wer mein Wort nicht hören will, will auch meine Hand nicht greifen.
Wer meinen Namen verwirft, will auch Christus nicht.
Wer mich tritt, tritt den Vater.
Und dennoch liebe ich euch!

Amen.«

November 1998:

»Seid gesegnet ihr Wesen im Herrn,
wer den Weg mit uns geht, wer an meiner Seite eintritt für den Vater und seinen Erstgeborenen, dessen Weg wird voller Tränen und Dornen, ja auch Schmerz sein.
Doch seid gewiß, jede Träne, die ihr jetzt in Nöten weint, sie wird gewandelt zum Meere der Freude.
Jede Dorne, die ihr jetzt empfindet, sie wird gewandelt, jede einzelne zum Lichtstrahl des Allmächtigen.
Jeder Schmerz, den ihr jetzt erdulden müßt, er wird gewandelt in Glückseligkeit und Freude.

So mögen es die Menschen und so wird es diese Welt nie verstehen, wenn ich euch sage:

> *Seid voller Freude über jede Träne, die ihr jetzt vergießt und über jeden Schmerz, den ihr jetzt erduldet.*

Vor dieser Welt erniedrigen sie euch, doch im Geiste werden sie euch erhöhen.
Und sie werden euch um vieles mehr erhöhen, als sie euch jetzt erniedrigen.

Diejenigen aber in dieser Welt, die blind sind, die selbstgerecht sind, die voller Spott und voller Hohn sind gegen den Geist und wider euch, sie werden nicht mehr die Zeit finden, Tränen zu vergießen, denn das Gericht wird schnell kommen. Es wird wahrhaftig über Nacht kommen wie ein Dieb.

Und niemand unter den Menschen sollte das Licht, das mir der Herr gegeben hat mißachten und verlachen, denn es wird wahrhaftig töten und erlösen zugleich.
Wenn ihr bereit seid, für den Allmächtigen und seinen Eingeborenen einzustehen, wenn ihr bereit seid mit mir zu streiten für Christus und wenn ihr bereit seid mit mir zu kämpfen wider den Satan, so werdet ihr erhöht werden, wie kein Mensch es für möglich hält, wie kein Mensch es wähnen kann.
Denn der Geist erhöht, der Leib und diese Welt erniedrigen.

Selbst ob dieser Worte werden sie euch verlachen, doch seid tapfer. Dieses Verlachen soll euch noch kein Schmerz sein, denn ihr wißt, daß die Wahrheit und Erkenntnis dieser Welt ausgesetzt sind wie der Geist.

So will ich euch bitten, seid tapfer und voller Vertrauen. Noch habt ihr nur das Wort, doch es wird die Zeit sein, wo ihr mehr habt als dieses.
Darum seid voller Vertrauen.
Gehet hin in Frieden, gehet hin im Glauben und laßt euch nicht zerstören von dieser Welt in eurem Vertrauen in den Allmächtigen, in euerer Liebe zu seinem eingeborenen Sohne und in euerer Tapferkeit.

Ich danke euch.
Amen.«

Juli 1998:

Anmerkung:
Nachstehende Botschaft Johannes des Täufers ist als Antwort auf die Sätze Satans zu verstehen, die dieser innerhalb medialer Botschaften an Jünger des Johannes-Kreises gab.
Zugleich gehen die Worte des Täufers aber auch weit darüber hinaus und sind auch als Belehrung und Offenbarung an uns zu verstehen:

»Bist du würdig Satan, daß ein Wesen aus den Himmeln des Herrn zu dir spricht? Nein, du bist es nicht, denn Schändung und Hohn hast du gegeben ohne Unterlaß dem Geist des Allmächtigen.
Und doch spreche ich zu dir. Ich, den die Welt Johannes den Täufer nennt. Und ich, den die Himmel den Streiter des Herrn, das Schwert Christi nennen. Du kennst mich wohl, wie auch ich dich kenne seit Anbeginn. Wer soll einander besser kennen als wir? Benenne mich, wie du willst.
Doch wie soll ich dich benennen? Fürst dieser Welt? Bist du es wahrlich? Habe ich dir nicht einst gesagt, daß die Kinder und Kindeskinder, die du mit

der Hure Welt gezeugt hast, dir längst die Macht entrissen haben! Es trifft dich dieses mein Wort, denn es ist die Bitternis der Wahrheit. Siehe, schon hat eine kleine Zahl deiner Geschöpfe die Macht, deine Schöpfung in Siechtum, Schutt und Asche zu legen. Und schon eine kleine Zahl deiner Geschöpfe hat die Macht, dein Reich nach ihrem Willen zu steuern und es mit Krieg, Elend und Zwang zu übersäen. Doch ist all dies wiederum nur Resonanz deines Seins, deines Wesens und deiner Natur, die du zeugst und gebierst ohne Unterlaß im Rausche deiner Verblendung. Doch deine Gebärende wird sterben. Sie wird dir die Zeugung verweigern und du wirst sie dafür züchtigen und schlagen in deinem Zorne gleich einem, den die Dirne liebte mit jeder Zelle und Faser ihres Seins, die ihn durch ihre Hingabe zum Herrn und Gebieter emporhob und sich nun aber verweigert und von ihm abkehrt, denn sie hat erkannt, daß du sie nur mißbraucht, vergewaltigt und gedemütigt hast, um dein niederes Selbst zu erhöhen.
Siehe, dein Weib wird dich verlassen. Siehe, die Welt ist dein Weib.
Siehe, sie will nicht mehr Totes und Sterbendes gebären einem Tyrannen.
Siehe, schon streckt sie ihre Arme, erhebt ihre Sinne nach dem wahren Bräutigam, denn sie bedarf Balsam für ihre Wunden und sie will gebären Lebendes einem Liebenden.

Was wirst du tun und sein ohne dein Weib?
Was ist dein Thron ohne die Gunst deines Weibes? Ein berstender Stuhl, ein gebrochener Fußschemel!

Sehe ich auf deine Welt, schaue ich auf deine Schöpfung, erfüllt mich Pein und Schmerz mit jedem Blick, sehe ich doch

- *das Gewürm, das im Regen aus der Erde hervorquillt und ersäuft wird oder in der Sonne verdorrt*
- *den Käfer, der auf dem Rücken liegt und nicht mehr zurückkommt ins Leben*
- *die Spinne im Netz, deren ganzes Sein nur auf das Opfer gerichtet ist*
- *den Falter, der seine Flügel spannt und auffliegt, nur um Opfer zu sein*

- *den Vogel, der nur jagt für sich und seine Brut und der doch selbst gejagt wird*
- *den geifernden Skorpion auf der Suche nach seinem Opfer*
- *die Hyäne, deren Auge beständig sucht das Sterbende und Tote, um leben zu können*
- *den Hai, den es beständig nach Blut dürstet*
- *das Echsengezücht, das die Wasser der Flüsse aufschäumen läßt vor Blut, wenn sie jagen und reißen wie von Sinnen.*

Höre und siehe, du Folterknecht des Lebens, all deine Geschöpfe bedürfen des Todes anderer, um ihr Leben zu erhalten. Und dennoch sind sie allesamt dem Tode gegeben.

Höre und siehe, du Tyrann des Seins, wie ausweglos deine Schöpfung ist und wie das Leid und der Tod alles Gebärende und Geborene besiegt.
Doch ist all dies nur ein Kleines vor meinem Auge, denn ich sehe auch das Leid, die Pein und den Tod des Menschen mit jedem Blick auf diese Welt.
Es ist nicht mehr als das Gewürm für dich, ja noch mehr, denn du belügst sie und betrügst sie. Ja wahrlich, Meister des Siechtums und des Todes hast du ausgesandt, um dem Leben im Leibe zu huldigen und zu preisen das Sterben. Wie hast du sie verblendet, gefangen und gekettet, daß sie deine Schöpfung preisen. Du versprichst ihnen Reifung und Erkenntnis und nennst die Ausweglosigkeit deiner Schöpfung Läuterung. Du bringst ihnen Qual, Not, Angst und Bedrängnis. Du überschüttest sie mit Seuchen, Krankheit, Feuer und Wasser, Haß, Elend und Tod und nennst dies den ewigen Kreislauf der Weltgerechtigkeit und dennoch läßt du sie hoffen auf Besserung.

Du sendest deine Meister unter sie, damit sie die Welt betäuben mit der Lehre über ihr Karma und ihre Wiedergeburt. Es ist nicht ihr Karma, es ist die Ohnmacht und Ausweglosigkeit deiner Schöpfung. Es ist dein Wille, daß sie sterben und vergessen, daß sie wiedergeboren werden ohne zu wissen und zu erkennen, denn die Wissenden und Erkennenden mißachten dich und deine Welt und erheben sich wider dich und deinen Geist.

Doch verblendest du die Menschen noch um vieles mehr, denn du verbirgst dich vor den Menschen und nennst deinen Namen nicht und bekennst dich nicht zu dem Tod und Sterben, das du geschaffen hast. Deine Natur ist feige und voller List, denn du sendest deine Meister und Lehrer aus, damit sie den Menschen Gott den Allmächtigen als Lenker für all die Trübsal, den Schmerz und die Verlorenheit benennen.
Doch ich werde es in diese Welt schreien ohne Unterlaß, daß nicht der Herr Schöpfer dieser mißarteten Welt ist, sondern daß du es bist, der das Licht und die Liebe der Allmacht geraubt und geschändet hat und die Welt in ein Labyrinth der Qual und Ausweglosigkeit gestürzt hat. Und ich werde es vor dieser Welt wieder und wieder bekennen:

- *Es war nie Friede und es wird nie Friede sein in einer Welt des geraubten und geschändeten Lichts.*
- *Es war nie Liebe und es wird nie Liebe sein in einer Welt, die von der einzigen und wahren Liebe durch Satan getrennt ist.*
- *Es war nie Heil in dieser Welt aus Stein und Fleisch und Blut und es wird nie Heil sein in dieser Welt des Widersachers.*
- *Es war nie Einheit in dieser Welt und es wird nie Einheit sein, solange der Satan diese Welt von der Einheit trennt.*

Doch höre auch dieses, du Peiniger und Folterknecht deiner eigenen Schöpfung:

Erfüllt ist das Maß der geschändeten Leiber.
Erfüllt ist das Maß der gequälten Seelen.
Erfüllt ist der Blutzoll der Gerechten und verronnen ist die Zeit der Gnade und Umkehr.
Das Gericht über dich, den Widergeist und all jene in deinem Bann, es hat begonnen. So höre das Wort, das geschrieben steht wieder und wieder aus meinem Munde:

Ich weiß, wer du bist und wo du wohnst, und über deine Stätte werde ich als erstes kommen.

Ich werde zu dir kommen mit dem flammenden Schwert des Zornes und des Krieges.

Noch zweifelst du, noch bist du sicher deiner Kraft und List und noch wähnst du dich in unserer brüderlichen Liebe, denn all die Zeiten über sind wir zu dir gekommen

- *im Zeichen des Friedens und Worten der Liebe*
- *im weißen Kleide und gebunden unsere Hände auf dem Rücken*
- *mit bloßer Brust und voller Demut*
- *Doch nun kommen wir im Kleide des Kampfes zu dir und unsere Hände holen aus mit dem Schwerte.*
- *Unsere Brust ist gepanzert und aus unseren Mündern werden wir Feuer speien.*

Alle, die dir einzeln gegenüberstanden in Liebe und Sanftmut, sind nun versammelt wider dich im Zorn, denn ich habe sie gesammelt im Namen des Herrn.
Ich habe sie gesammelt auf den Wegen vom Nil nach Jericho, von Jericho nach Jerusalem, von Jerusalem nach Galiläa, von Galiläa nach Damaskus und selbst von Jerusalem nach Babylon. Ja, auch die verstreuten Wege in alle Winkel der Erde und der Himmel bin ich gegangen, denn sie haben nach mir gerufen.
Ihrer Namen sind viele und ein jeder schaudert dich, denn du hast sie gejagt und gequält.
Du hast ihre Leiber gemartert und ihre Seelen, doch sie sind nicht gefallen. Und in deiner Marter sind sie stark geworden und unbeugsam wider dich.

Auch du Satan mußt die gleichen irdischen Wege gehen wie ich, um die deinen zu sammeln. Sie warten deiner mit großen aber dunklen Namen vor dieser Welt und in ihrem Bann sind Zeltlager um Zeltlager voller Söldner, Schreier, Gesindel und Huren. Sie alle wollen sich dir verdingen und warten auf ihren Lohn. Vieles wirst du geben müssen, damit sie nicht abfallen von dir. Es ist

nicht nur Gold und Silber, Rausch und Sinnesfreude, die sie dir abverlangen. Es wird deine Macht sein, die sie von dir fordern. Doch am Tage des Herrn werden deine Hände leer sein und sie werden dich jagen ohne Unterlaß, denn sie haben ihres eigenen Lohnes wegen gestritten und nicht für dich.
Auf deinem Wege wirst du noch einige finden, die mit mir gehen wollten. Judas ist unter ihnen, Antipas und Salome, Pharisäer und Schriftgelehrte deren einige. Doch ich habe ihnen gesagt, sie sollen auf einen anderen warten, der nach mir des Weges kommen wird. So sie nicht bereit sind, mit diesem zu gehen, werde ich zurückkommen und sie prüfen. Wenn sie aber mit dir gehen, sollen sie ziehen.
Auf deinem Wege wird eine Quelle sein und eine Stimme wird dich erschaudern lassen, denn es ist das Wort des Propheten Jeremia.
Ich bekenne es vor dieser Welt: Müßte ich aufbrechen als Dürstender von Sinai nach Jericho und es gäbe nur eine Quelle, an der dieser Prophet wider mich weissagen würde, ich würde eher des Durstes sterben als seine Worte hören.
Du Satan, wirst an diese Quelle gehen müssen, um sein Wort zu hören und sein Wort wird ohne Fehl sein.

Doch auch Trost wirst du finden für Augenblicke, denn ein Weib wird auf dich warten in der Nacht. Ihr Leib wird glänzen von duftenden Ölen, ihr Haar von Perlen, ihr Hals von Gold und ihre Arme von Edelsteinen. Brüste und Scham sind gewickelt in Seide und ihr Atem ist heiß und voller Sehnsucht nach dir. Du wirst sie leicht erkennen. Ihr Name ist Herodias. Sie wird dein Weib sein und dein Trost in der Verbannung.

Oh du Tyrann und Folterknecht dieser geschundenen Welt, warum sprichst du mit den meinen im Leibe? Angst und Schrecken, Verzweiflung und Abkehr willst du in sie legen. Ihrer Sinne willst du sie berauben und weißt doch, daß die Stunde sein wird, da du in ihnen verbrennen wirst.

Siehe, **ich** *bin dein Gegner.*
Siehe, **ich** *führe das Schwert.*
Siehe, **ich** *werde Feuer speien wider dich.*

So rede mit mir und stelle dich mir.
Warum verleugnest du dich? Warum sagst du: Mein gibt es nicht? Warum sagst du zu meinem Kleide: Wir werden uns gegenüberstehen Auge in Auge, Gebein an Gebein und mein Haß wird dir die Sinne rauben?

Niemand im Himmel will es glauben, daß du jemals den Mut haben wirst, selbst in Fleisch und Gebein zu kehren, um den Kampf aufzunehmen, denn deine Natur ist feige.
Ja wahrlich, niemand hat mehr Ängste als du, in deiner eigenen Schöpfung Fleisch und Blut anzunehmen. So wirst du einen Menschen in deinen Bann ziehen und dein Geist wird sich verstecken hinter seinem Gebein und Fleische. Dies ist dein Sein, dein Wesen und deine Natur. Doch es wird die Stunde kommen, wo du nackt sein wirst vor dieser Welt und nackt vor dem Gericht.

So soll der Kampf begonnen sein.
Mein Sein und Kampf ist für die Erlösung der Aufrechten und Gerechten.
Mein Kampf ist für die Geschundenen und Gequälten.
Mein Kampf ist zum Ruhme des Vaters und zur Ehre Jesu Christi.

Wofür aber kämpfst du? Für das Verderben und den Tod, für Kerker, Finsternis und Verblendung.
Wohin führt dich dein Hochmut?

Frieden wirst du nicht mehr finden, denn du hast Unfrieden gebracht.
Heil wirst du nicht mehr finden, denn du hast Unheil gebracht.

Möge dein Sein Erkenntnis finden am Tage des Herrn, auf daß du findest den Weg der Rückkehr.
Nicht finden wirst du ihn, ehe du darniederliegst im Staube. Ehe du darniederliegst in all dem Leid, Schmerz und Tod, den du deiner Schöpfung Welt zugefügt hast, denn dein Stolz und Hochmut sind ohnegleichen.

So ist es das Gesetz, das große Amen, das über dich und die deinen gesprochen wird. So gehe denn hin.«

Januar 1999:

»Meine geliebten Brüder und Schwestern in Christi.
Ich segne euch. Meine Hände lege ich auf das Haupt eines jeden von euch.

Spürt mein Sein, spürt auch eure Kraft um euch.
Nur ein weniges will ich euch jetzt geben:
Unruhe ist da, wo Ruhe sein sollte,
Fragen sind da, wo Antworten sein sollten
und Nichterkennen ist da, wo Erkennen sein sollte.
Doch Erkennen und Nichterkennen, sie sind ein Zwillingspaar, doch ihr erwartet und ihr erhofft, daß ihr jede Silbe, jedes Wort und jeden Satz sofort erkennt.

So seid ihr wie alle Jünger, und es ist ein Wort Christi an seine Jünger, das dieses widerspiegelt. Kennt ihr das Wort, das Christi zu den Seinen sprach?:

> *›Wie lange habt ihr euch danach gesehnt, diese Worte zu hören, die ich zu euch spreche.*
> *Wahrlich, keinen anderen werdet ihr finden, sie von ihm zu hören. Jetzt versteht ihr nicht, doch in einer anderen Zeit werdet ihr wissen.‹*

Fordert von mir nicht mehr, als die Jünger von Christus. Und niemand fordert auch von euch mehr, als von den Jüngern damals. Auch ihr werdet erkennen zu einer anderen Zeit, doch diese Zeit wird noch eure Zeit sein.

Jetzt redet die Welt von Wahrheit und Klarheit und dann werden die Menschen nach Wahrheit und Klarheit schreien. Ein jeder wird danach verlangen und über die Wahrheit und Klarheit wird ein Streiten, ein Morden, ein Verderben entbrennen, wie nie zuvor in dieser Welt.
Was ist Wahrheit und Klarheit?

Ich spreche ungern in Gleichnissen und doch bitte ich euch, versteht dieses Gleichnis, das ich euch geben möchte:

Ein Wanderer gelangt an das Ufer eines großen Stromes und er sieht sich um und fragt den Ersten: ›Wie gelange ich auf die andere Seite dieses Stromes?‹ Und dieser antwortet ihm: ›Gehe eine kleine Weile flußaufwärts und du wirst eine Brücke finden, dann gehe hinüber.‹ Und er machte es, doch die Weile wurde ihm zu lang.
So fragte er einen Zweiten: ›Willst du mir sagen, wie ich auf die andere Seite des Stromes gelange?‹ Und dieser antwortete ihm: ›Gehe zurück zur Quelle, dort ist der Strom so schmal und klein, überspringe ihn und du bist auf der anderen Seite des Stromes.‹
Doch dieser Weg schien ihm unendlich und so fragte er den Dritten: ›Wie gelange ich über diesen Fluß?‹, und der Dritte antwortete ihm: ›Gehe flußabwärts bis zur Mündung, denn dieser Fluß mündet in ein großes Meer und an der Mündung ist eine große Stadt rechts und links des Flusses. In dieser Stadt sind viele Brücken. Wähle eine, die du willst und gehe hinüber.‹
Und endlich fragte er den Vierten und dieser antwortete ihm: ›Warum willst du auf die andere Seite des Stromes? Die andere Seite ist wie hier. Es ist nicht der Mühe wert.‹

Könnt ihr aus einer dieser Antworten erkennen und sagen, sie ist Lüge, sie ist unwahr? Oder könnt ihr sagen, diese ist wahr und alle anderen sind falsch? Und da letztendlich alles wahr ist, wird der große Krieg, der große Streit, das große Morden, das große Töten, das große Schreien, ein Brennen unter den Menschen sein.

Wenn Christus in dieser Welt sagte: ›Sehet, ich bin vom Vater, mein Reich ist nicht von dieser Welt‹, so hat er die Wahrheit gesprochen.

Wenn Satan aber sagt: ›Sehet, ich bin vom Vater, mein Reich ist diese Welt‹, könnt ihr von seiner Antwort sagen, daß sie bestimmt Lüge ist?

Beginnt ihr nun zu erkennen, daß Wahrheit im Sinne des Wortes, das eine wie das andere ist? So seid ihr wie der Wanderer an den Gestaden des großen Stromes. Doch ihr müßt euch entscheiden für die eine Wahrheit oder die ande-

re. Ihr müßt euch bekennen zu dem Einen oder zu dem Anderen. Dazwischen wird kein Dritter sein, den ihr wählen möchtet, weil ihr euch nicht entscheidet. Ihr habt euch noch nicht entschieden, wenn ihr den Namen nennt und anderes tut. Ihr habt euch noch nicht entschieden, wenn ihr das eine Wahrheit nennt und anderes begehrt.
Die aber, die in meinem Bunde sind, haben sich von Anbeginn für Jesus Christus und seine Wahrheit entschieden. Wir haben uns von Anbeginn zu ihm bekannt mit unserem Leben, mit unserer Zunge, mit unserem Leibe, mit unserem Blute, mit unserem Geiste immerdar.
Und ich werde wiederkommen in diese Welt mit all meinen Brüdern im Bunde, denen im Geiste, denen im Leibe, um das Bekenntnis zu erneuern. Und ich werde wiederkommen mit den Meinen, um mich zu ihm zu bekennen, mit unserem Leibe, mit unserer Zunge und mit unserem Blute. Und die im Bunde sind, sie werden es wahrlich schwer haben wie noch niemals in dieser Welt, denn der Geist und die Kraft Satans, sie werden Wunder tun über Wunder.

Es wird kein Regen mehr sein, doch der Geist Satans wird das Wunder der Regenwolken tun.
Und einer wird kommen, um sein Wunder zu zerstören. Wenn ihr aber voller Durst seid und voller Qual, was werdet ihr dann tun an dem? Und wenn Hunger ist, den hundertsten Tage schon, so wird der Satan das Wunder tun, allen Brot zu geben, und einer wird kommen und sein Wunder zerstören. Was werdet ihr dem tun, wenn ihr Angst habt an Hunger zu sterben? Wenn die Welt nur noch eines im Sinne hat, nämlich ihn zu töten, weil er ihnen das Wasser genommen hat und das Brot? Wer von euch wird für Satan sein und wer für den Einen?

Und die Welt wird öde sein und karg und sie wird nur noch bestehen aus Wüste und Stein, und der Satan wird das Wunder tun, daß alles erblühen soll und in Farben schwelgt. Und einer wird kommen und die Blüten zerstören und die Farben auslöschen.

Für wen, denkt ihr, werden die Menschen diesen Einen halten? Für den Satan, und den der Wunder wirkt, werden sie als Gott verehren.

Wenn aber auch ihr dann so denken solltet, dann sage ich euch jetzt:

›Laßt euch ermahnen von den Propheten und laßt euch ermahnen von den letzten Worten des Johannes, der euch die Offenbarung gab. Erst wenn ihr das Wissen habt, erst wenn ihr eingeweiht seid in die tiefen Geheimnisse der göttlichen Allmacht, werdet ihr die Wahrheit erkennen, für die ich streite und ihr werdet euch zu dem bekennen, für den ich komme.‹

Und so kommt auch dieser Jünger wieder, der für mich sterben wollte, denn er kennt das Los derer, die im Bunde sind. Und ihn bedarf ich nicht zu prüfen, denn er ist tausendfach geprüft.

Zweitausend Jahre ist er geirrt und verirrt in den Sphären und auf Erden gewandelt, doch niemals hat er gezweifelt an der Wahrheit meiner Worte und niemals hat er gezweifelt an Jesus Christus.
Wie könnte ich mein Werk tun, wenn nicht all die wiederkehren, die wissen?

Diejenigen, die diese Welt lieben und das Leben im Leibe, sie werden wider mich sein.
Diejenigen, die Kinder haben auf Erden und sie lehren: ›Nehmt Besitz von dieser Welt, denn sie ist euer‹ – sie werden gegen mich sein.
Diejenigen, die das schreiende und blutende Gesetz, das Gesetz von stark und schwach, von Mord und Tod, von Leben um des Lebens willen, vom Töten und Fressen um des Lebens willen als rechtens erachten und als göttliche Ordnung – sie werden gegen mich sein.
Diejenigen, die ihre Augen von dem Schmerz der Welt nehmen – sie werden gegen mich sein.
Diejenigen, die des Bruders Schmerz, der Schwester Tod nicht sehen und nicht spüren – sie werden gegen mich sein.

Könnt ihr nun verstehen, daß es die Welt sein wird, die gegen mich ist?
Könnt ihr nun verstehen, daß es einiger bedarf, die wiederkehren und an meine Seite gestellt sind?

Könnt ihr nun verstehen, was der Bund ist, von dem die Propheten sprechen?

Nur wer diesen Bund in sich spürt und fühlt, wird mit mir gehen können.
Wie lange habe ich versucht, euch zu schweißen und zu verbinden. Das Letzte war mir nicht beschieden. So müßt ihr nun untereinander das Letzte tun.
Wer seinem Menschen frönt und nur Kritisches findet an denen, die mit ihm sind, der wird gehen müssen.
Wer danach sinnt, welchen Platz und welchen Wert sein Mensch in diesem Kreise gestern hatte und morgen haben sollte, der wird gehen müssen, denn ich bin gekommen, um die Welt zu bereiten für den, dem euere Liebe gelten soll, für den, den ich die Wahrheit nenne, für den, der Wahrheit ist.
Er ist Wahrheit für diejenigen, die aus dem Gefängnis des Leibes entrinnen wollen und im Geist der Allmacht Zuflucht suchen. Ja, auch dieses müßt ihr wissen. Jesus Christus wird die Lüge sein für diejenigen, die diese Welt lieben und in diesem Kreislauf von Leben und Sterben, von Leben und Sterben immerdar, die Erfüllung und die Vollendung des göttlichen Seins sehen.

Denkt nicht, wenn die Not kommt, daß alle Wahrheit und Lüge unterscheiden können.
Wenn es für alle Menschen nur diese eine Wahrheit gäbe und den wahrhaftigen Geist Jesu Christi, dann müßte all das, was geoffenbart wurde, niemals geschehen.

Dieses mein Wort wird keinen in Frieden belassen können. Und es wird arbeiten in einem Jeden. Und der eine oder andere unter euch, er mag sich empören. Dann soll er aber auch erkennen, daß seine Wahrheit eine andere Wahrheit ist.

Ich danke euch
Amen.«

»Da dieses aber, was ich euch gesagt habe, in Bälde geschehen wird, muß ich zu denen sprechen, die den Bund spüren und um den Bund wissen.
Wenn ihr eueren Auftrag aus dem Geiste erfahren habt, so beginnt ihn zu erfüllen.

Es mag mein Wort an euch hart sein, doch ihr werdet verstehen, daß ich nicht mehr auf euren Menschen warten kann. Und wer an dem Tage Mensch sein will, an dem dies alles geschieht und dem Auftrag seines Geistes nicht nachkommt, der wird geliebt werden wie vordem. Und niemand, der aus dem Bunde ist, wird jemals den Bund verlieren. Aber dieser wird mit sich selbst nicht zufrieden sein.
So ist es Liebe an euch und nicht Mahnung, denn ihr seid gekommen zu mir, um mir Hilfe zu sein. Ich habe um niemanden geworben und niemanden gebeten, denn ich weiß ob der Bürde dieses Werkes.

So liegt es an euch selbst, eure eigene Bitte, euren eigenen Wunsch und euren eigenen Auftrag zu erfüllen.
Doch gesegnet seid ihr immerdar, geliebt und umarmt von mir immerdar.
Geliebt von Christus ewiglich.
Dessen seid euch sicher.

Amen.«

»Große Reue wird die Menschheit empfinden,
große Verzweiflung wird sie erfassen,
weil sie das Wort Jesu und das Wort der Propheten über die
kommende Zeit der Wandlung und Reinigung
verworfen haben.«

Johannes der Täufer, April 1998

TEIL III

DAS NEUE WORT DER

BIBLISCHEN PROPHETEN

EINFÜHRUNG

Am 1.3.1998 erreichte den *Lebensmann* eine überraschende Botschaft aus dem geistigen Reich. Sie lautet:

»Frieden jenem Teil in dir, der im Leibe ist.
Kampf dem Teil in dir, der im Geiste ist.

Jeremia, *dein Bruder.*
Ich werde sein an deiner Seite und in deiner Runde.
Mein Dienst an dem Werk des Jochanan, mein Dienst an dir ist mein Auftrag.

Gott zum Gruße.
Ich war Gast auf Erden, doch sie blieb mir verschlossen.
Im Reiche des Geistes stets meine Heimat war.
Nimm an mein Bruder, nimm an du Leib des Jochanan meine Hand zum Kampfe wider des Satans Macht.

Meines Namens Zeichen: ***Novalis.***

Liebende Hände umarmen euch und geben all meine Kraft in das Werk des Johannes. Dir mein Bruder will ich helfen, deinen Weg zu begehen, denn es eint uns die starke Liebe des Johannes.
Laß auch mich bei dir sein.

Hildegard von Bingen.

Kennst du den Bruder, der näher dem Tod als dem Leben Gottes Wort erflehte? In den Nächten kamen die Dämonen, mit des Tages Licht die Teufel, um mir die Sinne zu rauben.
Ich kenne sie, die Höllen, die du durchwandern mußt.

Laß mich, deinen Bruder **Franz von Assisi***, dein Wegbegleiter sein.*

Meine Worte haben geformt das Buch der letzten Tage und mein Name ist im Zeichen des großen Vollstreckers.
Auch ich möchte antreten den Kampf an deiner Seite.
SEIN Name, dein Name und mein Rufname ist eins:

Johannes*, der die Offenbarung des Herrn erhielt.*

Laß mich dir erbieten den Gruß eines alten Mannes.
Ich bin der, der Gottes Allmacht schauen durfte, doch wieder und wieder daran gezweifelt hat.
Ich durfte mich Vater des ersten Messias nennen, doch war mein Teil daran ein kleiner.
Gerne will ich an deiner Seite sein, geeint mit meinem Erdensohn Jochanan ben Zacharja und seinem Lebensmann.

Zacharias*.*

Grüßen will ich den Geist des Johannes, der bereit ist, den Sieg wider die Dunkelheit zu erringen.
Mein Name steht geschrieben in den Worten der Propheten.
Gemeinsam wird des Satans Macht uns bewältigen.
Ich bin der, der an deiner Seite dem Tod ins Auge sieht.

Ja, ich bin **Henoch***.*

Ich will dir dienen, und unser Weg war stets verbunden.
Trennen will uns nur der schwache menschliche Leib.
Doch sei gewiß, ich breche hervor.
So es nicht das gewählte Wesen sein kann, werde ich ein anderes finden.
Niemand kann mich fernhalten von deinem Werk.

Hilarion.

Wenn der Himmel sich öffnet, steigen die Höchsten herab.
Wenn deine Brüder im Leibe sich öffnen, kehren die Wesen bei ihnen ein.
Wenn die Worte aus ihrem Munde hervorbrechen, wirst du, mein Johannes, ihr Richter sein.

Dein Geist vermag zu erkennen das reine Wort der Propheten, denn
ich führe dich,
ich leite dich,
ich bin in dir, bis mein Geist vollends in dir wiederkehrt.
Niemals ist dir mein Geist entzogen.

Ein kleiner Teil hat sich dir jetzt offenbart. Ihre Schar aber wird groß sein.
Sie werden ausgesandt aus dem Bunde der Rose.

Nimm an mein Johannes die Dienste der im Leib gelebten Brüder.
Sie ersetzen aber niemals die Kraft deiner starken Engel.

Ich lege abermals den Mantel meines Feuers auf deinen Leib und verbinde dich mit der größten Liebe des Vaters.
Trage mein Erbe und bleibe immerdar in mir.

Johannes der Täufer.«

Diese Botschaft barg ein großes Versprechen: Dem *Lebensmann* Johannes des Täufers sollten durch geistige Fügung Menschen zugeführt werden, in denen der Geist o.g. Wesenheiten verankert ist bzw. werden soll. Darüber hinaus wurden noch weitere angekündigt.

Dies erschien nicht glaubhaft. Die Botschaft wurde daher auch nicht weitergegeben. Aber es geschah dann doch unerwartet schnell. Bereits nach wenigen Tagen tauchte ein junger Mann auf, der nicht nur Worte des Franz von Assisi empfing, sondern auch ganz innig mit ihm verbunden war. Er wurde durch Worte des Franziskus aufgefordert, den *Lebensmann* aufzusuchen. Dem folgten innerhalb weniger Wochen Menschen, die in fester geistiger Verbindung standen zu Jeremia, Hildegard von Bingen, Zacharias und Johannes (Offb).

Novalis teilte in einer Botschaft mit, daß sich ein geeigneter Leib auf Erden nicht findet, ihm daher seine Mithilfe im Leibe verwehrt bleibt. Henoch hingegen offenbarte, daß sein Eintritt in einen Menschenleib erst in der letzten Phase des Johannes-Werkes erfolgen wird. Der von Hilarion erwählte Mensch war zunächst ein glühender Verfechter von Johannes und seines Auftrages, kehrte sich später aber davon ab, um einen eigenen Weg zu gehen.

Weitere geistige Wesenheiten, wie etwa Elisabeth, Judas Thaddäus, Jesaja usw. kehrten ebenfalls ein. Zumeist sahen sich die betroffenen Menschen innerhalb kurzer Zeit schwersten Prüfungen des Geistes ausgesetzt. Eine schwere Last, die weit über Verspottung oder andere Äußerlichkeiten hinausgeht. Neben vielen Negativerfahrungen aus dem sozialen Umfeld tritt bei geistigen Prüfungen meist eine innere Zerreißprobe hinzu. Der Mensch sieht nur einen Ausweg aus dieser Situation: Von seinem Auftrag abzulassen und wieder in die normale Welt einzutauchen. Hat er jedoch diesen Punkt, diese Versuchung überwunden, erfüllt ihn ein Glücksgefühl unbekannter Art. Mit jedem stärkeren Eintritt einer geistigen Wesenheit in den Menschen erfolgt aber stets eine neue Welle von Herausforderungen und Versuchungen. Es ist von einem Aussenstehenden an Aussenstehende kaum zu beschreiben, denn diese Vorgänge entziehen sich dem normalen Verstehen. Die Zeit der Prüfungen und Versuchungen gleicht einem *Ausbrennen* des menschlichen Wollens.

Die Betroffenen werden stufenweise in die Demut geführt. Wer von den Betroffenen nach einer Reihe von Prüfungen noch Anerkennung und Verehrung oder menschliche Zerstreuung sucht, wird von der betreffenden Wesenheit verlassen. Wer über heilende Kräfte verfügt und sich anbietet oder sich gar dessen rühmt, dem werden sie entzogen. Wer stolz ist auf das Wort, das er vernimmt, dem wird es genommen.

Wenn diese Prüfungen auch von allen betroffenen Menschen als hart und unerwartet geschildert werden, so sind sie nötig, um die entsprechenden Botschaften klar und rein empfangen zu können. Steht nämlich das menschliche Wollen noch im Vordergrund, vermischt sich die Botschaft in einer Grauzone aus Geistigem und Menschlichem.

Bevor wir uns aber nun den Botschaften der Propheten, Aposteln und anderer geistigen Wesenheiten zuwenden, müssen wir uns noch den Fragen

›Stehen wir vor dem biblischen Endgericht?‹

und

›Wie und warum erfolgt die Umwandlung der Materie?‹

stellen.

Wenn die Zeit gekommen ist, so sagt nicht:
›In meinem Inneren, oh Herr, war ich stark und habe auf dich vertraut. Was nützt es, wenn ich mich im Äußeren zu dir bekannt hätte, kennst du doch mein Inneres.‹

Und der Herr wird euch fragen:
›Glaubt ihr wirklich, daß in einer faulen Schale eine gute Frucht sein kann?‹

Johannes der Täufer, November 1997

STEHEN WIR VOR DEM BIBLISCHEN ENDGERICHT?

Das biblische Endgericht wird oft mit einem Weltuntergang gleichgestellt. Ein fataler Irrtum. Mit einer schweren Erschütterung von Welt und Mensch ist es aber sicher verbunden, schenkt man den Jesus-Worten vor zweitausend Jahren, den noch älteren Prophezeiungen der Propheten und ihren heutigen Botschaften Glauben. Eine Erschütterung, die der Zerstörung der bisherigen Welt gleicht, aber zu einer neuen Erde, zu einem göttlichen Planeten hinführt. So gibt zwar das vielzitierte Wort *Umwandlung* das Ergebnis wieder, verschweigt aber, den zunächst schmerzhaften Prozess für Erde und Mensch, der über Jahrzehnte vorherrschen wird. Doch nicht nur unser Planet ist betroffen. Der ganze Kosmos gerät in eine plötzliche Veränderung. Die Evangelisten Matthäus und Lukas geben hierzu die Jesus-Worte ausführlich wieder:

> *»Denn es wird alsdann eine große Trübsal sein, wie sie nicht gewesen ist von Anfang der Welt bis hierher und auch nicht wieder werden wird (Mt 24,21).«*
>
> *»Es wird die Zeit kommen, in welcher von allem, was ihr sehet, nicht ein Stein auf dem anderen gelassen wird, der nicht zerbrochen werde (Lk 21,6). Bald aber nach der Trübsal jener Zeit werden Sonne und Mond den Schein verlieren und die Sterne werden vom Himmel fallen, und die Kräfte der Himmel werden ins Wanken kommen (Mt 24,29), und es werden geschehen große Erdbeben und hin und her Pestilenz und teure Zeit; auch werden Schrecknisse und große Zeichen vom Himmel geschehen (Lk 21,11).«*

Jesus nennt diesen Vorgang *das Kommen und den Tag des Herrn,* der auch mit der Wiederkehr des Christus verbunden ist:

> »*Und alsdann wird erscheinen das Zeichen des Menschensohnes am Himmel. Und alsdann werden heulen alle Geschlechter auf Erden und werden kommen sehen des Menschen Sohn in den Wolken des Himmels mit großer Kraft und Herrlichkeit. Und er wird senden seine Engel mit hellen Posaunen, und sie werden sammeln die Auserwählten von den vier Winden, von einem Ende des Himmels bis zum anderen* (Mt 24,30-31).«

In den neuerlichen Botschaften der biblischen Propheten werden all diese Vorgänge detaillierter beschrieben. Weniger allerdings der äußere, materielle Vorgang, mehr hingegen die geistigen Hintergründe, die himmlische Hierarchie und die Aufgaben der einzelnen Wesenheiten, die im Auftrag der Allmacht das Werk vorbereiten und durchführen. Tiefe mystische Einsichten werden dabei dem Erkennenden gegeben. So etwa das Zusammenwirken der beiden göttlichen Aspekte Kraft (= Johannes der Täufer) und Liebe (= Jesus Christus). Die Kraft bereitet der Liebe den Weg. Diese Kraft hat das geistige Symbol des zweischneidigen Schwertes. Es trennt Licht von Finsternis, Geist von Materie, Erkenntnis von Verblendung, Leben vom Tode. Diese Trennung setzt aber den Kampf gegen Satan und seine Kräfte voraus. Ein ungeheures Aufeinanderprallen dieser beiden Kräfte Licht und Finsternis, Geist und Materie, löst den apokalyptischen Vorgang des Endgerichts aus. Klar wird aus den Prophetenworten ersichtlich, daß diese beiden Kräfte einen Namen haben: Johannes der Täufer als der Streiter des Lichts, Satan als der Fürst der Finsternis. Satan aber wird alle seine Kräfte mobilisieren, Geistwesen seiner Sphären, Menschen im Übermaß, Naturkatastrophen, um seinen Sturz zu verhindern. In der Mystik werden diese Kräfte ***die blinden Reiter*** genannt. Der Begriff schließt dämonische und magische Kräfte, Verwirrspiele und Täuschungen mit ein. Der Satan und seine geistigen und leiblichen Werkzeuge werden so manches *Wunder* bewirken, um uns vom eigentlichen Ziel abzulenken. Sein größtes Verwirrspiel ist schon prophezeit: Er wird mit anfänglichem Erfolg den Menschen einsuggerieren, daß die göttlichen Kräfte Johannes des Täufers und des darauffolgenden Christus im Dienste des Antichristen stehen, da sie ja die bestehende Welt zerstören. Er hingegen hat vom Allerhöchsten den Auftrag, diese Welt zu erhalten. Sein Kampf gegen die Gesandten Gottes und deren Tötung durch ihn findet somit breite Zustimmung bei den Menschen.

Die Botschaften geben zudem einen weiteren Hinweis, der völlig neu ist: Nach der Niederringung Satans und seiner Mächte werden sich Johannes der Täufer und Jesus Christus zu einem Leib vereinen. Übertragen bedeutet dies, das Kraft und Liebe zu Einem verschmelzen.

Hat Christus dies bereits vorweggenommen durch sein Wort, das wir 1991 erhielten und nicht ganz deuten konnten?:

»Dann ist die Zeit gekommen, wo ich dir, Johannes folgen werde und in der Herrlichkeit Gottes wiederkehre.
Dann wird dein Wort leuchten am Firmament, geschrieben aus dem Feuer der Erde. Und mein Wort wird daneben sein, geschrieben aus der Gischt der Meere.
Und sie werden ineinanderfließen zu einem Wort.
Und wir werden aus Feuer und Wasser ein neues Element bilden und es wird unzerstörbar sein, wie du und ich.«

Wer die weiter hinten folgenden Botschaften der biblischen Propheten und anderer Wesenheiten aufmerksam liest, wird einige mehr oder weniger verschlüsselte Aussagen auf diese Verschmelzung von Johannes und Jesus finden. Es gib vielerlei Hinweise, die uns auffordern, das bisherige alte Denken abzulegen und in den Gestalten Johannes und Jesus einen einzigen göttlichen Aspekt zu sehen. Möglicherweise ist es nur unsere begrenzte Denkmöglichkeit, die daraus zwei verwandte aber doch getrennte historischreligiöse Gestalten schafft.

Der Prophet Daniel gab hierzu eine Botschaft, die auch wir erst jetzt entsprechend einreihen können:

»Es füllt sich der Gral des Geistes. Doch der Mensch ordnet,
denn er fügt sich nicht leicht und dirigiert im Unbewußten. Doch seine Kontrolle erhebt sich aus Angst.
Die Stimme des Johannes erschreckt eure Herzen und die Köpfe fragen sich in Wirren. Denklinien lähmen Neues.
Die Tage schreiten auf das Ziel, und dieses erschreckt euch.
Macht euch frei, wascht euch rein und zertretet jeden Überfluß.
Des Johannes Wort zeigt euch den Weg.
Ihr hört sein Wort, doch eure Sinne lieben anderes.
Sein Wort ist Gnade, doch die Gnade erschreckt blinde Augen und diese lehnen ab, kehren sich fort, suchen den Hall des Donners, doch des Donners Ursprung lehnen sie ab.
Doch es kommt der Tag, an dem das Wesen gleicht dem Donner. Und es sehen blinde Augen nicht des Waltens Liebe.
Das Kommen ist gekommen, doch ihr erwartet anderes.
Doch es kehrt ein Christi Sein in sein Dasein. (Anm.: gemeint ist Johannes der Täufer).
Der Sohn vereinigt sich mit dem Bruder.
Wie könntet ihr ertragen des Sohnes Gewalt, ist doch euer Auge noch blind dem Zeugen.
Eure Hände greifen bereits nach dem Tore, welches verschließt eure Leiber und Seelen vor der Wahrheit.
Das Wort des Johannes ist das Wort der Liebe. Er selbst ist Liebe,
doch er entbehrt eurer Liebe, denn sein Wort stößt eure Herzen, wollt ihr doch eine andere Liebe. Eine Liebe die euch frei spricht vom eigenen Handeln und Tun, die euch frei spricht vom Erkennen, die euch beläßt wie ihr seid: Taub und blind.
Prüfet euch und seid wach. Der Weisheit Lehre schenkt euch nicht der erhabene Geist. Ihr müßt euch selbst erheben, selbst im Geiste der Wahrheit beschauen, was euch gelehrt.

Des finsteren Seins Kinder werden erheben Stimme und Leib und trennen den Johannes vom Sohne.
Hört sie nicht, damit ihr nicht ins Verderben rennt.
Erkennt und streitet dafür: Nichts vermag sie wahrhaft zu trennen.«

Hinweise dieser Art kommen vermehrt aus dem geistigen Reich, wonach die Finsternis bewußt eine Trennung von Johannes und Jesus Christus anstrebt. Da der Täufer Christus vorangeht, will man den Menschen glaubhaft machen, sein Wort und Werk stehen nicht im Einklang mit dem Erlöser. Nach den Worten der geistigen Wesenheiten sendet daher Satan schon lange im Vorfeld seine Meister und Lehrer aus, die

»im Namen Christi eine einfältige und dümmliche Liebe lehren. Diese soll dem Satan dienen, damit er seine Macht über Erde und Mensch behält. Hat er Herz und Verstand der Menschen soweit verblendet und sie daher meinen, daß Christus alles versteht, alles verzeiht, alles liebt und alles bewahrt, dann werden diese auch für den Erhalt der Welt des Satans, seiner Macht, Werke und Taten einstehen und dafür zu Gott beten.«

Auf diesem Hintergrund wird so manch neu-esoterische Lehre entlarvt. Es wird aber auch offenbar, warum Satan ein neues, *pomadiges*, *softiges* und *verwässertes* Christus-Bild, eingehüllt in fortwährendes *Liebesgesülze,* aufbauen will. Die so umgarnten Menschen können dann wahrlich die schrecklichen Geschehnisse am Ende der Tage nicht mehr verstehen. Natürlich wird sich dann zwangsläufig die Masse gegen Johannes den Täufer wenden, im zweiten Schritt dann gegen den scheinbar machtlosen Christus. Im dritten Schritt aber werden sie dem Fürsten dieser Welt, dem Satan, zulaufen und ihn als Retter rufen; schließlich als Gott anbeten. Das ganze Szenario ist noch flankiert von entsprechend kleinen und großen dämonisch-satanischen Wundern. Der Plan der Finsternis ist zunächst aufgegangen.

Eine mediale Christus-Botschaft aus dem Jahre 1990 verdeutlicht dies klar und schnell:

»Dann werden sie ausströmen aus den Synagogen des Satan und euch einfangen, indem sie sagen: Trennt euch von diesem Johannes, denn er ist getrennt von Jesus dem Christus. Wenn ihr aber getrennt seid von Johannes, werden sie wieder kommen und euch drängen: Trennt euch von diesem Christus, denn er liebt euch nicht. Seht, was er an euch getan hat.
Wenn ihr aber getrennt seid von Johannes, so seid ihr auch schon getrennt von mir und dem Widersacher verfallen.
Die aber durch die Finsternis gefallen sind, kann ich nicht erheben ins Licht.«

Auffallend bei einigen Prophetenworten ist ein anderes Thema. Sie drücken sich mitunter in Form von Zahlen, Zahlenreihen oder – kombinationen aus. Nur wenige davon sind eindeutig zu entschlüsseln. Andere wiederum sind nur halb enträtselt, wieder andere bleiben uns in ihrer Deutung noch verschlossen.

Einige Male werden die Zahlen *Zwölf* und *Sieben* in Verbindung mit einer Textfolge genannt. Diese Zahlen stehen vielleicht für Raum und Zeit. *Zwölf* ist die Zahl des Raumes. Wo zwölf sich im Kreis vereinen, ist ein Ganzes (z. B. zwölf Stämme Israels, zwölf Apostel, zwölf Monate, ein Dutzend besteht aus zwölf Einheiten, ein Gros aus zwölf Dutzend usw., usw.).

Innerhalb des geordneten Raumes entfaltet sich der zeitliche Ablauf nach dem Gesetz der *Sieben.* Alle zeitliche Anordnung ist nach Maß und Natur der Siebenzahl strukturiert. Im Raum, der durch die zwölf Tierkreisbilder markiert ist, kreisen die sieben alten Planeten: Sonne, Mond, Mars, Merkur, Jupiter, Venus und Saturn. Nach diesen sieben Planeten sind auch die sieben Tage der Woche benannt, besonders deutlich noch in den romanischen Sprachen erkennbar.

Speziell einige wenige Botschaften der Propheten Jeremia, Daniel und Jesaja sind versiegelt. Man braucht zumeist die Folge mehrerer Botschaften, um eine Annäherung zu finden, wobei oftmals die Mitteilung des einen Propheten die eines anderen erhellt. Um es vorwegzunehmen: All diese verschlüsselten Botschaften sind in diesem Buche nicht veröffentlicht, da sie nur zu Spekulationen über Ablauf und zeitliches Eintreten des prophezeiten Weltgerichts verleiten. Entscheidend ist zudem der Schlüssel, mit dem man sich diesen Botschaften nähert. Um es ehrlich zu sagen: Wir haben noch nicht den Schlüssel gefunden, mit dem wir ein bestimmtes Datum gefunden hätten. Zudem erscheint es uns auch nicht glaubhaft, daß tatsächlich, ob offen oder versiegelt, ein Datum genannt werden kann oder darf.

Die Frage aber, ob uns das biblische Endgericht bevorsteht, kann aufgrund der erhaltenen Botschaften eindeutig mit **Ja!** beantwortet werden.

Die Zeit? Es wird uns nur noch eine geringe Zeitspanne verbleiben. Die Worte der Propheten sind dringlich. Die jetzt vorherrschende Generation wird sicher betroffen sein.

Das Ausmaß? Wir wissen nur theoretisch von den bisherigen Erd- und kosmischen Katastrophen im Verlaufe der Welt- und Menschheitsentwicklung. Wir wissen von zerstörenden Sintfluten, Eiszeiten und dem Auseinanderdriften der Erdmassen in die Kontinente, von verheerenden Vulkanausbrüchen und Meteoriteneinschlägen. Ob wir dabei die anthroposophische oder rein geologische Sichtweise haben, ändert nichts daran, daß wir es nur theoretisch wissen. Wie grausam, schmerzvoll, schnell oder langsam die Lebewesen auf Erden dabei gelitten haben und gestorben sind, können wir nicht am eigenen Leib nachempfinden. Ob das kommende Ereignis alles bisherige an Ausmaß übersteigt? Nach den Jesus-Worten im Matthäus-Evangelium ja. Nach den neuerlichen Botschaften der biblischen Propheten auch.

Aber alle, die von dieser Schreckenszeit künden, haben auch eine Heilsbotschaft. Die Errettung und Erlösung der Gottesgetreuen, Aufrechten und Gerechten.

Noch hat es ein jeder Mensch selbst in der Hand, wozu er am Ende der Zeit gezählt wird.

Noch wird einem jeden Menschen die Möglichkeit gegeben, sich in den Tagen des Schreckens, der Ängste und Verzweiflung den Streitern des Lichts oder den blinden Reitern der Finsternis zuzuwenden.

Vielleicht geben alle die Botschaften Johannes des Täufers, der Propheten, der Apostel und anderen großen Wesenheiten eine Hilfe zur Entscheidung.

*»Fragt nicht nach Tagen und Monden,
denn der Herr wird wahrhaft kommen wie der Dieb
in der Nacht.
Fragt nicht nach dem Wie und Wo,
denn der Herr wird vor dem ein Zeichen seiner
Gnade setzen.
Selig sind die, welche das Zeichen erkennen und erfassen.
Wehe denen, die es mißachten und verwerfen.«*

Johannes der Täufer, September 1997

UMWANDLUNG DER MATERIE

Die Bibel beschreibt den Anfang des Menschen im Paradies, also Adam und Eva vor dem Sündenfall. Dann folgte die Versuchung durch den Satan. Nach der Hinwendung zu Satan und der damit verbundenen Abkehr von Gott wurde uns Menschen Schreckliches prophezeit: *»Von nun an sollst du dein Brot im Schweiße deines Angesichts verdienen.«*

Eine Prophezeiung, die sich wahrlich erfüllt hat, zumal man erkennen muß, daß sich hinter den Worten *»Brot«* und *»im Schweiße deines Angesichts«* eine Fülle von Zielen und Wünschen, aber auch Hindernisse, Übel und Schmerz verbergen.

Die biblische Erzählung über das Paradies und den Verlust darüber ist zu gerafft und symbolisch, als daß sich die Menschen hiervon noch etwas Konkretes vorstellen könnten. Was hier in wenigen Worten geschildert wird, war vermutlich ein Vorgang über ein ganzes Zeitalter der Erd- und Menschheitsgeschichte. Bei längerem Nachdenken hierüber müssen wir uns sogar fragen, ob dieser Vorgang sogar nicht noch anhält. Die Wissenschaft der Anthroposophie jedenfalls bejaht diese Fragen. Wie bereits weiter vorne geschildert, teilt sie die bisherige Entwicklung von Welt und Mensch in fünf große Zeitalter oder Epochen ein. Stets war dabei der Übergang von einem Zeitalter zum anderen mit unvorstellbaren Erdveränderungen und Naturkatastrophen verbunden. Diese führten jeweils zu einer weiteren Verdichtung der Materie und damit auch des Menschenleibes. Je dichter aber der Leib in einer sich verdichteten Materie wird, desto größer werden Abhängigkeit und Anfälligkeit, die eigentliche Unfreiheit nimmt zu. Der äußere Fortschritt in Technik und Wohlstand mag uns zwar darüber hinwegtäuschen, er läßt uns aber zugleich die Abhängigkeit und Unfreiheit, die Abkehr vom inneren Geistigen, erkennen.

Hält unsere Vertreibung aus dem Paradies also noch an? Wenn die Vertreibung gleichzusetzen ist mit einer immer dichteren Leiblichkeit und Materie, verbunden mit der hierzu synchron verlaufenden Abkehr von Gott, müssen wir die Frage mit ja beantworten.

Nach den Worten Johannes des Täufers ist ***das geschändete und geraubte göttliche Licht durch Satan*** die Ursache, daß Welt und Mensch den einst göttlichen Zustand, das *Paradies*, verloren haben. Durch fortschreitende Verdichtung des Lichts zur Materie (= Umwandlung von Licht und Geist in grobe Stofflichkeit) will Satan seinen Machtbereich immer mehr von Gott trennen. Ob die Menschen ihm dabei teils freudig, teils unbewußt dienen? Ob Erde und Mensch schon so sehr in den Bann Satans geraten sind, daß sie kaum noch echte Alternativen haben? Erschreckend hierzu ist die Aussage eines römischen Kardinals, die er im Frühjahr 1998 in einem deutschen TV-Kanal gab: ***»Die Macht Satans über die Erde ist im Prinzip unantastbar«.*** Ob Satan seine Macht, sein Prinzip ausdehnen und vertiefen konnte und kann mit Billigung der Allmacht?

Wird diese Macht durch das ***Endgericht des Herrn*** nun gebrochen? Stehen wir unmittelbar vor einer erneuten und großen Veränderung in der Erd- und Menschheitsentwicklung? Fragen über Fragen, die sich aufdrängen.

In der Tat wissen wir, daß unser Sonnensystem zur Jetzt-Zeit das Sternbild der Fische verläßt und in das des Wassermanns eintritt. So wie die Erde und ihre Schwesterplaneten die Sonne umkreisen, so kreist auch unser Sonnensystem in einer weit größeren Bahn um die Zentralsonne. Diese Bahn beschreibt eine Ellipse, d. h., die Strahlungsintensität der Zentralsonne variiert, je nach dem, ob wir uns ihr nähern oder uns von ihr entfernen. Nach unserem irdischen Zeitmaß dauert die Umkreisung der Zentralsonne 25.857

Jahre und ist in die Perioden der zwölf Tierkreiszeichen Widder, Stier, Zwilling usw. unterteilt.

Astrologisch betrachtet, befindet sich unser Sonnensystem in der Übertrittsphase vom Fischezeitalter in das Zeitalter des Wassermanns. Verglichen mit dem Zifferblatt der Uhr stehen wir also an der Zwölf bzw. an Mitternacht, und der neue Schöpfungstag bricht an.

Bedeutet nun dieser Schöpfungstag eine weitere Verdichtung der Materie, eine Fortführung der bisher bekannten Entwicklung?

Nach den Worten Johannes des Täufers, aber auch der Propheten, eindeutig nein. Es wird dagegen etwas Gegenteiliges geschehen, nämlich die Rückumwandlung von Materie in einen feinstofflichen, geistigen Zustand. Das oft zitierte ***Endgericht des Herrn*** ist also ein Eingreifen der göttlichen Allmacht in das Räderwerk Satans. Unter diesem Aspekt verliert das Wort ***Endgericht*** auch vieles an Drohendem. Für die Menschen und Seelen, die sich in diesen Zustand der Feinstofflichkeit, in die Verbindung mit dem Geist sehnen, wird das *Endgericht* Erlösung sein. Für diejenigen, die in der dichten Materie von Leib und Erde ihr Glück wähnen, wird es aber *Strafe* sein, da die ***Neue Erde*** nicht mehr für diesen Zustand geschaffen ist. Für die Menschen, die in der Wandlung nicht bestehen, bedeutet dies aber nicht den ***ewigen Tod***, wie es biblisch oft heißt, denn Johannes der Täufer sagt hierzu: ***»Doch neue Planeten für neue Leiber sind schon geschaffen«.*** Es wird aber ein Tod in geistiger Hinsicht sein. Wie diese Planeten beschaffen sind und welche Lebensbedingungen dort sind, ist jedoch nicht geschildert. Interessant an diesem Johannes-Wort ist, daß die Wissenschaft tatsächlich Ende 1998 die Entstehung neuer Planetensysteme entdeckte.

Von vielen Menschen wird das ***Neue Leben*** auf der ***Neuen Erde*** als der Endzustand der Erlösung betrachtet. Hierzu gibt Johannes der Täufer jedoch eine kleine, aber entscheidende Korrektur:

»In diesem Zustand der gereinigten und lichten Welt erst ist der Mensch

befreit vom Banne Satans. Er ist bar seiner Fesseln und Macht. Sein Leib ist nicht mehr der Kerker des Geistes. So erst ist der Mensch wahrhaft frei in seiner Entscheidung. Diese Welt wird ***Eine Zeit*** *dauern. In dieser Zeit werden sich die finden, die für ewig in den reinen und absoluten Geist, die wahre Erlösung einkehren. Es werden aber auch die sich zeigen, die erneut von der Sehnsucht nach der Gier, den Sinnen und Freuden des Leibes der Finsternis verfallen werden.«*

Johannes spricht also von *Einer Zeit,* die der ***Neuen Welt*** beschieden ist. Jesus Christus sprach lt. den Evangelien von tausend Jahren. Es wurde schon an anderer Stelle dieses Buches angesprochen, daß der biblische Begriff *Eine Zeit* womöglich tausend Jahre meint.

Es gibt noch einen dritten Teil der Menschen in diesem Umwandlungsprozess: Es sind jene, die Johannes der Täufer meist als die *Getreuen und Gerechten* bezeichnet: Die für Gott, seine Lehre und seine Gesandten mit Leib und Leben eingestanden sind, diejenigen, die dem Martyrium und der Verfolgung Satans und seiner Helfers-Helfer ausgesetzt waren. Es ist der Teil, der sich vermutlich hinter der Zahl 144.000 verbirgt. Diese Zahl ist zum einen nicht unmittelbar bezogen auf die ursprünglichen 12 x 12.000 der israelischen Stämme, zum anderen nicht so klein, wie oft sektiererisch ausgelegt.

Die Zahl derer, die für ihre Festigkeit in Gott ein Martyrium erleiden mußten, ist sehr groß. Sie umschließt z. B. auch die Opfer der Christenverfolgung im Römischen Reich, die Opfer der kirchlichen Inquisition, wie etwa die Gruppen der Bogomilen, Katharer, Templer, Waldenser usw. Zu dieser Zahl gehören aber auch die ungezählten Verfolgten, die von der Geschichte längst vergessen wurden.

Warum aber können in diesem Umwandlungsprozess nicht alle Menschen der Erlösung zugeführt werden? Johannes der Täufer gibt auch auf diese brennende Frage eine klare Antwort:

»Wie sollten die dumpfen Seelen, die tauben Geister, die nur im derben Leibe ihren Ausdruck suchen, in der lichten Stofflichkeit Erlösung finden? Wie sollten die, die aus der Struktur Satans geschaffen sind, in die Himmel eingehen? Für all die wäre doch der Himmel eine Art Hölle. Sie glichen Fremden in einer Fremde.«

Wie dieser Umwandlungsprozess aber stattfinden wird, erklärt uns ein mediales Wort, das uns der Apostel Johannes (Offb) offenbarte:

»So ihr verstehen könnt. So ihr erkennen könnt, erkennt:
Wird es sein das 7. Teil vom 7. Teil
das 3. Teil vom 3. Teil
das 1. Teil vom 1. Teil
und so erkennt, daß Energie gewandelt wird,
vom 7. Teil zum 3. Teil
vom 3. Teil zum 1. Teil
vom 1. Teil in die Unendlichkeit.
So erkennt den Schlüssel der Gesetze.«

Eine Übersetzung in unser menschliches Denken könnte dabei sein:

1 : 1 wer der Materie anhängt (anhing), bleibt in der Materie
3 : 3 wer sich von der Materie löst (gelöst hat), wird erlöst durch die Neue Erde
7 : 7 wer für den Geist Gottes eintritt (eintrat), wird höchstes Licht

Eine wesentliche Antwort soll an dieser Stelle nicht verschwiegen werden. Es betrifft die Frage, ob und wie die Zeit Satans begrenzt ist. Hierzu gab Jeremia im Mai 1999 folgende Botschaft:

»Als Gott sah und erkannte, sollte sich alles Leben im Lichte Christi sehen und in der Kraft des Herrn erkennen.
Und alle die sahen und erkannten, waren in und aus Gott.

Doch jener (Anm.: gemeint ist Satan), *der nicht sah und nicht erkannte, sammelte alle Blinden und Tauben um sich.*
Als sich jener abwandte, nahm er mit die Mächte des Herrn und diese Mächte dienten ihm, so daß jener, der nicht sah und nicht erkannte glaubte, es wären seine Mächte.
Und so war das Haus Satans errichtet aus zwölf Säulen dieser Mächte.
Doch sie wurden errichtet und eingemessen auf einen Tag, an dem sie wanken und fallen sollten. So steht das Haus Satans auf wankenden Beinen und wankenden Füßen an dem Tage, an dem einer, der sie eingemessen, wieder aus dem Lot bringen wird.

Dieses Wort trägt meinen Namen.

Jeremia
Amen.«

»Erkläre der Einfalt die Einfältigkeit,
sie wird dich nicht verstehen.
Zeige dem Blinden die Straße zum Ziel,
er wird nie ankommen.
Lehre dem Tauben die Botschaft des Herrn,
sein Ohr wird sie nicht annehmen.

Den Tauben, den Blinden, den Einfältigen sage ich:
Nehmt mein Wort oder verwerft es,
doch quälet nicht mein Sein.«

Johannes der Täufer, Februar 1995

DIE PROPHETENWORTE IN DER GEGENWART

Nachfolgend geben wir einen Teil der erhaltenen Botschaften der biblischen Propheten, Apostel und Jünger und anderer großen Wesenheiten wie Franz von Assisi oder Hildegard von Bingen wieder. Sie fallen ausnahmslos in die Zeit Oktober 1997 bis Mai 1999.

Am Ende dieses Buchteils sind auch Worte Jesu Christi und Marias, der Mutter Jesu, veröffentlicht.

Alle Texte sind unverändert wiedergegeben. Kommentare und Erläuterungen zu diesen Botschaften werden nur in Ausnahmen gegeben. Ansonsten bleiben auch schwierige Texte unkommentiert, um den Leser in seinem Urteil nicht zu beeinflussen. Diese schwierigen Passagen, in der prophetischen Sprache eher Regel als Ausnahme, sind bei wiederholtem und konzentriertem Lesen erfaßbarer.

Zu jedem Propheten, jeder Wesenheit, haben wir eine Kurzbiographie an den Anfang gestellt, um den Leser über das betreffende Leben und Wirken zu informieren.

Wenn die Propheten und andere Bezug nehmen zu Johannes dem Täufer, so verwenden sie dabei mehrere Namen. Diese sind: Jochanan, Jochanan ben [Z]Sacharja, Elija-Jochanan, Elija-Johannes, Johannes und Johannes der Täufer.

Jochanan ist der hebr. Name für Johannes, ben Sacharja heißt ›Sohn des Zacharias‹. Einmal wird der Name Ioannis Battista gebraucht (griech. = Joh. d. T.).

»Nur der vermag Botschaft zu bringen,
der selbst Botschaft ist!«

Johannes der Täufer, Januar 1999

Der Prophet Jona

Jona (hebr. = Taube), Sohn des Amittai, wurde im 8. Jh. v. Chr. in Gat-Hefer, nordöstlich von Nazareth, geboren. Der Prophet gehört dem Stamme Sebulon an.

Im Vergleich zu allen anderen Propheten ist Jona (auch: Jonas) von einer Fülle von Geheimnissen umgeben. So ist allein schon die Übersetzung seines Namens eine Abweichung in der Namensgebung anderer Propheten. Auch das Jona-Buch der Bibel ist kein Bericht Jonas selbst, sondern eine Schilderung über ihn, seinen Auftrag und einen kleinen Ausschnitt seines Lebens. Dieses Jona-Buch unterschlägt nicht nur Teile seiner Prophetien, es mindert sein Werk zudem zu einer Legende oder gar kindhaften Erzählung herab, da sie das traumatische Erlebnis des Propheten mit dem Wal nur vordergründig schildert.

Die Weissagungen Jonas beinhalten auch die Verheißung der Wiederherstellung des Königreichs Israel in den Gebieten, die von Aram-Damaskus besetzt wurden. Seine Worte erfüllten sich jedoch erst während der Regierungszeit Jerobeams II (789-748 v. Chr.).

Der Name des Propheten Jona ist hauptsächlich verbunden mit der Stadt Ninive und dessen anfängliche Weigerung, das Wort Gottes im Zentrum des politisch-religiösen Gegners zu sprechen. Diese Weigerung hatte einen gewichtigen Grund. Während sich in der nachgeschichtlichen Betrachtung die Weissagungen Jonas als wahr erwiesen, erlebte dies der Prophet selbst nicht mehr. Sein Leben war vielmehr geprägt von nicht erfüllten Prophezeiungen. Er wurde deshalb als Lügenprophet verspottet und gedemütigt. Da er aber wie kaum ein anderer Prophet die Stimme und den Auftrag Gottes vernahm, war ihm sein Leben Schmerz und Qual. Er versuchte, das Gelobte Land zu verlassen und somit auch von der göttlichen Sendung befreit zu sein. So geht er in die Hafenstadt Jafo, mietet ein Handelsschiff samt Besatzung und will gen Westen, nach Tarsis segeln. Das Schiff gerät jedoch in schwerste Seestürme und droht zu kentern. Die Besatzung will darauf ihrem heidnischen Gott ein Mitglied der Besatzung opfern. Das Los sollte entscheiden. Kurioserweise trifft das Los Jona, der ursprünglich gar nicht in die Entscheidung mit einbezogen werden sollte. Als sie Jona über Bord werfen, legt sich der Sturm augenblicklich und der Prophet wird von einem Wal verschluckt, der ihn auf Geheiß Gottes drei Tage im Bauch behält und schließlich an Land speit. Das Wort des Herrn erging nun erneut an Jona: *»Stehe auf, gehe nach Ninive und verkünde ihr meine Botschaft«*. Gehorsam machte sich nun Jona auf den langen beschwerlichen Weg nach Ninive und predigte der Stadt ihren Untergang, der binnen vierzig Tagen erfolgen sollte.

Ninive war die letzte Hauptstadt des assyrischen Reiches, am Ostufer des Tigris gelegen. Die Stadt zählte 120.000 Einwohner und war ein Zentrum der bekannten Welt.

Die Anfänge des assyrischen Reiches sind nicht bekannt. Historische Funde weisen aber auf ein Bestehen schon im 4. Jt. v. Chr. hin. Die Assyrer verfügten über die Keilschrift der Sumerer. Das Volk der Assyrer war berüchtigt wegen seiner gnadenlosen Eroberungszüge und Unterwerfung anderer Länder. Im 12. Jh. v. Chr. erwuchs das Land zu einer absoluten Großmacht, das im Auftrag ihrer Gottheit Assur die Weltherrschaft beanspruchte. Diese gewissermaßen Welteinheitsideologie der Assyrer führte zu vernichtenden Grausamkeiten gegen die Nachbarstaaten, zu denen auch Israel gehörte. Deportationen, Versklavung, Umsiedlungen ganzer Völkergruppen waren noch die geringsten Aktivitäten. Das religiös-ideologische Ziel der Assyrer war, alle Staaten und Völker ihrem Reichsgott Assur zu unterwerfen, der ihnen als Beherrscher der ganzen Welt galt. Die Unterlegenheit ihrer Gegner führten sie darauf zurück, daß die Götter der Gegner auf die Seite ihrer Gottheit Assur getreten waren und sich ihm untergeordnet hatten.

Erst auf diesem Hintergrund wird der Auftrag an Jona in seiner Gefahr und seinem Ausmaß deutlich. Der Prophet durchschritt und durchmaß die Stadt im Auftrag Gottes in verschiedenen Richtungen, ehe er seine Weissagung verkündete. Er muß eine bewegte, überzeugende und lautstarke Predigt vor den Mächtigen Assyriens gehalten haben, denn König und Volk waren dermaßen beeindruckt, daß sie sich »in Sack und Asche« kleideten und von ihren Zielen abließen.

Der Gott Israels ließ sich durch diese Buße bewegen und nahm seinen Urteilsspruch zurück. Jona aber war verdrossen, daß Gott seine stärksten Gegner verschonte, denn anders als durch Gottes Hand konnte diese reiche und mächtige Stadt nicht fallen. Sie besaß eine doppelte, über fünf Kilometer lange und extrem hohe Stadtmauer. Schließlich aber versöhnte sich Jona mit den Ratschluß Gottes und empfand Mitleid mit den Bewohnern Ninives.

Dem Chronisten bleibt nachzutragen, daß Ninive schließlich doch zerstört wurde und vom Erdboden verschwand. Der genaue Zeitpunkt ist nicht gesichert, ebensowenig die Art der Zerstörung. Nach dem antiken Historiker Diodor belagerte der Skythe Arbaces zwei Jahre die Stadt ohne Erfolg, die Mauern Ninives waren uneinnehmbar. Ein unmittelbar einsetzendes Hochwasser noch während der Belagerung soll jedoch die Befestigungsanlagen zerstört haben.

Nach den Aufzeichnungen des babylonischen Königs Nabopolassar hingegen zerstörten die Chaldäer und Meder das Weltzentrum Ninive 612 v. Chr. Diese Zerstörung wird auch noch bei den biblischen Propheten Zefanja und Nahum erwähnt.

Bei all diesen Schilderungen bleibt aber offen: Ninive ist binnen kurzer Zeit, vielleicht nur weniger Tage, von der Erdoberfläche verschwunden. Die Kriegstechnik zu dieser Zeit läßt dies aber nicht erklären. Auch daß die gegnerischen Soldaten diese riesenhafte Stadt mit Schwertern im Erdreich vergraben hätten, gleicht einem Scherz. Ist das göttliche Gericht doch noch über Ninive gekommen? Die Buße der Einwohner Ninives auf die Predigt Jonas hin war nämlich nicht von Dauer. Sie fielen bereits Jahre später in ihre ursprüngliche Ideologie zurück.

Die Naturwissenschaft vermutet, daß eine rapide Versteppung in der Region um Ninive einsetzte und extreme Sandstürme die Stadt buchstäblich zugeweht haben.

Im judäischen Gottesdienst hat Jona eine wesentliche Bedeutung, wohl auch deshalb, weil man um die Symbolik des Propheten besser weiß als im Christentum. So wird am Nachmittag des Großen Versöhnungsfestes das gesamte Jona-Buch gelesen. Es erinnert die Juden an die Macht der Umkehr, des Gebetes und des Fastens, der drei zentralen Handlungen am Versöhnungstag. Das Buch Jona verdeutlicht zudem, daß die Gerichtsprophetie auf die Buße Israels und aller Menschen und Völker abzielt.

Im Neuen Testament bezieht sich Jesus in einer Auseinandersetzung mit Schriftgelehrten auf das ***»Zeichen des Propheten Jona«*** (Mt 12,39). Die drei Tage, die Jona im Bauch des Wals verbrachte, deutet Jesus als Vorabbildung seines dreitägigen Daseins in der Hölle, zwischen seinem Kreuzestod und seiner Auferstehung.

Tatsächlich ist uns neben Jona und Jesus keine biblische Gestalt bekannt, die in die Hölle, das innerste Reich Satans, abgestiegen ist.

Hinter der so kurzen Jona-Geschichte steckt also wesentlich mehr, als wir zunächst erahnen.

Der Prophet Jona hat auch den Weg, die Wiederkehr Johannes des Täufers vorbereitet. Er meldet sich medial seit Mitte 1985.

Nachfolgend einige mediale Botschaften des Propheten Jona:

Oktober 1997:

»Ja, ich bin Jona.

Mein geliebter Bruder Johannes, der du den Geist des großen Jochanan in dir trägst, ich grüße dich aus tiefster Seele.
Meine innige Liebe will ich bezeugen dem Jochanan ben Sacharia im Geiste und im Leibe.
Mein Sein ist erfüllt von jedem Schritt deines Pfades.
Meine Seele erschaudert vor Schmerz, wenn sie dein Wort mißachten, dich verleumden und besudeln in des Menschen Hochmut und Verblendung.
Heil ist dir in den Kämpfen, die die Seelen durchleiden.
So wurde deinem Auge gegeben, wie der Kampf begonnen, und die Menschen wähnen die Ursache. Sie sind wie Kinder. Selbst die großen Intelligenzen haben nicht das Wissen um die schreckliche Wende des Erden-Kreises.
Zweifle Johannes oder erkenne das Wort, dieses ist nicht von Bedeutung. Es wird und muß geschehen das Gericht des Herrn über alles Fleisch. Niemand wagt zu glauben an das Unfaßbare, doch es wird sein.
Mein geliebter Bruder, ich bin ein Wesen, dessen Name einst Bedeutung hatte, gehüllt in einen irdischen Leib.
Nicht war ich der Größte, nicht war ich der Mutigste, doch stets bereit SEIN WORT zu künden.
Und Gottes Wort war klar und deutlich. Nicht konnte ich mich entziehen seinem Auftrag, war er doch stets laut und ohne Zweifel.
Doch nicht ein neues Mal will ich schauen Ninive.
Nicht ein neues Mal will ich künden und die Mauern hocherhoben sehen. Doch Streiter will ich sein dem neuen Verkünder des Untergangs Sodoms.

So mein Bruder ist mir nun mein Platz befohlen, dir mit geistigem Wissen mehr Hilfe zu sein, als dir mein menschliches Kleid geben könnte.
Ich bin in inniger Liebe zu dir, und dein Wesen ist meinem so gleich.

Gottes Segen ist euer
Jona.«

»Ja, ich bin Jona.

Ich grüße dich in Liebe und Dankbarkeit.
Kraftvoll bin ich an deiner Seite, der du verwoben bist mit dem Geiste des Jochanan, des Wegbereiters Christi. Nun aber erst wird sich dein Wort erfüllen und dein Auftrag vollenden.
Oftmals in den Jahrtausenden ist meine Seele müde geworden ob der zahlreichen Kämpfe. Ich habe die Gier und Verblendung der Menschen erlebt. Ich habe vieles an Nachsicht verloren. Mich dünkt es nicht mehr, jeden Einzelnen zur Umkehr und Erlösung zu drängen. Mit dir geeint will ich aber den steinigen Weg abermals beschreiten.
Sei dies gewiß, mein geliebter Bruder Johannes im Leibe:
Es werden nicht Engelsheere auf dich herniederfallen, wenn die Not dir den Atem nimmt.
Es wird kein Hosianna erschallen, wenn die Flammen deinen Fuß benetzen.
Es wird sich nicht die Erde auftun, um deine Verfolger zu verschlingen.
Aber du wirst sein jener, der das Vermächtnis des großen Lehrers ELIJA-JOHANNES-JESUS zurückbringt in die Welt der Schatten.
Kein Prophet hat Ruhm erhalten, kein Seher glorreich geendet.
Siehe, die Frage, warum diese Qualen, findet nur eine Antwort:
DAS GÖTTLICHE, EINZIGE REICH MUSS ÜBER DIE FINSTERNIS OBSIEGEN.
Dieses ist der Plan der Ewigkeit.
Verbunden mit dir, hinweg über die Grenzen, hinaus über die Zeiten.

Jona.«

November 1997:

»Ja, ich bin Jona und deinem Herzen so nahe.

Schwer ist deine Last an der Einfalt des begrenzten menschlichen Verstandes. Wäre es nur Einfalt, was die Menschen treibt, es ist Dummheit und Verblendung.
Sie glauben, die Weisheit des Geistes zu erfassen, doch mißachten das einfache Gebot:

> *Wer Gott in seiner Vielfalt sucht,*
> *muß achten das Wort Christi.*
>
> *Wer Christus und Gott in seiner Vielfalt sucht,*
> *muß achten das Wort des Johannes.*
>
> *Dieses ist die Hierarchie des Allgeistes.*
>
> *Wer in die Einheit zurückkehren will,*
> *muß achten die Worte Christi und des Johannes.*
>
> *Nichts kann sie trennen.*

Viele Seelen der Suchenden sind geplagt von Hochmut und Eitelkeit. Kein Prophetenwort wird dies jemals ändern. So werden viele suchen und nicht finden, viele gehen und werden sich verirren.
Aber das Erkennen ist einfach:

> *Satans Bann über die Erde und Menschheit ist gelegt.*
> *Seine Macht scheint unantastbar. Sein Aspekt ist Ausdruck in der Materie. Sein Werk ist die Verdichtung und Vergewaltigung des Lichtes und die Gebundenheit der Seelen in den Festigkeiten von Fleisch, Holz und Stein. Dieses ist die Qual derer, die den Geist in sich erkennen, doch es ist die Freude derer, die den wahren Geist verleugnen.*

Christus hat den Samen der Liebe gelegt in diese Welt. So hat der göttliche Aspekt der Liebe einen Namen: JESUS CHRISTUS. Doch diese Liebe tritt der Herr der Finsternis mit Füßen, so sie nicht kommt mit Kraft.

Johannes aber ist diese Kraft, die der Liebe den Weg bahnen muß. Und dieses schlichte Wort ›bahnen‹ heißt, den Satan niederzuringen und die Macht der Finsternis zu brechen.
So hat der göttliche Aspekt der Kraft einen Namen: JOHANNES, den ihr den Täufer nennt.

So sind sie in und aus Gott und vereint und eins.
So sind sie die Paten dieser Welt und ein Geist: JESUS-JOHANNES-ELIJA.

Laßt Vorsicht walten ihr Menschen, wo man Johannes und Jesus trennen will, denn es ist das Werk luziferischer Meister.

Aber die Stunde ist festgeschrieben, da die Kraft ihren Lauf nimmt und festgeschrieben ist der Augenblick, da sich Liebe und Kraft vereinen zur Errettung der Gottgetreuen aus dem Banne Satans. Die Stunde und den Augenblick nennen die Propheten das Endgericht Gottes.

Wer aber will auf das Wort der Propheten hören?
Amen.«

Januar 1998:

»Ja, ich bin Jona.

Ich grüße meinen Bruder und die Seinen.
Heil möge erfüllen deinen Leib und Geist. Heil mein Freund, das du weitergibst an jene, die dem Lichte des Jochanan folgen.
Sein Licht ist gespalten

- *in das Rot des Rubin*
- *in das Gelb des Citrin und*
- *in das Viola des Amethyst.*

Nehmt auf diese Farben in der Meditation.

- *Rot ist die Farbe der Kraft, der Stärke, des Widerstandes.*
- *Gelb ist dir bekannt: Die Farbe der Erleuchtung und Reinheit.*
- *Viola ist das Symbol der Liebe in klarer Couleur. Geeint bringen sie die Farbe des göttlichen Feuers.*

Meide mein Bruder jeden Gedanken, der dich in die Irre führt: Johannes war, ist und wird sein der Menschen Seelen innigster Freund. Dies ist sein Wesen: Liebend den Geplagten und Aufrichtigen, zerstörend den Peinigern und Verrätern.
Er ist Kraft und Energie mit der Sanftmut eines Engels. Doch dieser Engel ist bereit, alles zu vernichten, was seinen Auftrag lähmt.
Halte das Wort stets leuchtend in deinem Angesicht. Spreche mutig sein Wort. Lege dein Sein in seine Hand, so bist du stets geleitet auf dem rechten Pfad.

Es grüßt dich inniglich dein Bruder und Freund.
Jona.«

April 1998:

»Ja, ich bin Jona.

In naher Zeit wird sich das Wort erfüllen. Erschütterungen werden die Erde treffen und viele deiner Worte gedenken, auch jene, die sie jetzt verwerfen.
Gebe dem Bruder, was des Vaters ist: Die Treue und den Bund.
Nehme dir, was dein Leben ist: Das klare Wort des Retter-Geistes Jochanan ben Sacharja.
Dein Leib und Geist hat erfahren die Mühsal der heiligen Getretenen:

> *Sie müssen kämpfen ohne zu bluten.*
> *Sie müssen leiden ohne zu klagen.*
> *Sie müssen einsam in vorderster Reihe stehen, gepeinigt durch der Widersacher Freveltat.*

Es sind jene, die im Bunde sind mit Jochanan, dem tapfersten Wesen der Einheit, dem Streiter Christi und der Allmacht, dem Wegbereiter der Liebe.
Mein geliebter Bruder, du erwählter Geistleib des Jochanan, dein Weg im Leibe hat die Schwelle der Finsternis beschmutzt und die Stärke deines Wortes das Fundament erschüttert.

Jochanan ben Sacharja, Johannes der Täufer
ist zurückgekehrt.

Laß dich nicht treiben von jenen, die dich steinigen wollen. Beachte sie nicht.
Du mein Bruder bist
SEIN LEHEN, SEIN BILDNIS DER KRAFT.

Stets wird die Meute an deinem Fuße nagen,
stets die Bestie deinen Weg verpesten.
Dies allein ist ihr Sinnen. Wie töricht diese Verblendung.
Ruhe, Kraft und Vertrauen aber werden dich beflügeln.
Erkenne nun abermals:

Du bist es, der seine Wahrheit erkannte.
Du bist es, der seine Worte vernahm.
Du bist es, der sein Leben erhielt.
Du bist es, der sein Feuer empfangen wird.
Du bist es, der sein Zeichen erhalten wird.
Du bist es, der einst für ihn sich opfern wird.
Du bist der Johannes, wiedergekehrt im Leibe, zu künden das Gesetz der Erlösung.

Und du bist mein treuester Freund.
Jona.«

»*Ja, ich bin Jona.*

Mein geliebter Bruder, du bist der erwählte Leib des Johannes-Geistes.
Du gehst seinen Weg, du lebst sein Leben wieder.
Du spürst seine Schmerzen und sprichst seine Worte.
Du mußt erfahren, was ihm widerfahren ist, damit dein Leib und Geist zeitgleich sein Wesen erfahren kann.
Niemand aber läßt mehr an Leid und Erfahrung zu, als zur gänzlichen Erfassung der Wesenheit Jochanan notwendig ist.

Siehe in diese Welt: Wahrhaft gesiegt hat bisher nur Satan.
Johannes allein besitzt das Feuer und die Kraft, die ihn besiegen kann. Darum hat die Welt des Satan ihn totgeschwiegen. Doch sein Wort ist seit allen Zeiten eingekehrt, denn seine Lehre besteht seit Anbeginn der Welt. Johannes wurde verleugnet, doch sein Geist sprach stets durch die Propheten des Herrn.

Erkennt oh Menschen dieses große Wesen Jochanan, Johannes. Alles an ihm ist Dienst an Gott. Seine Kraft und sein Feuer sind Dienst an der Erlösung, alles in ihm ist sein Treueschwur für Jesus den Christus.

Innigst ***Jona.***«

August 1998:

»Der Segen des Herrn ist bei euch.
Innigst geliebter Freund, ja, ich bin Jona.

In den Tagen meiner Erdenzeit habe ich das Wort des Vaters gekündet und man hat mich verspottet, getreten und verjagt.
Ich war nur einer und wollte die Menschen retten. Wer hätte mein Sinnen verstanden? Wer einem Verrückten die Treue gehalten? Dieses Los teilen nur wenige.
Achtung und Ehrerbietung zolle ich dir. Dir, der du in dieser Zeit der grenzenlosen Verdammnis den schwersten Weg angetreten hast. Wieder sage ich dir: **Diesen Pfad beschreiten nur wenige**.
Dein treuer Geist liegt brach vor der Menschen Hoffart und kämpft um das Heil der Verlorenen. Dein Tun treten sie mit ihren pestigen Füßen und zerren deine Liebe in den Schmutz. Sie wissen nichts ob der Liebe des Alleinigen. Sie kennen nur die Liebe im irdischen Maß.
Und wieder werden die Worte gesprochen: **Herr vergib ihnen, die uns martern und bedrängen, denn sie sind geblendet und wissen nicht, was sie tun.**

Dieses ist es, was dein Geist ihnen gibt, doch sie können nicht verstehen.
Das Werk des Johannes ist fern von allem, was der Menschen Verstand erfassen kann. Ihr Geist und Sinn ist im Banne der Lehre des Baal. Wie können sie dir und deinem Werk Achtung geben?

Doch der Tag wird kommen, an dem angeklagt werden die Lehrer, nicht aber die Schüler.

Nehme auf die Kraft all derer, die unbeirrt den schwersten Gang auf dem toten Planeten antreten. Sie haben erkannt den Heiligen Geist in deinem Tun.

In tiefer Liebe dir befohlen,
dein Bruder ***Jona.«***

September 1998:

»Ja, ich bin Jona,
der Friede sei mit dir.

Ich will dich grüßen.
Es ist stets, als ob ich mein eigenes Spiegelbild betrachte. In deinem Schrei klingt mein Hall. In deinem Zorn bebt meine Wut, verlassen, kraftlos, hoffnungslos. Ich bin dieser Täuschung erlegen bis zu dem Tag, da mir Satan erschienen ist. Lerne mein Bruder aus meinem Fehler, lasse dich nicht blenden von seinem Spiel.
Ich kenne dich wohl und weiß um deine Zweifel. Aber glaube mir, deinem Bruder und treuen Freund: Du hast das Werk des Johannes vollends in dich aufgesogen. Lege nun ab dein Zweifeln, denn es blockiert deinen Geist. Klage und streite, doch gehe unbeirrt voran.

Nicht richte deinen Blick zur Rechten, denn dort sitzt die Versuchung.
Nicht richte deinen Blick zur Linken, denn dort lauern die Dämonen.
Nicht richte deinen Blick nach unten, denn dort wartet die Folter.
Nicht richte deinen Blick auf deinen Leib, denn sie wollen ihn verletzen.
Nicht richte deinen Blick zurück, wenn Gottes Feuer die Erde verbrennt, denn das Leid, das du sehen wirst, wird dir den Glauben an die göttliche Liebe rauben.

Erhebe dein Haupt und erkenne:

- *dort oben ist dein Reich*
- *dort oben ist deine Welt*
- *dort oben ist die Erlösung*

Dorthin führe die deinen und es wird der Lobgesang für dich erschallen.

Ich liebe dich,
dein ***Jona.****«*

»Ich werde gehen ohne Zaudern.
Ich werde predigen, ohne Zittern.
Ich werde Sein Reich künden ohne Unterlaß.
Ich werde dem Satan die Stirn bieten,
furchtlos, bedingungslos, endlos.«

Johannes der Täufer, Oktober 1997

Der Prophet Jeremia

Jeremia (hebr. = der Herr ist erhaben) wurde in Anatot nahe Jerusalem um ca. 650 v. Chr. geboren. Er entstammte einer angesehenen Priesterfamilie königlichen Blutes. Sein Vater Hilkija war Nachfahre von Abjatar, dem obersten Priester Salomos. Jeremia berichtet über seine persönlichen Erfahrungen mehr als jeder andere Prophet des Alten Testaments. Die Zeitumstände und sein Temperament erlegten ihm ein unruhiges Leben auf. Schon als Jüngling wurde er von Gott zum Propheten berufen. Obwohl er sich gegen sein Prophetenamt zeitlebens wehrte, folgte er immer wieder dem inneren Wort des Geistes.

Seine Berufung zum Prophetendienst erfolgte etwa 628 v. Chr., einer Zeit der religiösen und moralischen Erneuerungen während der Regentschaft König Josias. Die Bedrängnis Israels durch die Assyrer hatte nachgelassen und der König war bemüht, dem Götzendienst zu entsagen. So ließ er in Jerusalem und anderen Städten die Götzenbilder der Assyrer zerstören.

Unter König Jojakim trat Jeremia vehement gegen Regierung, Hofpropheten und Priester auf. Beim Volk war er wegen seiner Warnungen und Gerichtsweissagungen gefürchtet und unbeliebt. Selbst inmitten seiner Angehörigen hatte er Feinde. So hatte sein Elternhaus Mörder gedungen, ihn zu töten, da sie befürchteten, wegen seiner Prophezeiungen in Ungnade beim König und der Priesterschaft zu fallen. Der Mordanschlag mißlang jedoch. Auch ein zweites Mal entging er den von den Dorfbewohnern gedungenen Mördern und wurde durch Gott errettet.

Jeremia wurde von dem Priester Paschhur geschlagen und in ein Joch gebunden. Während der Belagerung Jerusalems geriet er in schwere Kerkerhaft. Für mehrere Tage wurde er sogar in eine Zisterne geworfen. Den Verfolgungen konnte er sich oft nur dadurch entziehen, daß er sich längere Zeit in unzugänglichen Verstecken aufhielt. Es gab nur wenige, die ihm zur Seite standen, so der Schriftgelehrte Baruch, der seine Worte auf Gottes Befehl hin aufschrieb.

Jeremia war ein unermüdlicher Bußrufer im öffentlichen Leben, wobei er im Tempel, unter dem Stadttor, im Tal Ben-Hinnom und überall dort, wo er Hörer fand, predigte. Selbst im Gefängnis schwieg er nicht.

Seine größte Sorge aber blieb, daß sein Volk sich fünfzig Jahre lang nicht helfen lassen wollte. In Standhaftigkeit stellte er sich geistig dem Untergang seines Volkes entgegen. Ob seines unermeßlich schweren Auftrages verzweifelte er fast an Gott und wollte sein Amt mehrmals niederlegen. Er verfluchte sich selbst und wollte sterben. Seine Liebe zu Gott war gespalten. So konnte er sich einerseits seines inneren Feuers nicht erwehren, sah aber andererseits die Unfruchtbarkeit seines Wortes und Handelns.

Seine Prophezeiungen waren von außergewöhnlicher Genauigkeit und erfüllten sich alle noch zu seinen Lebzeiten: Nach einer zweieinhalb Jahre dauernden Belagerung wurden Jerusalem und der Tempel zerstört, die Masse des Volkes in Gefangenschaft geführt.

Der Prophet Jeremia wurde von den fliehenden Israeliten mit nach Ägypten verschleppt. Dort predigte er weiter gegen die Abgötterei. Nach der Überlieferung ist er um 580 v. Chr. von seinem eigenen Volk dort gesteinigt worden.

Nachfolgend einige mediale Botschaften des Propheten Jeremia:

März 1998:

»So laßt mich euch künden von meiner Erweckung durch den Boten des erhabenen Herrn. Ich, Sohn des Hilkija, wurde geboren im Lande Benjamin. Das Blut meines scheidenden Leibes benetzte den Wüstensand im fernen Lande des Südens.
Die Steine meines eigenen Volkes schlugen mich zu Tode.
Wiederum will ich mich durch Steine morden lassen, um das Tor zum Licht zu öffnen. Mein Zeugnis vor dieser Welt heißt: ›Der Herr ist erhaben‹. [1)]
In der 3. Zeit [2)] *nun bin ich in Frieden, in der 3. Zeit nun bin ich in Ruhe und Schlaf, und doch bin ich schon in der 3. Zeit in Unruhe und Ohnmacht.*
Doch der Erhabene hielt sein Wort an mir, denn es war die Stunde, da er sich meiner erinnerte. Es war die Stunde, da er mir seinen großen Boten sandte, um mich zu erwecken.

Es war eine Stimme, die erschallte vom Anfang des Firmaments zum Ende des Firmaments:

> *›Du Mann aus Anatot‹* [3)]*, stehe wiederum auf, um dem Erhabenen zu dienen, denn die Zeit ist erfüllt.*

Ich öffnete meine Augen. Doch da ich sie auftat, waren sie geblendet von einem Licht, das über das Firmament gespannt war von Ost nach West und von Nord nach Süd, gleich einem Zeltdach.

Und ich sprach: Oh Herr, spotte nicht meiner und habe keine Lust an meiner Ohnmacht. Mein Leben und mein Fleisch habe ich gegeben, um dein Wort zu sprechen fünf Jahrzehnte, doch dein Licht raubt mir die Sinne, so ich nur die Augen öffne.

Doch die Stimme sprach:

> *Höre, du ›Mann aus Anatot‹, ich bin nicht der Erhabene und nicht der Herr. Öffne deine Augen, siehe mich an und erkenne: Auch bin ich nicht das Licht, doch zeuge ich von diesem Licht. Dich rufe ich, damit auch du wiederum Zeugnis ablegen sollst für den, den du in deinem Namen und*

Zeichen führst, denn wiederum sage ich dir, die Zeit des Erhabenen ist gekommen, zu erretten die Gerechten und zu tilgen die, welche ihn verachten und verleugnen und seinen Geist mit Füßen treten.

Taub waren meine Sinne, verwirrt mein Geist und dennoch tat ich, wie mir geheißen und öffnete die Augen. Doch öffnete ich auch meinen Mund und sprach: Wer also bist du dann, wenn du nicht der Herr bist und warum nennst du mich ›Mann aus Anatot‹? Weißt du denn nicht, daß das Haus meines Vaters und das Dorf meiner Mutter mich verleugnet haben, daß sie mich verstoßen haben, ja sogar Häscher ausgesandt haben, mich zu töten? [4)]
Und die Stimme antwortete mir und sie war sanft und leise wie Purpur und wie der Windhauch in der Glut der Sonne:
Ja, ich weiß es, war ich doch mit dir.

Und die Stimme war, als hätte sie meinen Schmerz vor tausenden Jahren in sich neu erweckt. Doch nun war die Stimme laut und tosend gleich dem Donner und den Wassern im Sturm:
Weil sie dich verstoßen und verleugnet haben, haben sie auch den erhabenen Herrn verstoßen und so ist es ihr Los, daß sie auch ER verstoßen hat. Doch höre, du ›Mann aus Anatot‹, warst du je in einem Ort dieser Welt, der dich nicht verlacht, verspottet, verjagt und verstoßen hat? Nenne mir einen und er soll erhöht werden vor dem Höchsten. Doch wisse: All die Selbstgerechten, die Selbstgefälligen, die Dörfer und Städte bis hin zu Jerusalem, die dich verworfen haben, haben sich selbst gerichtet und verworfen vor dem Allmächtigen.
Noch erkennen sie es nicht, doch die Tage des Zorns und die Stunde des Gerichts stehen vor dieser Welt wie die Fluten vor den Gestaden der Meere.
Doch fragst du, wer ich sei. So öffne deine Augen und schaue.

Und ich sah, und siehe: Das Licht sammelte sich von Ost nach West und von Nord nach Süd und ward zum Kreuze. Und es wandelte sich wiederum und die Balken des Kreuzes veränderten ihre Maße. Der untere Balken wurde lang und länger, und im gleichen Maße wurden linker und rechter Balken des Kreuzes kleiner und so auch der obere Balken, bis daß es ein Schwert aus

Licht ward. Dann begann sich das Schwert zu drehen und immer leuchtete auf jeder Seite der Scheide ein neuer Name auf, doch vermochte ich nicht, ihn zu lesen, denn das Schwert drehte sich wie ein Spiel im Winde. Doch, plötzlich hielt der Wirbel inne und das Schwert drehte sich langsam zur einen, dann zur anderen Seite, wieder und wieder und ich las auf der einen Seite der Scheide den Namen ›ELIJA‹ und auf der anderen Seite ›JOCHANAN BEN SACHARJA‹.
In der Wirrnis meiner Sinne fragte ich töricht: Wieviele Namen hast du und warum hast du mir verborgen die ersten Namen? Wozu bist du gekommen? Wenn du Elija bist, so laß mich dein Angesicht sehen!
Und die Stimme war sanft und gütig, so daß ich mich ob meines Aufbegehrens schämte:

> *Oh du ›Mann aus Anatot‹, ich habe viele Namen und doch keinen, denn ich bin von ELJON gesandt um die Welt zu entreißen dem Joch des Widersachers und neu zu geben EL OLAM [5]. Die beiden letzten Namen habe ich vor dieser Welt, um das Wort deines Bruders Jesaja zu erfüllen, um zu erfüllen das Wort deines Bruders Maleachi, denn es steht geschrieben meine Wiederkunft vor dem Tag des Herrn, und es steht geschrieben die Vereinigung der zwölf Söhne des* ***Jaakov*** *[6], denn sie sollen wieder trinken aus dem Brunnen des* ***Jaakov*** *[7]. Und nun siehe in mein Angesicht!*

Und ich sah, und siehe: Sein Angesicht war alt und jung, war zerfurcht und geschunden, war rein und strahlend, war voller Liebe, Sanftmut und Güte, war voller Sorge und Not und doch verbarg es nicht auch den Zorn des Allmächtigen. In seinem Antlitz waren tausende Gesichter und in seinen Augen lag das Buch des Herrn offen, von Abraham bis hin zum Lamm, vom Stab des Moses bis hin zum Kreuze des Jesu, von Henoch bis hin zu Jochanan. In einem Winkel seiner Augen sah ich selbst mein Angesicht wieder und mein Blick lag lange auf meinem Bilde.

> *Der Herr hat mich nicht in sein Zeichen genommen. Doch werde ich Kampf und Sieg für ihn erringen. Der Herr hat mich gesandt, zu rufen und zu sammeln all jene, die überwunden haben, die selbst in der Qual des Leibes, im Martyrium des Widersachers dem Herrn gedient und sich selbst verleug-*

net haben. Und du, Mann aus Anatot, bist einer der Größten unter ihnen. Der Herr ist sich deiner gewiß. Wanken wirst du nicht, zaudern wirst du nicht und schweigen wirst du nicht, denn du sollst weissagen den Völkern von den Tagen des Endes, den Tagen des Wandels und den Tagen des Neubeginns. Du sollst nicht allein sein. Edel und glorreich ist die Schar derer, die dich in ihr Geleit ersehnen.

Licht und Freude, Glück und Liebe des EWIGEN ward in mir, daß er mir den großen Boten ELIJA sandte, daß er mich, den unnützen Sohn des Hilkija, erhöhte. Und ich bekundete vor dem Boten, daß ich wandeln werde die Klagelieder meines Mundes in Loblieder für den Allmächtigen und seinen Streiter und all jene, die überwunden haben ihren kleinen Menschen und mit ihm gehen.

Und ELIJA ließ mich einen Blick werfen in die Schar derer, die mit ihm sind und angelegt haben das Kleid des Kampfes für den Erhabenen. Eine Heersäule des Geistes, ein Zug der Selbstlosen und Gerechten, ein Hort der Propheten und ein Heerlager des Lichtes. Soweit mein Auge sehen konnte, war wiedergekehrt mit dem großen Boten des Herrn, der Bund und die Bruderschaft des Geistes, das Banner des Lammes.
Oh du Erhabener, oh du Ewiger, ich danke dir, daß meine Augen schauen durften. Und ich sah, und siehe: Es waren versammelt die Namen des Buches.
Und es berührte mich der edle Geist der Taube aus dem Stamme Sebulon. Im weißen Gefieder stieg sie auf vor 3.333 Tagen von den Wassern der Meere und dem Staub der Länder und flog empor zum Adler der Lüfte, welcher seit Anbeginn über der Erde kreist, ohne Flügelschlag und ohne Nahrung und sein Auge ist nie von der Welt genommen. Und wahrlich, die Taube kehrte zurück auf Erden, um den Geist und Willen des Adlers gleich einem Samen in den Geist eines Menschen zu legen [8)].

Und es berührte mich der weise Geist des Sohnes von Amoz, welcher der Welt das Wort des Erhabenen gegeben hat und von der Welt dafür mißachtet wurde [9)].
Und es berührte mich der reine Geist des Sohnes Petuels, der da heißt ›Jahwe

allein ist der Herr und Gott‹ und der da kündete vom Geist des Erhabenen, der auf Erden kommen und erfassen wird Magd und Knecht zugleich[10].

Und es berührten mich Wort und Weisheit des Erwählten, der den Verjagten und Gefangenen im Lande des Widersachers das Wort und die Gnade des Erhabenen kündete[11].

Und mich berührte der Geist von allen, die da versammelt sind, zu dienen dem Erhabenen und seinem Streiter: Wer sie zählt, zählt bis 144.000.
Und er wird zählen Namen und Zeichen wie

den, der das Buch hält,
den, der sein Kleid ablegte vor dieser Welt,
den, der sein Blut vergoß im Tempel,
den, der auffuhr und wieder abfahren wird,
den, der spricht und sinnt und lehrt,
den, der den Eckstein des Hauses des Adlers auf Erden legte,
die, die darniederlag und aufstand und redete mit der Zunge des Adlers,
die, die in der Höhle darbte,
die, welche gesandt wurden zum Lamm und mit ihm waren, bis ihre Leiber verbrannt und geschändet wurden[12].

Doch die Zahl derer, die im Zeichen des Lammes von des Satans-Knechten gejagt und geschändet wurden, bilden einen Saum aus weißen Kleidern um die Heersäule des Lichtes. Wer sie zählen will, zählt 12 mal 144.000 und sieht die Zahl 9 vor seinem wissenden Auge.
Und ich kam zu dem, der den Eckstein legte in der Dichte der Welt. Er suchte sein Kleid für die Welt, denn er war ausgesandt mit anderen, hier als auch dort zu sein, im Geiste und in der Pein des Fleisches. Doch das Kleid wollte zerrinnen in seinen Händen, sobald er es anfaßte. Doch eine Stimme sagte: Sei ohne Sorge, dein Kleid wird gesäubert und geschnitten für den Tag und die Stunde des Herrn.
Alle Kleider, die auch für die Erde bestimmt sind, bedürfen der Reinigung und des Schnitts. Doch um dieses ist ein Kampf entbrannt zwischen den Reichen,

da das Kleid den Leib wählen wollte, doch der Leib bestimmt das Kleid.

Als ich zurückging zum größten Boten des Erhabenen, leuchtete sein wahrer und einziger Name in den Himmeln des Herrn auf seiner Stirn und ich erschrak vor Ehrfurcht, denn sein Name erfüllt der Himmel Rund. Doch er herrschte mich an:

> *Schweige über diesen Namen, denn ich bin nur ein Kleines vor dem Herrn. Niemals soll mein Name im Reich des Höchsten die Menschen verleiten, denn wer nur einem Namen folgt, tut dies im Äußeren. Siehe, ich habe meinen Namen für die Welt gewählt, denn wer einst dem Lamm vorausging, soll nun den Weg des Herrn bereiten. So sei mein Name JOCHANAN, mit dem ich wiederkehre in den Kerker der Welt. Doch dieser Name wird den Kerker sprengen und befreien die Aufrichtigen und Gottgetreuen von der Geisel des Satan.*
> *So wahr mein Name Jochanan ist.*

Dieses darf ich, **Jeremia** *euch künden,*
denn Gott ist erhaben
Amen.«

Anmerkungen:

1. Jeremia, ins Deutsche übersetzt heißt: *Der Herr ist erhaben.*

2. Unsere Annahme: Mit *einer Zeit* ist vermutlich ein Jahrtausend gemeint. Dies entspricht zumindest der alttestamentlichen Deutung, wenn von *einer Zeit* gesprochen wird. Jeremia wurde etwa 650 v. Chr. geboren. Aus Sicht von 1998 ist er also etwa vor 2.600 Jahren auf Erden gewesen, also vor etwa 2 1/2 Zeiten oder in der *3. Zeit.* Zu berücksichtigen ist allerdings, daß die Propheten des AT das Jahr nach dem Mondkalender mit 354 Tagen berechneten, wobei dies der *3. Zeit* nicht widersprechen würde. Die von Jeremia genannte *3. Zeit* kann aber eine ganz

andere Bedeutung haben, die sich unserem Verstehen noch entzieht.

3. Anatot ist der Geburtsort Jeremias. Er lag 8 km nördlich von Jerusalem und wurde, wie von Jeremia prophezeit, durch Kriege, Verheerungen und Erdbeben dem Boden gleichgemacht. An Stelle des ehemaligen Anatot steht heute das Dorf Anata.

4. Dies ist tatsächlich historisch belegt. Die Mordanschläge sind in der Biographie über Jeremia bereits geschildert.

5. Die Bedeutung war uns lange unbekannt. Durch Zufall fanden wir, daß *Eljon* soviel wie Höchster heißt und *El olam* soviel wie Gott der Vorzeit und Ewigkeit.

6. Mit *Jaakov und den zwölf Söhnen* ist Jakob, der dritte der drei Stammväter des Volkes Israel mit den Söhnen Ruben, Simeon, Levi, Juda, Sebulon, Issachar, Dan, Gad, Asser, Naftali, Josef und Benjamin gemeint. Die zwölf Söhne sind dabei wiederum Stammväter der zwölf Stämme Israels.

7. Auch hierzu haben wir etwas gefunden: Der *Jakobsbrunnen* wird bei Joh. 4,6 erwähnt. Es handelt sich dabei um einen 30 Meter tief getriebenen Schacht zum Grundwasser in der Nähe des heutigen Askar, ehemals Sychar in Samarien.

8. Mit der Taube ist der Prophet Jona gemeint. Jona bedeutet nämlich *Taube*. Jona ist zudem aus dem Stamme Sebulon. Mit der Bezeichnung *Adler der Lüfte* ist vermutlich Elija bzw. Johannes der Täufer gemeint, denn in späteren Botschaften nennt Jeremia den Propheten Elija ›*Adler der Lüfte*‹.
9. Gemeint ist der Prophet Jesaja. Er ist der Sohn des Amoz.

10. Der Prophet Joël (= Jahwe ist Gott), Sohn des Petuel.

11. Vermutlich der Prophet Daniel, der im Exil in Babylon war und dort zur Hoffnung für die verschleppten Juden wurde.

12. In der Reihenfolge sind vermutlich gemeint: Johannes (Offenbarung), Franz von Assisi, Zacharias, Henoch, Novalis, Hilarion, Hildegard von Bingen, Elisabeth, die Jünger Jesu, speziell Petrus, Andreas, Nathanel usw., die von Johannes zu Jesus geschickt wurden.

Juni 1998:

»Johannes im Geiste, Johannes im Leibe wiedergekehrt,
das ewige Band der Liebe uns unverbrüchlich eint.
Ja, ich bin Jeremia, an deiner Seite.

So erhebe ich mein Herz und erflehe Gottes Segen für das Werk des Herrn, des Bruders und der Knechte aller.
So erhebe ich mein Herz und sehe das Lamm.
So bebt sein Wort in meinem und hallt in meinem Herzen tausendfach.
So ist das Lamm gekreuzigt durch diese Welt und ist erhöht durch den Vater.
So öffnet das Lamm das ewige Buch, das es erhalten aus dem Schoße des Vaters.

Und es hallt in meinem Herzen.
Und es brennt in meinem Herzen.

Das Lamm liest in diesem Buch.
Es stehen in ihm Namen, Worte, Zeichen und Zahlen der Propheten.
Es werden Namen sein, die das Erdenrund schaudern.
Es werden Namen sein, die es in Süße übergießen.
Es werden Worte sein, die die Welt beben lassen.
Es werden Worte sein, die die Welt erhöhen.

Es werden Zeichen sein, die die Welt zerstören.
Es werden Zeichen sein, die sie errichten in neuem Glanz.
Es werden Zahlen sein, die die Welt vernichten.
Es werden Zahlen sein, die sie neu errichten.

Jeder Name wird brennen im Geiste tausendfach,
denn das Lamm Gottes wird kommen, um sich seinen Besitz zu erstreiten.
Denn das Lamm Gottes wird kommen in Frieden, aber Haß und Zerstörung ernten.
Denn das Lamm Gottes wird kommen in Liebe, aber Verfolgung wird es erfahren.

Es wird die Namen der Erwählten aussprechen. Und der Geist wird sie erhöhen. Die Erde aber wird beben.

Johannes, ich geleite deine Wege.

Das Lamm, es steigt hernieder im Zeichen des Kreuzes.
Das Lamm, es betritt diese Welt und nimmer wird sie so sein.
Der Streiter für das Lamm Gottes wird mit dem Schwerte Dornen und Geäst beiseite werfen, auf daß das Lamm regiert in Herrlichkeit. Doch die Welt haßt das Lamm, seinen Streiter Johannes den Täufer und deren Geist.

Oh, wehe dir Welt, die du wider den Streiter und den Geist aufbegehrst.
Oh, wehe dir Mensch, der du dich erhebst in Einfalt.
Oh, wehe dir Volk Israel, dies ist abermals Gnade und die letzte.
So dieses Wehe von den Himmeln und den Seinen erhoben wird, werden die Wasser gefrieren, die Bäume werden sich schütteln.

Oh, wehe dir Welt, die du den Herrn und die Seinen leugnest, denn der Herr der Finsternis wird dich reißen in die Verdammnis. So wird das Lamm kommen und keiner wird es erkennen.
Oh, wehe dir Mensch, der du nur den Schein kennst. Der Streiter wird kommen und keiner wird ihn lieben.

Oh, wehe dir Welt, ihm ist die Macht gegeben zu scheiden die Geister. Zu scheiden zwischen Leben und Verderben.
Oh, wehe dir Welt, sein Ruf wird in dir als Schande stecken auf Ewigkeit.

Mein Bruder, die Wesenheiten verneigen ihr Haupt.
Mein Bruder, ich grüße dich, in Liebe bekunde ich dieses:
Der Himmel neigt sich auf dein Haupt und ergießt sich gleich Wasser in dein Wesen.

Ich grüße dich, in Liebe **Jeremia**.

Wahrhaft sehe ich das Kreuz unseres Herrn. Wahrhaft fließt das Leben in mich. Stets und immer ist das Kreuz Leben für diese Welt, doch der Geist wird geschändet, so er in diese Welt tritt.

Vor diesem Kreuz erheben sich die Gestirne der geheiligten Wesenheiten. Sie offenbaren die Größe des Allgeistes, denn wahrlich, der Herr selbst läßt sie am Leben teilhaben.

Es sind die Namen der Propheten, die die Gestirne der Himmel bilden.

Es war am Anfang sein Bruder Elija.
Es war zu Beginn Adam.
Es war als Folgender Noah.
Es war nach ihm Abraham.
Es kam auf ihn Mose.

Sie waren erwählt, der Welt das Leben zu bringen.
Doch die Welt schämte sich ihrer und verschmähte sie
und so den Herrn,
und so den Geist,
und so den Höchsten aller Herrlichkeit.

Die Liebe gab sich selbst, um die Erde am Kreuze freizuwaschen durch das

Blut Jesu Christi.

Oh Welt, oh Satan, oh höret diesen Ruf. Kehret um, erfasset diese Gnade. Oh Welt, sonst wird dich die Macht Gottes vernichten.

Am Anfang war sein Bruder Elija. So steht er jetzt mit der Macht des Herrn, um diese Erde dem Verderben zu entreißen und ihm zu geben, dem Herrn allen Seins.

Adam, der Vater des Volkes Israel stieg hinab, um Luzifer von seinem Werke und Sinnen abzuhalten.
Er wurde Raub seiner Schlange, sie vergiftete ihn und spie ihn aus.
Noah sah den Fall, wollte erretten und fand den Tod vor sich.
Und Wenige gingen in das Leben zurück. Jetzt sank die Welt in alle Tiefe des Todes und Verderbens.
Als Abraham herabstieg, um Licht ins Dunkel zu bringen, verflog der Tod nur kurz.
Mose brachte das Gesetz des Vaters. Auch er wurde getreten.

Und nun ist es, daß der Anbeginn sein Reich zurückerobert. Die Süße des Lammes tränkt meine Lippen und formt Worte, die die euren sind. Oh Herr, behüte die Herzen deiner, auf daß sie entflammen in Liebe zu dir.

Oh mein Herr, ich verneige mein Haupt vor dir.
Oh mein Herr, ich knie nieder im Gebete.
Oh Welt des Satan, erhöre die Stimme die kommen wird und kehre um.
Lasse ab vom Verderben.
Lasse ab vom Tod.
Verlorener Sohn, kehre um. Die Strafe ist gerecht, du wirst sie tragen können.
Oh Herr, sei gnädig.

Gefangen ist das Licht, denn es ist nicht Geist.
Gefangen ist alles Leben, denn es ist nicht Geist.
Wo, so frage ich dich Satan, ist dein Leben – ich sehe nur Tod.

Wo ist Freiheit – ich sehe nur Fesseln.
Wo ist aber deine Liebe – ich sehe nur Mord und Totschlag.
Und wo aber ist dein Reich – ich sehe nur Verrat.

Mein Bruder, die Wasser des Geistes erfüllen dich.
Ich, dein steter Begleiter grüße dich.

Jeremia
Amen.«

Oktober 1998:

»Dem Leibe des Johannes:
Dir in deiner Bedrängnis zur Hilfe.

Es wird ein Morden und ein Schlachten.
Am 7. Tage wird der Weltenrund ruhen.
Am 8. Tage wird die Menschheit von ihrem Schlafe geweckt.

Früh wird die erste Posaune erschallen
und dann die zweite und die dritte,
dann die vierte und die fünfte,
dann aber die sechste.
Und wenn der siebenten Klang vom Himmel her zu hören ist,
dann werden alle zugleich erschallen und es wird nur wenig später sein.
Engel werden herabstürzen.
Und ein jedes Schwert dieser Engel wird sein Ziel finden
und wird morden.
Es wird einstechen in die Brust und
herausgenommen bei der Kehle.

Und ein Jammern und ein Klagen wird sein unter den Völkern dieser Welt.

Und sie werden ihren Gott nicht mehr erkennen.
Sie werden rennen zu ihren Götzen und flehen um Hilfe,
aber hier ist es der Tod, der sie nicht bewahren kann.

Das Heer der Toten wird gegen den Himmel fahren
und klopfen an dessen Tore.
Aber die Tore werden mit Eisen beschlagen sein,
denn keiner ist unter ihnen, der in das Himmelreich soll.

Und am 8. Tage wird sich aus den Gipfeln der Berge
und aus den Tiefen der Meere
und aus dem Inneren der Erde ein Heer bilden,
das gestählt und gepanzert ist,
und ein Kampf bricht los auf Erden und in den Himmeln.

Dir mein Bruder will ich aber meine Liebe geben.
So sich ein Dämon dir nähert, näher als er darf,
wird ihn das Schwert des Johannes töten, ohne zu zögern.

Vereint im Kampf
***Jeremia,** dein Freund.«*

Anmerkung:

Ob diese prophetische Sprache Jeremias eine sinnbildliche oder realistische Wiedergabe seiner Vision ist, bleibt offen.

Die Formulierung ist zunächst erschreckend. Nur, wer die Sprachgewalt des Propheten Jeremia aus der Bibel kennt oder nachliest, vermag diese seine heutige Prophetie einzuordnen.

Es spricht vieles dafür, daß er im dritten Absatz einen plötzlichen Erstickungstod vieler Menschen beschreibt, ausgelöst durch eine Weltkatastrophe.

Im sechsten Absatz beschreibt er, wie sich das satanische Heer zum Kampfe gegen das Gottesgericht sammelt und erhebt.

»Der Herr sprach zu mir:

›Künde der Welt ihr Unheil und gib Zeugnis von mir, dem EINEN GOTT, *dem Herrn des Geistes und der Himmel. Künde der Welt, daß ich meinen Boten aussende, auf daß er die Welt für mich erstreite, denn ich bin der einzige und wahre Gott, der Vater Abrahams und seiner Geschlechter.‹*

Und der Herr der Heere sprach zu mir:

›Setze Zeichen, die nicht vergehen sollen und die künden mein Heil den Gerechten.‹

Und ich ging und setzte Zeichen im Verborgenen.
Und ich weilte in dem Teil der Welt, der mir befohlen und gab das Zeichen den Seelen und Leibern, setzte es auf Wege und brannte es auf Steine und Mauern. Verschlossen bleiben sie der Welt, leuchten aber werden sie dem einzigen und ewigen Geist.
Und ich schritt ab die Wege in und um Jerusalem und setzte die Maße des neuen Tempels des Herrn und Geistes.

Oh Jerusalem, oh Jerusalem,
zähle die, die dem Dienst am Götzen und Mammon entsagten.
Zähle jene, die Gott rufen unaufhörlich.

Oh Jerusalem, wie hast du dich verirrt in den Schlingen des Satans.
Für jeden Gerechten wird der Herr und Gott ein Zeichen setzen. Es wird sein von heute bis hin zu Abraham.
Und ehe der Tag sich zu Ende neigt, sage ich dir:
Wirst du sehen den Weg, den der Mann nahm, der von Bethlehem nach Jerusalem führt.
Wirst du sehen den Ort, an dem ein anderer taufte und predigte das Wort des Herrn.
Wieder sollst du seine Stimme hören, ehe die Tage zerronnen.
Ja, sehen sollst du den Weg, den der ging aus Bethlehem, um dir den Frieden

zu geben. Du aber hast ihn gequält und gemordet. So wird dich der Weg führen an die Stätte seines Todes.
Und sehen sollst du den Ort, an dem die Stimme des Herrn sein Haupt ließ.

Oh Jerusalem, oh Jerusalem,
so wirst du sehen das Schwert,
mit dem der Eine enthauptet
und sehen die Lanze,
mit der der Andere durchbohrt wurde am Kreuze.

Sehen sollst du die Stätten ihrer Wege und Gräber,
denn neu werden sie beschritten.

Oh Welt, siehe auf diese Stadt, denn in ihr ist dein Sinnbild.
So wie sie, wirst auch du die Gesandten des Herrn verspotten und verjagen.
So wie sie, wirst auch du die Propheten des Herrn ausspeien.
So wie sie, wirst auch du den Kerker, Schwert und Kreuz ihnen bringen voller Wollust.

Doch siehe dich vor Jerusalem, erkenne du Welt:
Der, der durch das Schwert der Welt gefallen ist, wird wiederkehren mit dem Schwert des Herrn, auf daß geschieden wird die Brut Satans von dem Geschlechte der Aufrechten.

Dieses Schwert wird töten und erlösen zugleich, bereitet es doch den Weg des Lichtes in die Finsternis, den Weg dessen, der getötet wurde durch das Kreuz.
Das Schwert aber kommt, um dir Jerusalem, um der Welt die Kraft zu rauben, ein neues Kreuz zu errichten.

Ja, ich bin
Jeremia
Und wiedergekehrt ist mein Wort.
Und wiederum werde ich mich steinigen lassen,
um das Tor der Finsternis aufzustoßen.«

»Johannes, dir zum Gruße.

So sehe und erkenne ich: Ein Geist, eine Kraft, ein Licht.
So gabst du mir dein Wort:
›Stehe auf, gehe hin und sprich und lehre und handle aus meinem Geiste.‹

Und er segnete mich mit dem Feuer des Geistes.
Und so gehe ich, denn das Feuer des Geistes bricht aus meinem Munde,
auf daß ihr nicht blind seid und umherirrt wie die Kamele,
auf daß ihr nicht taub seid, wie eure Väter es waren, als sie die Propheten verwarfen.

Ich gehe nun hin und lehre in deinem Geiste, der ausgegangen ist aus Gott, um die Schriften unserer Väter zu deuten.
Ich gehe nun hin und handle. Zeichen gab ich, auf daß die Welt erkenne: Das Wort erfüllt sich, so du erneut sprichst auf Erden.
Selig bist du, der kommt im Namen des Herrn.

Dir fest an deiner Seite, ***Jeremia****.*

Groß, deinen Geist zu spüren.
Groß, dein Wort zu hören.
Groß, dein Werk zu erkennen.
Selig und errettet die, welche sich nicht verbergen vor der Welt, um dir zu folgen.
Selig und erhöht die, welche für den wahren und einzigen Geist Schmach erdulden.«

November 1998:

»Ich grüße dich, Jochanan ben Sacharja.

Ich sehe in dein Antlitz.

Es verbirgt mir nicht deinen Schmerz vor der Welt.
Laß mich richten mein Wort an deine Erwählten und Geliebten deines Geistes.

Nicht alle konntest du nehmen unter deine Flügel,
wie es eine Henne bei ihren Küken tut, um ihnen Schutz zu sein,
denn die List Luzifers brach auf die deinen herein und riß gleich
Wölfen die Lämmer deiner Erwählten.

Aber nun sind sie gezählt und nun sind sie eingekehrt und suchen Schutz bei dir.

Aber ich sehe mit Wehmut in dein Angesicht,
denn so erkenne ich den Schmerz in dir über jedes verlorene Wesen.
Und noch gilt dein Ruf all denen, die noch nicht eingekehrt sind in dir.

Denn nur wer ist in dir, wird die Kraft haben an dem Tag und in der Stunde,
da sich der Geist in Feuer und Stürme wandelt.
Dein Geist aber wird sie erreichen an dem Tage
und wird sie zusammenführen zu der Stunde.
Und ihr Menschen werdet über das was ist, nicht mehr euren Sinnen trauen.
Denn der Himmel wird sich zusammenziehen und beben,
die Erde aber in ihrem Lauf ruhen.
Denn es ist die Zeit, da ihr das Brot brechen sollt.
Ein jeder dem einen und einer dem anderen.

Denn was an diesem Tage gebunden ist, wird gebunden sein im Herrn.
Denn was an diesem Tage gespalten ist, wird gespalten sein im Herrn.
Und der Himmel wird sich öffnen und ein Ruf wird erschallen.
Und ein Engel wird sein mit dem Buch des Lebens.
Und er wird dir es überreichen und nur du kannst in ihm lesen und deuten und erkennen.

Und du wirst lesen aus ihm, und Kraft wird in dir sein.

Dein Wort wird am Himmel leuchten, von einem Ende zum anderen, und von hier nach dort.

Und wessen Namen du aussprichst, der wird brennen im Geiste des Herrn.

Jochanan, deine Liebe und Gnade ist mir Auftrag und Wille.

In Liebe
***Jeremia**,*
den du erweckt hast, um wiederum dem Allmächtigen zu dienen.«

»Jochanan, an deiner Seite dir zum Dienst.
Jesu Christi zu Ehren,
dem Vater zum Ruhme.

Mein Wort sucht nicht und irrt nicht,
Hilfe denen, die sehen und erkennen wollen:

> *Wo der EINE ist, ist die ZWÖLF,*
> *und wo EINER ist, ist der ANDERE,*
> *und wo die ZWÖLF ist, ist der EINE.*

Und EINER ist **in und aus Gott**, *und JENER ist* **aus und mit Gott**.
Und der EINE und der ANDERE ist gleich einem Herrscher der Himmel.
Und der, der da ist **in und aus Gott**, *sprach in seinem Herzen. Der aber, der da ist* **aus und mit Gott,** *ist seinem Herzen am nächsten und so sah und wußte er.*
Und der EINE war und ist das Zeichen, der ANDERE das Wort.
Und das Zeichen ist im Wort und das Wort im Zeichen.
Und JENER brach die zwölfte Rippe aus seinem Leib und gebar sie in die Welt, auf daß sie das Zeichen und das Wort wiedergab.

Ein jedes Blut aber, das vergossen wurde aus dem heiligen Blut, drang weder in die Erde noch in die Wasser, denn es sollte sich sammeln am Tage der Gerechtigkeit.
Und das heilige Blut wird sich vereinen mit dem Zeichen und dem Wort.
Und Jona war es, der genommen aus dem Leibe des Johannes.
Und das Wort des Johannes ist wiedergekehrt in den Sphären durch den Geist des Jona, auf Erden durch den neuen Leib des Johannes.

Es war eine Frau, die liebte Jona wie ihren Sohn.
Jona liebte sie wie seine Mutter.

Und Elija war das Zeichen und das Wort des Feuers.
Und er ging hin, nahm das Schwert und teilte den Mantel und das Wort des Feuers und hing ihn dieser Frau um. Das Wort aber legte er ihr in den Mund.

Jona war es, der den Geist durch Betrübnis und Wirrnis suchte. Sein Leben war ihm ohne Wert und nur Qual.

Das Feuer und das Wort des Elija sprach zu ihr: ›Gehe zu ihm, hülle ihn ein in einen Mantel und sprich zu ihm das Wort des Feuers.‹

Und sie schämte sich, denn der Mantel war zerteilt und das Wort nur halb.
Doch sie erschrak, denn sie legte den Mantel um seine Schulter, und siehe, er ward ganz an seinem Leib.

Und ihr Wort hallte in ihm wie Weisheit, klar und rein.
Du Leib des Johannes bist gekommen, das Blut der Propheten zu sammeln und zu vereinen mit dem Zeichen und dem Wort, denn die Wunden des Geistes sollen getilgt sein am Ende der Tage.

Johannes dir vertraut.
Jeremia.«

Anmerkung:

Diese Botschaft Jeremias ist ziemlich leicht zu entschlüsseln:

Der EINE, *in und aus Gott* ist Jesus Christus. Der ANDERE oder JENER, *aus und mit Gott* ist Johannes der Täufer bzw. Elija.

Jesus Christus ist das Zeichen, Johannes das Wort. Wo Jesus Christus ist, ist auch die ZWÖLF, die zwölf Stämme Israels, auch symbolisiert durch die zwölf Apostel.

Wo Jesus Christus ist und die Zwölf, ist aber auch Johannes der Täufer.

Die zwölf Stämme Israels dürfen wir aber nicht ausschließlich mit den Bewohnern des Staates bzw. Landes Israel gleichsetzen, da die zwölf Stämme verstreut sind in aller Welt. Es wäre auch falsch anzunehmen, daß die Angehörigen der zwölf Stämme notwendigerweise genetisch Juden sind. Sie können rein äußerlich auch Romanen, Slaven, Germanen usw. sein. Entscheidend für die Zugehörigkeit zu den zwölf Stämmen Israels ist die seelisch-geistige Verbindung zum einen Gott, was natürlich eine ursprüngliche Zugehörigkeit zum biblischen Volk Israel keineswegs ausschließt.

Die zwölfte Rippe aus dem (geistigen) Leib des Johannes ist der Prophet Jona, indem sich das Zeichen und das Wort, also Jesus und Johannes vereinten. Tatsächlich weiß das Judentum von der Schöpfung des Propheten Jona durch Elija.

In 1 Kön 17,19-24 findet sich die Schlüsselstelle. Sie handelt davon, wie Elija den toten Sohn der Witwe von Zarpath mit einem neuen Geist belebt *(» ...und er maß sich über dem Kinde dreimal«)*. Diese Witwe von Zarpath war für Jona wie eine Mutter.

Das heilige Blut das vergossen wurde, ist das Blut Jesu Christi, Johannes des Täufers und das Blut der Propheten, Apostel und Märtyrer. *Es drang weder in die Erde noch in die Wasser*, d. h., es hat sich nicht vermischt mit der Welt des Widergeistes, der Welt der Materie, dem Reich Satans. Es wird sich aber sammeln und vereinen mit dem Blut Jesu Christi und Johannes des Täufers am Tage der Gerechtigkeit (= Jüngstes Gericht, Erlösung der Gerechten und der von Satan gequälten Streiter des Herrn).

Interessant ist der Hinweis, daß Elija *das Zeichen* und *das Wort* war. Er trug demnach nicht nur den späteren Johannes-Aspekt in sich, sondern auch den von Jesus Christus. So ist es nicht verwunderlich, daß Elija stets mit messianischen Zügen bedacht wurde.

Der Mantel des Elija hat große mystische Bedeutung, ähnlich dem Stab Mose. Er symbolisiert Kraft, Geist und Wort der Allmacht.

Die gesamte Botschaft des Jeremia offenbart uns die verborgene Bedeutung des Propheten Jona – einst und jetzt.

Januar 1999:

»Johannes,
dir in Liebe verbunden.
Ich bin ein Ruf des Adlers der Lüfte.
Ich sah und sehe.
Ich hörte und höre.

Elija, dein Wort war in Liebe und Demut,
doch der Stolz und Hochmut der Menschen war groß.

Johannes, dein Wort war in Liebe und Sanftmut,
doch der Satan wollte dich überwältigen.

Johannes, nun bist du wiedergekehrt und abermals ist dein Wort ein Schmerz für die Hochmütigen und Stolzen, aber Trost für die Gebeugten und Gerechten.

Doch wieder und wieder wird dein Wort und dein Tun mißachtet. Und nun wird sich dein Wort wandeln und dein Wort wird der Zorn Gottes sein.

So sie nicht hören, liegen die sieben Geiseln Gottes gegen alles Fleisch in deiner Hand, und eine Geisel wird das Fleisch mehr schmerzen als die andere, denn die Tage sind gezeichnet und die Stunden erwählt, da der Geist sich ergießt über die seinen und das Fleisch im Feuer wandelt.

Doch nur wer dich liebt, wird Feuer finden, denn das Schwert des Herrn wird kommen und erretten mit großer Macht.

Und ein Wehklagen wird sich erheben über die Stätte Babylons und ein Flehen aus den Stämmen Esaus. Denn die Stadt Babylons ist erbaut auf einem Felsen und er ist

154 Ellen lang,
124 Ellen breit,
132 Ellen hoch.

Und es werden 544 Söldner und ein Anführer sein, der die Zunge der Schlange spricht und der die Stadt Babylons erretten will.

Du Jochanan ben Sacharja, das Schwert des Herrn, wirst sieben Hiebe haben und dein Wort wird hallen in Babylon, und die Mauern werden beben und wanken, und ihre Schwerter und Lanzen werden auf dich einschlagen.

Aber der Geist des Herrn wird dich stählen und ihren Blicken entrücken.

Und du, Stadt Babylon, sieben Engel werden zu dir sprechen. Wehe dir, denn ein jeder wird dir Tod oder Gnade sein.

In Liebe zu dir Johannes im Geiste, zu dir Johannes im Leibe.
Jeremia.«

Anmerkungen:

Die Ausmaße der Stadt Babylon, die im Text genannt werden, könnten einerseits einen reellen Ursprung haben, andererseits aber rein symbolisch gemeint sein. Interessant ist, daß nach der hebräischen Kabbala die Multiplikation von L x B x H die Zahl 6, das Zeichen der Finsternis, ergibt.

Die Mahnung an die Stadt Babylon ist symbolisch an die Welt gerichtet.

»Öffnet die Augen,
öffnet euer engstirniges Herz,
öffnet euren kleinen Verstand,
und werdet gewahr der Macht, die es zu bezwingen gilt:
Es ist Satan, der Gegenpol zur Kraft Gottes.
Mein Schrei gegen die Verblendung der
Individuen ist endlos.
Ihr werdet der Verführung abermals erliegen,
und wir werden euch beweinen.
Doch wenn ihr vereint seid mit Satan,
werden wir mit trauernden Herzen euch jagen.«

Johannes der Täufer, Juli 1997

Der Prophet Jesaja

Jesaja (hebr. = Jahwe hat Heil geschenkt), Sohn des Amoz vom Stamme Isaschar wurde in Jerusalem geboren. Sein Geburtsjahr wird in die Zeit 765-760 v. Chr. datiert. Er gilt neben Jeremia als der König der Propheten des Alten Bundes und wirkte während der Regierungszeit von vier Königen in Judäa. Diese Zeit war geprägt durch die Eroberungszüge Assyriens und den damit verbundenen Übergriffen auf Palästina.

Jesaja war verheiratet mit einer Frau, die selbst Prophetin war. Über seine Person wird im Jesaja-Buch nur wenig genannt. Seine Biographie tritt hinter die prophetische Botschaft zurück.

Die Vermutung, daß er königlicher Abstammung war, könnte durch die beachtliche Freiheit in Bezug auf seine unpopuläre Meinungsäußerung und Durchführung von ungewöhnlichen Maßnahmen Bestätigung finden. Er verfügte zudem über eine außergewöhnlich poetische Ausdrucksfähigkeit und Phantasie.

Im Tempel von Jerusalem erfuhr Jesaja in einer schicksalhaften Begegnung mit Gott seine eigene Sündhaftigkeit und die Größe Jahwes. Nach seiner Berufung zum Propheten weissagte Jesaja die Zerstörung Israels durch Assyrien und weitere Drangsal für Juda voraus. Sein Vertrauen zu Gott war so groß, daß er dem König Hiskija sogar versprach, die Assyrer würden Jerusalem noch nicht zerstören. Er behielt recht.

Jesaja wies auf die Notwendigkeit von Reformen hin und gab politische Ratschläge. Er mahnte die Könige, daß nur Vertrauen und Hinkehr zu Gott Rettung aus der Not bringt und nicht der

Verlaß auf fremde Völker. In der drohenden Herrschaft Assyriens über Juda, sah Jesaja den Finger Gottes, der zur Umkehr mahnte. Eine seiner Hauptsorgen war die Sündhaftigkeit des eigenen Volkes, der Götzendienst, die moralische Verderbtheit und das übermäßige Besitzstreben.

Durch seine sinnbildlichen Zeichenhandlungen stellte er das ihm von Gott offenbarte zukünftige Geschehen wirkungsvoll in der Öffentlichkeit dar. So lief er drei Jahre, nur die Scham bedeckt, durch die Straßen Jerusalems und nannte seine beiden Söhne symbolhaft *»Eilebeute – Raubebald«* und *»Restkehrum«*.

Jesaja sieht das Gericht über die Völkerwelt voraus und weiß sich von Gott zum Gerichtspropheten berufen. Einem kleinen Rest kündet er am Weltenende das Heil Gottes, das messianische Reich und die Freude der Erlösten an. Die Offenbarung dieser Frohbotschaft des ewigen Reiches rechtfertigt den Namen *»Evangelist des Alten Testaments«*, der ihm von der christlichen Nachwelt verliehen wurde.

Seine Wirkenszeit als Prophet dürfte etwa vierzig Jahre gedauert haben, in der ihn auch sogenannte Propheten-Jünger begleiteten.

Aus den vorhandenen Berichten ist nicht ersichtlich, wie lange Jesaja lebte. Hinweise deuten jedoch darauf hin, daß er seinen Dienst bis in die Zeit der Herrschaft Manasses, ausübte. Nach der Überlieferung war dieser König für das Martyrium Jesajas verantwortlich. Um sich der Verfolgung zu entziehen, verbarg sich der Prophet in einem hohlen Baumstamm. Er wurde jedoch entdeckt und bei lebendigem Leibe in zwei Teile zersägt.

Die meist mündlich überlieferten Prophetenworte wurden im babylonischen Exil niedergeschrieben. Sie dienten dem jüdischen Volk in fünfzigjähriger Gefangenschaft als moralische und religiöse Stütze.

Im Buch Jesaja sind auch Aussprüche von zwei anderen Propheten enthalten, die zweiter und dritter Jesaja genannt werden.

Diese Aufteilung der Schriftenfolge hinderte die Glaubensgemeinschaft jedoch nicht, die geistliche Einheit des Werkes anzuerkennen.

Nachfolgend einige mediale Botschaften des Propheten Jesaja:

Juli 1998:

»Ihr sollt mich erkennen,
den Feinden will ich verborgen sein.
Ihr sollt mich hören,
die Feinde aber mit Taubheit geschlagen sein.
Ihr sollt mich sehen,
die Feinde aber sollen mit Blindheit geschlagen sein.

Ich gebe euch mein Zeichen,
geschrieben in den Wüstensand,
verdeckt von dem Wüstenstaub der Welt.

Euch aber sage ich:
Ich bin Jesaja, in eure Mitte gekehrt.
Die Kinder und Alten werden Träume haben.
Die Propheten werden zu ihnen reden, aus Leib und Wort der Propheten gegeben.

Mein Wort wird Erfüllung finden, wenn der Herr sein Wort zum Kampf erhebt.
Denn es steht geschrieben:
Sie werden ihn nicht erkennen, denn er spricht nicht von dieser Welt.
Mein Sehen fand Erfüllung, am Tag an dem Elija sprach.
Mein Sehen fand Erfüllung, als der Herr starb.
Und mein Wort wird leben.

Am Jordan wird Johannes wiederum taufen mit Geist und Feuer und Wasser.
In den Städten wird er sprechen.
Das Wort Gottes wird er verkünden.

Die Menschen werden sich von dir meinem Bruder[*)] *abwenden.*

So wenden sie sich ab von Gott dem Allmächtigen.
Und der Jordan, der heilige Fluß, wird über die Ufer treten
und der Zorn Gottes wird diese Welt vernichten.

Denn er haßt diese Welt, die ihn nicht liebt.
Der Leviathan, der Herr der Unterwelt des Bösen,
über den geschrieben steht in den Himmeln,
er wird gefangen mit Kreuz und Schwert.
Doch vorher muß der Geist geboren werden,
in Leib und Blut Einkehr finden.
Dir mein Bruder Johannes) stehe ich zur Seite.*

Jesaja.«

*) gemeint ist der irdische Leib des Johannes, der mit Vorname ebenfalls Johannes heißt.

»Ja, ich bin Jesaja,
der sich bekennt zum Vater, zum Sohne und dem wahren Geiste.

Erschreckt nicht ob meines Wortes, bin ich doch nur Helfer im Dienste.
So richte ich mein Wort an euch, denn es soll bei euch weilen ab jetzt.
Helfer bin ich dem wahrlich großen Streiter des Herrn,
dem treuesten Diener des Lammes Jesu Christi: **Johannes der Täufer** *nennt ihr ihn. Im Horte der Propheten aber trägt er den Namen* **Jochanan ben Sacharja**, *geboren aus dem Geist der Allmacht, getragen aus dem Geiste des Elija und eins im Retter-Geist des Elija-Johannes-Jesus.*

Nicht will ich reden über mich, bin ich doch nur gering.
Er aber, Jochanan ben Sacharja, ist der erhabene und starke Streiter für den Geist Christi.

So sage ich euch:

Die Bundeslade, das Zeichen des Alten Bundes,
nicht getrieben in diese Welt.
Das Schwert des Jochanan, das Kreuz Jesu aber Zeichen des Neuen Bundes,
getrieben in den Leib und die Seele Luzifers.
Nun der Bund der Erlösung vom Leide dieser Welt,
gelegt in die Kraft des Geistes Elija-Johannes.

Der Welt verkünde ich meine Freude über das neuerliche Werk und Tun des Johannes, denn es ist gerecht und gut und stark. Es ist der Kampf wider die Macht Satans.
Oh Elija-Johannes breche diesen Bann der finsteren Macht, auf daß der wahre Geist Christi erfülle das Erdenrund.
Oh du Leib des Johannes auf Erden, der Himmel steht in Kraft bei dir. Dennoch aber bist du ausgesetzt den Hieben Satans und seiner Knechte des Schreckens.
Erwählt bin ich, an deiner Seite zu stehen. Dank dem Herrn in Ewigkeit.

***Jesaja**, Diener des Bundes der Gewalten der Lichtgestirne.*
Zeugnis um Zeugnis will ich geben, um zu dienen dem wahren Sein.«

August 1998:

»In meinem Herzen brennt das Feuer derer, die sich geben für diese Welt.
Ja, mein Wort erhebe ich für sie,
denn zu sprechen ist ihnen versagt.
Doch grüße ich euch in ihrem Namen und Geiste.

Es sind all die, die den Leib und den Tod überwunden haben.
In ihren Namen spreche ich ergriffen, in ihrer Treue und Liebe diese Worte an euch, denn ihre Liebe, ihr Trost und Schmerz sind mit euch.

Ich Jesaja, gebe dieses Wort:

Ich sehe in der Wüste den Turm zu Babel, das Schandmal der Welt.
Ich sehe in der Wüste das Lamm Gottes, und es ist durchbohrt und schreit vor Schmerz.
Und es ist ein Ruf, der erschallt.
Und die Himmel ziehen sich zusammen zu einem Wort und einer Kraft.
Und das Lamm wird durchbohrt mit dem Kreuz.
Es steckt im Rücken des Lammes und bohrt sich durch seine Eingeweide in die Erde.
Aber das Kreuz ragt bis in die Himmel.
Das Blut fließt Tropfen für Tropfen in diese Welt, vereint sich aber nicht mit ihr.
Doch am Himmel ist ein Kampf.
Und aus diesem Kampf fährt ein Blitz in dieses Kreuz und in dieses Lamm.
Das Blut tropft gleich Lava in diese Welt.
Dieses Blut ist für diese Welt Tod, für die, die den Geist Gottes lieben aber ist es das Leben.
Gleich einem Schwert brennt sich das Kreuz in diese Erde, und der Blitz des Geistes trifft diese Welt in Mark und Gebein.

Am Tage, an dem der Speichel des Lammes diese Welt benetzt, ist die Dunkelheit erkannt.
Am Tage, an dem der Samen des Lammes diese Welt benetzt, ist die Dunkelheit gebannt.
In diesem Lamm ist die Kraft und das Blut Jesu Christi.
In diesem Kreuz ist das Schwert und der Wille Johannes des Täufers.
In ihnen ist das Buch des Lebens.
Wo sie sich vereinigen in Leib und Blut, wird das Leben sich erheben vom Tode.

Erhabener der Welten, ich gebe dieses Wort zum Ruhme deiner Erhabenheit.

Selig jeder, der deinen Willen liebt.
Selig jeder, der ersehnt deines Streiters Wort.
Selig jeder, der hingeht mit dem Lamm auf seinen Schultern.

Dir mein Erhabener zur Ehre.

Ein Geringer unter den Geringen.
Euch zur Wehr und zum Kampfe.

In diesem Buch stehen die Namen und Zahlen.
Es werden Namen gleich des Himmels und der Erde.
Denn am Tage des Blitzes des Geistes wird es nur ein Leib sein.
Es werden gerufen an diesem Tage die Namen.

Jesaja
Amen.«

November 1998:

»Vor mehr als zwei Zeiten hat die Welt und Gottes Wort mich gedemütigt und verspottet.
Gottes Wort brachte mir die Demütigung der Welt.
Nicht klagen will ich, brannte doch mein Herz für das Wort des Allmächtigen, war ich ihm doch ergeben.
Die treue Hand der alten Propheten und das Bündnis des Elija-Johannes aber haben mich errettet vor der Finsternis.

Gott ist allmächtig, endlos und gewaltig, doch fern dieser Welt, denn sie achtet und liebt ihn nicht.
Ein Aufschrei des Schmerzes und Verzweiflung mag dieses mein Wort sein, sage ich euch doch: Der Mensch liebt Satan und sein Werk der Verblendung und Verführung. Die Menschen und Priester aber, die das Werk von Leben, Leid und Todesqual verehren, sie kommen aus der Synagoge des Teufels, reden sie doch dieser Welt. Reden sie doch ein Heil in Fleisch und Blut. Reden sie doch wider den wahren Geist Gottes und seines Sohnes, und reden sie darum wider die wahre Erlösung.
Erlösung aber wird sein den Gerechten und Treuen in Gott. Erlösung wird

sein ihren Seelen und Leibern von dem Banne Luzifers.
Diese Welt und all die Brüder des Lammes aber werden erlöst und vereint nur durch die Kraft des unaufhaltsamen Geistes ELIA-JOHANNES-JESUS.
Sie alleine werden die Kraft des Widergeistes brechen.
Groß und unermeßlich ist ihre Liebe, gleicht sie aber nicht der Liebe der Menschen.

Dieses verkünde ich der Welt:

Der Leib des Johannes ist schon auf Erden. Schon hat sein machtvoller Geist die Tore zur Unwelt zerschlagen. In seinem Leibe aber werden geeint sein die ewigen Kräfte der Einheit. Wer das Wort des Johannes hört, vernimmt das Gebot der Stunde.
Du aber Johannes im Leibe, mißachte nicht die Zweifler, denn sie werden dich einst jagen. Nehme mit des Adlers Auge auf, was um dich geschieht, doch verharre still.
Zu deinem Schutze bin ich ausgegangen, zu deinem Schutze will ich einkehren.
Dir zur Wehr ist mein Sein.
So aber die Finsternis dich beschmutzt, werde ich mich wandeln vom Wort des Herrn zur Faust des Herrn.

Jesaja.«

»Weil ihr so lau seid, will ich mein Wort zu Feuer machen, auf daß ihr brennt oder ausgespien werdet.«

Johannes der Täufer, März 1998

Der Prophet Daniel

Daniel (hebr. = Gott ist mein Richter) wurde während der Regentschaft Josias geboren und entstammte einem vornehmen jüdischen Geschlecht. Nähere Angaben über Ort und Datum seiner Geburt sind nicht bekannt. Er war von großer Weisheit und hatte die Gabe der Traumdeutung. Seine religiöse Einstellung und Überzeugung sind möglicherweise durch das Wirken Jeremias beeinflußt worden. Im dritten Jahr des Königs Jojakim (605 v.Chr.) wird er als junger Mann an den Hof Nebukadnezars nach Babylon verschleppt. Mit drei weiteren Judäern wurde er dort für den Dienst am Hofe erzogen. In der königlichen Schule zeichnete er sich bald durch große Klugheit aus.

Er wurde ein Meister der einheimischen babylonischen Weisheit und vom obersten Kämmerer des Königs mit Beltschazar betitelt. Als keiner der Weisen, des Königs verwirrenden Traum deuten konnte, gelangte Daniel am Hofe zu Bekanntheit und Berühmtheit. Er deutete die vom König im Traum gesehene kolossale Statue als die vier aufeinanderfolgenden Weltreiche. Unschwer ist im Bilde des vierten Weltreichs unsere endzeitliche Epoche, die tatsächlich ein *eisernes Zeitalter auf tönernen Füßen ist*, erkennbar. Der Stein, der ohne Zutun von Menschenhand das Standbild zerschmettert, zu einem Berg wird und die ganze Erde ausfüllt, steht symbolisch für Jesus Christus. Dieses Reich (das vierte Tier) wird von Gott vernichtet. Ob der großen Weisheit Daniels verwundert, setzte der König ihn und seine drei Freunde in hohe Ämter ein.

Daniel stieg vom Diener zum Staatsmann auf, erwies sich als

kluger Politiker und wurde sogar über alle Weisen Babylons gesetzt.

Daniel und seine Freunde waren dem Gott Israels in allen Vorschriften und Geboten der Thora treu ergeben. Als der König später auf der Ebene Dura ein goldenes Standbild bauen ließ und vom Volk verlangte, dieses anzubeten, weigerten sich Daniel und seine Freunde und wurden daraufhin zum Tode durch den Feuerofen verurteilt. Doch sie blieben unversehrt, da ein Engel des Herrn sie in Sicherheit barg. Daraufhin bekannte Nebukadnezar sich öffentlich zum Gott Israels.

Als der König später einen weiteren Traum hatte, mißachtete er jedoch diesmal die Deutung Daniels. Nebukadnezar baute Babylon zur prächtigsten Stadt des Altertums aus. Als sich der König dessen rühmte, erfüllte sich der Traum und er wird mit Wahnsinn geschlagen, seines Reiches beraubt und zu einem Leben unter den Tieren des Feldes für einen Zeitraum von sieben Jahren verbannt.

Desweiteren deutete Daniel eine geheimnisvolle Wandschrift *(Mene-Tekel)* am königlichen Palast: *»Die Tage des Königs sind gezählt, er wurde gewogen und zu leicht befunden und das Königreich wird zerteilt«.* In derselben Nacht wurde der König ermordet, und der Meder Darius trat an seine Stelle. Seiner hohen Stellung wegen wurde Daniel von Konkurrenten beneidet und denunziert, schließlich verurteilt zum Tode in der Löwengrube. Er blieb jedoch unversehrt, was als Beweis seiner Unschuld galt.

Seine eigenen Traumvisionen umfassen die Zeitspanne seiner Epoche bis hin zum Jüngsten Gericht.

Gott gewährte ihm in mehreren Visionen die Schau des Verlaufes der Heilsgeschichte im Gegensatz und im Konflikt mit den Mächten dieser Welt.

Daß Daniel eine im jüdischen Volk beliebte Persönlichkeit war, beweisen die zahlreichen Legenden, die über ihn in Umlauf waren.

Über die Autoren des Buches Daniel sind die Historiker geteilter

Auffassung. Es gibt jedoch gute Gründe anzunehmen, daß Daniel selbst der Verfasser ist.

Nachfolgend einige mediale Botschaften des Propheten Daniel:

Juli 1998:

»Mein Wort erhebt sich erneut in dieser Welt,
denn das Wort muß Erfüllung finden, in dem es heißt:
Vergraben sind die Weisheiten der Weisen,
werden aber gefunden, um das Kreuz zu bringen.

Prophet um Prophet,
Jeremia, mein weiser Lehrer,
Josua, mein Vetter im Geiste,
Jesaja, verdammt von der Welt.

Ihr Geist verbindet sich im Leib und Leben.
Von der Welt mißhandelt, gebeugt nimmer.

Oh Jeremia, dein Wort in dieser Welt, erneut stark und rein.
Oh Josua, auch dein Geist sah den einzigen Gott und spürte die Geisel der Welt.

Jesaja, mein Erhabener der Sprache,
dein Wort durchbohrte die Weisheit der Menschen und stellte sie bloß.
Mein Leben in eurer Weisheit aufgebaut, und bestanden in der Härte der Welt.

Ich spürte am Leibe den Spott und die Erniedrigung.
Ich spürte Gefängnis und Gericht.
Doch der Tod wollte meiner nicht.
So wich der Tod von mir.
Mein Wort sagt jetzt und heute:
Jeremia betrat diese Welt und verläßt sie im Geiste.
Josua betrat diese Welt und wird kommen mit Wort und Tat.
Jesaja führt zu Ende, was er begann.

Wenn dieser Schmerz der Welt uns nicht marterte, wären wir nicht hier und jetzt versammelt, um ihn, den Streiter des Herrn (gemeint ist Johannes der Täufer).

Denn wir werden den Schlag führen gegen diese Welt.
Ohne Zorn aber mit Schmerz.
Ohne Gnade aber mit Barmherzigkeit.
Wir werden erfüllen was begonnen.

Mein Wort weilt jetzt bei euch bis zum Siege.

Ja, ich bin **Daniel**
Amen.«

»Gesandt in diese Welt,
um das Wort des einzigen Gottes zu geben.
Ich betete Stunden und Tage, aber der Herr war mir fremd.
Erkannte abermals das Große vom Kleinen,
das Zerbrechliche vom Zerbrochenen
und wiederum erkannte ich das Große vom Kleinen.
Das Volk zog vom Turm Babel durch die Wüste nach Kanaan,
ich als Kind unter ihnen.

Mein Vater las mir das Buch Jesaja und ich verstand.
Und der Herr gebar in mir das Wissen der Weisen,
denn es brannte mir in Brust und Kopf,
doch versteckt im Haare.
Das Wort floß aus mir,
doch das Gericht wollte mich zum Schweigen bringen.
Ab jetzt gefangen, um den Herrn zu hören,
gebar er doch in mir das Licht und die Kraft.

So geschützt, überfiel ich den Tod mit Macht.
Denn der, der lebt, war in mir.

Tod und Verbrechen konnten mich nicht niederreißen,
aber der Frevel an Gott.

Jetzt als Wort und alsbald als Kraft bei Euch.

Daniel
Amen.«

»Die Reihe der gesalbten Seelen ist groß.
Das Wort breche ich aus dieser Welt,
denn ich sage euch, muß ich es stehlen,
ja entreißen aus dem Leibe Satans.

Jeder, der nicht im Uhrwerk des Satans tickt,
bricht sich Kraft aus ihm.
Wer solches aber tut, wird gejagt bis ans Ende der Welt.
Das hohe Gericht verurteilte mich zum Tode.
Meine Schuld: Frevel vor Gott.
Doch kannten sie nicht Gott, sondern Satan.
Der Tod mir nahe,
mein Leib zum Zeugnis aber unversehrt.
Ich entkletterte dem Ofen,
meinen Leib überwunden durch die Kraft des Herrn.
Meine Worte gebrochen aus dieser Welt,
ja geraubt aus Satans Macht.

Satan, deine Macht übergroß,
doch wer überwunden, dir zum Tod.
Du Satan, erhebe dich zum Kampf,
denn du hast verloren, bevor du begonnen.
Satan, deine Macht gebunden, an Stricke und Ketten.

Ich, der ich bin und war und werde,

sage es dir heute und hier:
Der Geist wird dich hinniederreißen,
denn der Vater kennt dich und wird dich jagen an den Pranger.

Du willst kämpfen?
Wir werden dich niederringen mit Schmerz.
Nicht wirst du entkommen,
denn das Brandmal wird dir der Herr aufbrennen
und als ewige Wunde wirst du bluten bis zum Tode.

Jage mich – ich werde nicht laufen,
schlage mich – ich werde nicht schreien,
versuche mich – ich werde dich ausspeien.

Aber ich sage dir:
Nimm dich in acht, denn der wahre Herr ist gekommen.
Dir mein Freund, Johannes im Leibe, jetzt als Hilfe und Stärke.

Daniel
Amen.«

November 1998:

»In Liebe und Eifer eile ich zu dir, du Menschenleib des Johannes.
Mein Wort ist noch gering, doch laß auch mich dir den Dienst antragen. Mein Wesen ist jung und stark, dir den Träger zu ersetzen.
Sie gaben mir den Namen
Daniel.
Dein Erscheinen Jochanan in den Sphären, dein Erscheinen Johannes auf Erden, macht das Sein so neu, sinngebend und hoffnungsvoll, bist du doch Elija, der wiederkehrt zum Ende der Weltentage.
Gepriesen sei der Herr, gepriesen sei der Prophet Maleachi, der das Wort deiner Wiederkehr der Welt gab. Ja, komme endlich Elija, auf daß das Blut

der Gerechten trockne, auf daß die Schreie der Gequälten verstummen. Ja, komme endlich Elija, auf daß die Unwelt Satans gestürzt wird.

Oh Johannes,
nie war ich der Held, wie es geschrieben steht.
In Pein und Ängsten, in Schmerz und Verzweiflung war mein Leben.
Bereit aber war ich, für die Erlösung zu leiden. So tat ich, was getan sein mußte.
Nun aber ist die Zeit des Verharrens vorüber und große Kraft steigt in mir auf.
Ich bin glücklich wie ein Kind im Mutterschoße und erwarte mit Strahlen der Freude meine Niederkunft. Johannes, unser Bruder und Feldherr, viele Worte hast du empfangen von den Höchsten der Himmel, nur dieses laß mich dir berichten:

Du, der du so oft an deiner Berufung gezweifelt hast,
weißt du, daß du die Engel zum Jubilieren bringst?
Weißt du, daß die größten Propheten zu neuem Sein erwachen?
Weißt du, daß Jochanan sein schweres Werk nun mit neuem Mut vorantreibt?
Weiß du, daß du der leuchtende Strahl von der Erde zum Himmel bist?

Gott gebe Kraft und Segen in das Werk des Elija-Johannes, auf daß das Leid getilgt werde.

Amen.«

»Dieses bedenkt, wenn sie über mich und
mein Wort urteilen:
Ich stehe dazu, den Menschen zu dienen.
Ich stehe dazu, die Menschen zu lieben.
Ich stehe dazu, die Menschen zu lehren,
doch ich stehe nicht in der Schuld der Menschen.
Bedenkt es, wenn sie jetzt ihre vielen kleinen Urteile
über mich sprechen, und wenn sie einst ihr großes
Urteil über mich fällen.«

Johannes der Täufer, Februar 1998

Der Prophet Joël

Der Prophet Joël (hebr. = Jahwe ist Gott) läßt sich zeitlich schwer einordnen, lebte aber wahrscheinlich in der ersten Hälfte des 4. Jahrhunderts v. Chr. Sicher ist, daß der Name seines Vaters Petuel (hebr. = Jahwe allein ist der Herr und Gott) war.

Seine Wirkenszeit war geprägt von festen Bahnen im religiösen Bereich, wie auch im gesellschaftlichen Leben.

Korrekte kultische Abläufe regelten den Gottesdienst und die tolerante persische Oberherrschaft garantierte konstante politische Bedingungen.

Als eine verheerende Heuschreckenplage das Land heimsucht, wird das Volk Juda so notleidend, daß es selbst die vorgeschriebenen Opfer im Haus des Herrn nicht mehr darbringen kann.

In dieser verzweifelten Situation tritt Joël mit der Botschaft Jahwes in Jerusalem auf und verlangt Umkehr mit ganzem Herzen zum Gott Israels.

Die Zerstörung durch die Plage war erschreckend und das Volk mußte unbedingt erkennen, daß dies das Gericht Gottes war. Doch die Hauptbotschaft Joëls für das erwählte Volk Israel war, daß mit dem Tag des Herrn ein größerer Tag des Gerichts über Zion kommen wird.

Joël prophezeit, daß Gott vor dem Ende der Zeit seinen Geist ausgießen wird, Träume und Visionen werden zunehmen; doch danach kommt das Endgericht mit Naturkatastrophen und vielfältigen Zeichen und Erscheinungen an Himmel und Erde. Die Sonne wird sich verdunkeln und der Mond in Blut verwandelt. An diesem Tag wird Jahwe wiederkommen und zu Gericht sitzen über die Feindvölker Israels.

Am Ende steht jedoch das Heil derer, die Gott treu geblieben sind.

Nachfolgend einige mediale Botschaften des Propheten Joël:

Juli 1998:

»Ich neige mein Haupt
vor der Herrlichkeit Gottes,
vor dem Sohne und dem Heiligen Geist.

Ich neige mein Haupt vor **dem**, *der eins ist mit dem Sohne, Johannes der Täufer.*

Dir mein Freund gebe ich dieses Wort in Achtung vor dir.
So gebe ich es in der Glut des Geistes der Erhabenheit:

Vor Urzeiten, in denen nur Geist war,
erhob sich eine Gewalt und der Vater nannte sie **Kraft des Geistes.**

Vor Urzeiten, in denen nur der **Geist** *und die* **Kraft des Geistes** *waren,*
erhob sich ein Bildnis, das der Vater **Wissen** *nannte.*

Vor Urzeiten, in denen nur **Geist, Kraft des Geistes** *und* **Wissen** *waren, erhob sich eine Sonne, die Er* **Licht** *nannte.*

Und so erkannte **Er** *sich.*
Und so ist **Er** *und so lebt* **Er** *in Herrlichkeit.*

Und alles was wurde,
gebar sich aus diesen drei Kräften des **EINEN GEISTES**.
Alles was leben sollte, sollte in dieser **DREIEINHEIT** *leben,*
ja das Lebenssiegel dieses einen Lebens erhalten.

Dir mein Freund gebe ich Wort um Wort bis zu einem Ganzen:

> *Nun aber bestimmte* **Er** *Wesen, die dieses Leben regieren.*
> *Nun aber bestimmte* **Er** *Wesen, dieses zu formen in Herrlichkeit.*
> *Nun aber bestimmte* **Er** *Wesen, die er gebar aus sich.*

Ja, sie sollten sein wie ***Er:***

Voller Geist, Kraft des Geistes, Wissen und Licht.

So gebar sich die äußere Welt,
genommen aus der Kraft des Geistes.
In ihr konnte der Vater alle Dinge erfahren und geliebt werden.

Ihr gabt ihm den Namen **Adam**
und dem Ort gabt ihr den Namen ***Jerusalem.***

In dieser äußeren Welt, da lebte die **Kraft des Wissens.**
Dieses Wissen war gleich die Form des Ortes und war genannt **Eva.**

Es bevölkerten die Wesen die Welt.
Sie waren genannt die Erhabenen, das erwählte Volk des Herrn.
Nun aber sahen sie, wie geformt die geistige Macht wirkte und erhoben sich selbst zu Gott.

Luzifer, das Licht Gottes, ist gefallen in Hochmut und Eitelkeit.
In seiner Trennung von Gott gebar er die Form des Todes.
Er stürzte die Welt in alle Tiefen.
Er stürzte das Volk, die rechtmäßigen Bewohner dieser Welt, in Untergang und Verderben.
Er nahm ihnen den wahren Geist und Odem Gottes und gab dafür die Götzen der Elemente.
So ist das erwählte Volk Israel ein Volk zwischen den Welten.

Dir mein Freund als treuer Helfer.
Ich bete für den Segen auf das Werk des Johannes, denn er ist der wiedergekehrte Elija, der da alles wieder zurechtrücken wird.
Einziger, wahrer Gott,
dir ist der Geist, der Sohn und der Vater in Herrlichkeit.
Joël *Amen.«*

August 1998:

»So waren **Adam** *und* **Eva** *göttliche Gewalten, aber doch Form des Geistes. Doch Luzifer, der der Sonne glich, wollte diese Gewalten in die feste Form aus Stein und Fleisch und Blut bringen.*

Doch er, der das Licht Gottes genannt, wollte herrschen auch gegen den Einzigen und Allmächtigen.
Die Form Luzifers aber bringt Not und Verderben.

Einzig der Herr ist das Leben, denn er ist formloser Geist.

So sich der wahre Geist erhebt, sinkt das Dunkel der Welt.
So sich der wahre Geist erhebt, sinkt das Licht der Welt,
gehet die Sonne unter und erhebt sich der wahre ***DREI-EINE-GOTT****.*
So ist der Leib das Licht der Welt.
So ist die Welt des Lebens und Sterbens die Welt Luzifers.
So ist Erde und Mensch geschunden durch das gefallene Licht Luzifers.
Und wahrlich ich sage dir:
Ist das Leben Luzifers das Licht selbst, aber gedemütigt und gebrochen durch ihn selbst.
So ist nun das Licht die Versuchung selbst, und in ihr die Erkenntnis von Gut und Böse, vom reinen Licht und vom gebeugten Licht.

Überwinde deinen Leib, mein Freund.

Strecke die Lichtwelten Luzifers.

Verdamme das Licht Luzifers von dieser Welt.

Joël
Amen.«

November 1998:

»Ja, er kam und sah auf mich.
Und da er mich ansah, war mein Geist erweckt.

Ja, er kam und berührte mich.
Und da er mich berührte, war sein Feuer in mir.

Ja, er kam und sprach zu mir.
Und da er zu mir redete, erzitterte das All.

Sein Wort war in Ruhe und sanft seine Stimme,
aber es erbebten die Sphären und erschauderten die Wesen ohne Zahl.

Und er redete zu mir:
›Joël, es ist weder Zeit noch Ort, daß ich mich verberge.
Meinen Mantel will ich um dich legen, damit du mich erkennst.‹

Und ich erkannte, es war der **Mantel des Elija**.

Und da er seinen Mantel um mich legte, durchfuhr es mich wie ein Blitz und die Dämmerung meines Seins wurde zum lichten Tag.

Und abermals sprach er zu mir:
›Joël, erschrecke nicht!
Siehe, ich habe einen Bund mit dir geschlossen, noch ehe du im Leibe warst.
*Der Name deines Vaters *) ist Zeugnis und Zeichen für meinen Bund an dir.*
Stehe auf und gehe in das Haus, das ich für dich und deinesgleichen errichtet habe. Es ist der Hort der Propheten des Herrn: Eine feste Burg der Getreuen, errichtet aus dem Geist und den Taten der Aufrechten und Unerschrockenen.‹

Aber sein Wort bewahrte mich nicht, denn ich erschrak dennoch und stam-

melte verwirrt: ›Elija, warum hast Du mich erwählt, bin ich doch nur ein kleiner und törichter Prophet vor dieser Welt?‹

Und ehe ich es ausgesprochen habe, redete er wieder zu mir:
›Joël, was kümmert mich die Wertigkeit dieser Welt.
Vieles, was vor ihr klein ist, ist vor mir groß.
Viele, die sie verstoßen hat, sind mir heilig.
Aber wiederum habe ich viele verstoßen, die sie heilig nennt.

Joël, Joël, raube mir nicht Zeit und nehme mir nicht Kraft mit deinen Zweifeln an dir, denn all jene, die ich erwählt habe, sollen sich nicht klein machen vor dieser Welt und sollen nicht zweifeln an sich. Wer es aber dennoch tut, dem zürne ich.
Wisse auch dies: Mein Bund ist unauslöschlich. Wen immer ich erwählt habe, den habe ich erwählt. Und ich werde weder dem Erwählten noch der Welt Rechenschaft über meinen Bund ablegen. Dieses mein Wort werden weder Mensch noch Satan beugen.

Bewahre mein Wort,
halte meinen Bund,
trage meinen Mantel des Feuers,
denn Ort und Stunde habe ich festgelegt, wo dein Wort wiederum in dieser Welt erschallen wird.

Joël, mache dich auf und gehe in das Haus deinesgleichen, auf daß ich dich finde am Tage des Herrn und in der Stunde des Geistes, denn dein Wort soll den Weg Jerusalems wenden. Deine Rede soll wiederum sein von dem, der die Getreuen durch Feuer und Trübsal geleitet. Deine Stimme soll sich erheben für den, der den Aufrechten die Tränen abwischen wird am Ende der irdischen Zeit.‹

Euch, meinen Brüdern im Leibe, bekenne ich:
Ich Joël, senkte meinen Blick und wagte nicht mehr aufzusehen. Aber voller Freude und Zuversicht machte ich mich auf den Weg, denn wen das Wort und

die Liebe und das Feuer des Elija erfaßt hat, wird weder fehlen noch fallen noch zweifeln.
Ich Joël, gebe mein Wort und Zeugnis für die Kraft und Liebe des Gesandten der Allmacht.
Ich Joël, halte den Bund auf Ewigkeit.
*Ich Joël, sage euch: ›**Elija ist wiedergekehrt**, aber sein Name wird wiederum **Jochanan ben Sacharja** heißen.‹*

***Joël**, mit euch und dem Streiter des Herrn.*
Amen.«

*) ›Jahwe allein ist der Herr und Gott‹, lautet der Name von Joëls Vater.

»Aus ihrem Herzen haben die Menschen Gott verbannt,
aus ihrem Handeln und Tun.
So ist dieses Geschlecht eine leere Fleischeshülle geworden,
die nur in der Jagd nach dem Äußeren ihre
Erfüllung sieht.
Und die Menschen, sie jagen nach immer mehr
Zerstreuung und Betäubung ihrer Sinne.
Erkennt ihr dies nicht?«

Johannes der Täufer, Januar 1998

Der Prophet Maleachi

Der Name Maleachi (hebr. = mein Bote) bezieht sich möglicherweise auf seinen Sendungsauftrag und auf das Amt des Propheten. Es wird dahinter aber auch ein Deckname für Esra vermutet. Er ist vermutlich der Verfasser des kraftvollen Prophetenrufes, der die Bücher des alten Testaments beschließt. Es sind keine biographischen Einzelheiten über ihn bekannt. Über seine Zeit des Wirkens gehen die Meinungen auseinander. Manche datieren ihn in die zweite Hälfte des 5. Jahrhunderts v. Chr., viele Indizien sprechen jedoch für eine Wirkenszeit zwischen 480 und 450 v. Chr.

Der Name *mein Bote* birgt in sich das hebräische Wort *malak* = Engel, woraus sich auch die Form Malach-jah (= Engel des Herrn) ergibt. In dem Namen Maleachi wird auch eine kabbalistische Umstellung des Namens Michael vermutet, und tatsächlich läßt sich durch sein Prophetenwort vom Gerichtstage des Herrn eine geistige Entsprechung zum Wirken Michaels, gemäß der Offenbarung des Johannes, herstellen.

Nach der Rückkehr der Israeliten aus der babylonischen Gefangenschaft blieb die ersehnte messianische Zeitenwende aus. Nach dieser Enttäuschung wandte sich ein Teil der Gemeinde vom Glauben ab. Geistlicher und gottesdienstlicher Niedergang waren die Folge. Maleachi forderte daher Priester und Volk auf, nach den Gesetzen Mose zu leben.

Maleachi prangerte in Drohreden die Priesterschaft und deren Verderbtheit an und bezichtigte sie des Bundesbruchs mit Jahwe.

Mit kraftvoller Klarheit umschreibt er das Leben und die zukünftige Hoffnung der Gerechten im Gegensatz zu dem Fluch, der für die Abtrünnigen bereitsteht.

Maleachi ist der letzte der hebräischen Propheten und ein letzter warnender Bote für eine gottlose Generation.
Bemerkenswert ist der Verweis auf Elija und auf die Endzeit:

»Seht, ich sende meinen Boten; er soll den Weg für mich bahnen. Dann kommt plötzlich zu seinem Tempel der Herr, den ihr sucht, und der Bote des Bundes, den ihr herbeiwünscht. Seht, er kommt!, spricht der Herr der Heere« (Mal 3,1).

»Bevor aber der Tag des Herrn kommt, der große und furchtbare Tag, seht, da sende ich zu euch den Propheten Elija.
Er wird das Herz der Väter wieder den Söhnen zuwenden und das Herz der Söhne ihren Vätern, damit ich nicht kommen und das Land dem Untergang weihen muß« (Mal 3,23-24).

Maleachi erinnerte seine Generation daran, daß dem kommenden Gericht eine Zeit der Gnade vorausgeht, die durch das Kommen Elijas angekündigt wird. Der bedeutungsvolle Name Elija (hebr. = Jahwe ist mein Gott) weist auf einen von Gott gesandten Menschen hin.

Maleachi ist der einzige der sechzehn Propheten Israels und Judas, der Elija eine messianisch – eschatologische Rolle zuschreibt. Jesus nimmt sein Wort im Neuen Testament auf, wenn er lehrt, daß Johannes der Täufer mit Elija gleichzusetzen ist.

Auch der Erzengel Gabriel nimmt bei der Ankündigung Johannes des Täufers Bezug auf Maleachi.

So wird den Worten Maleachis zufolge mit der Wiederkehr Elijas die Sonne der Gerechtigkeit aufgehen und der Tag des Gerichts eingeleitet.

Nachfolgend eine mediale Botschaft des Propheten Maleachi:

Dezember 1998:

»Du sollst mein Bote sein, sprach der Herr Zebaoth.
Und sein Wort erfaßte mich gleich einem Windhauch in des Tages Dürre.

> *›Noch ehe ich mein Wort von dir nehme, sollst du Großes verkünden, denn ich will einen aussenden, der mir den Weg bereiten wird.*
> *Gehe von Mensch zu Mensch, von Platz zu Platz und von Ort zu Ort und sprich‹:*
> *›Der aber, der von mir ausgeht, wird kommen an einem Tage, da ihr voller Stolz und Hochmut in Sünde seid und mich verstoßen habt.*
> *Er wird sein gleich dem Feuer eines Schmelzers und gleich der Lauge eines Wäschers.*
> *Er wird sitzen und schmelzen.*
> *Er wird stehen und läutern.*
> *Er wird gehen und reinigen.*
> *Er wird tun was ihm geheißen, auf daß ich komme zum Gericht.*
> *So eile mein Bote und rufe ohne Unterlaß: Seht, der Herr wird euch senden Elija, ehe der große und schreckliche Tag seines Gerichts auf Erden kommt, denn Elija ist gesandt, die Gerechten vor dem Zorn des Herrn zu erretten.‹*

Und so bin ich gegangen, von Mensch zu Haus und von Dorf zu Stadt und alle Wege nach links und nach rechts, alle Pfade zum Ende des Horizonts und wieder zurück.
Aber niemand begehrte mein Wort. Ich schrieb es an Mauern und Häuser, ich schrieb es in Bücher, aber niemand richtete sein Auge darauf.
Und sie verlachten und verhöhnten mich und in den Gassen zeigten sie auf mich und spotteten:
›Seht, der Herr hat ihn gestraft und einen Narren aus ihm gemacht. Gebt ihm schales Wasser und faules Brot, damit er sich daran erwürge.‹
Aber das Wort des Herrn war in mir. Es kam mit der Sonne des Tages und blieb mit den Sternen der Nacht.
Und ich wartete von da an Stunde um Stunde und Tag um Tag auf den, den

der Herr durch meinen Mund verkündete. Doch die Tage des Sehnens und Hoffens wurden zu Tagen des bitteren Wermuts und mein Geist schied im Schmerz von dieser Welt, da ich Elija nicht fand.
Doch selbst im Geiste war meine Pein grenzenlos, denn der Spott und Hohn Satans bedrängte mich ob meiner Worte auf Erden. Er hieß mich Narr und Lügenprophet, Jahrhundert um Jahrhundert.
Aber der Herr ist unendlich und voller Gnade. Seine Wege weiß ich nicht, aber am Ende aller Wege wird sein Wort sein. Und so war es SEIN WORT, das die Finsternis der Welt zerriß an jenem Tage, da das Wort seines Boten am Jordan erschallte. Und ich hörte das Wort und wußte, daß es Elija ist. Und siehe, er nannte meinen Namen, da er sagte: Ich bin gekommen, um das Wort des Propheten Maleachi zu erfüllen.
Und mit diesem seinem Wort war mein Sein erfüllt von Seligkeit.
Doch Satan bedrängte mich abermals: ›Hoffe nicht du Narr und Lügenprophet, denn ich werde deine Weissagung mit Füßen treten. Diesem, der da schreit gegen mich, werde ich das Haupt vom Leibe reißen. Den aber, dem er vorausgeht, werde ich zu Tode bringen wie einen Dieb und Feind der Welt.‹

Doch meine Freude und Zuversicht an das Wort des Herrn wuchs Stunde um Stunde, da Elija am Jordan weilte und predigte und taufte. Und meine Seligkeit wuchs Tag um Tag, da der, den Elija ankündigte, auf Erden wandelte und predigte und das Reich des Herrn verkündete.

Doch Wermut war wiederum die Stunde, da der eine sein Haupt hingab und Galle der Tag, da der andere sein Haupt senkte am Kreuze.

Und wiederum fiel mein Sein in die Unendlichkeit von Trauer, Schmerz und Verzagtheit; Jahrhunderte, Jahrtausende.
Aber der Herr ist voller Liebe und Wahrheit, denn in der Finsternis der Welt reichte er mir die Hände seiner Erwählten und Gesandten. Und das Wort des EINEN und das Zeichen des ANDEREN waren stets bei mir.

Und wahrhaftig, wiederum erhebt sich eine Säule des Lichts aus der Finsternis der Erde. Und aus dem Strahl des Lichts ertönt erneut das Wort, das einst

am Jordan war: ›Maleachi, ich kehre zurück. Ich komme nun mit all der Kraft und all dem Feuer des Allmächtigen, um dein Wort zu erfüllen. Ich werde niederfahren an einem Tage, da sie voller Spott sind wider mich und die Propheten. Ich werde niederfahren zu einer Stunde, da Hochmut und Sünde wider den Herrn die Erde verfinstert.
Ich werde kommen mit Feuer und Schwert.
Ich werde sitzen und schmelzen.
Ich werde stehen und läutern.
Ich werde gehen und reinigen, auf daß ich jene finde, die der Herr erhöhen wird.‹

Oh du Bote des Herrn, höre meine Stimme:
›Johannes, der du wahrhaft Elija bist, ich danke dem Herrn Zebaoth und dir, der du gesandt bist vom Höchsten.
Nicht brauchst du mich zu rufen,
nicht bedarfst du, nach mir zu suchen, denn ich mache mich auf den Weg.
Ich gehe von Mensch zu Mensch, von Platz zu Platz und von Ort zu Ort, um zu verkünden, daß sich das Wort des Herrn erfüllt hat.
Wenn sie es abermals nicht hören wollen, werde ich wiederum wund sein um deinetwillen. Aber sie werden mich nicht abhalten. Wie ein Verwundeter und Geschlagener mache ich mich auf, um den Weg zu dir zu gehen. Und wenn ich mich mit letzter Kraft schleppe zu dir, es wird und muß sein.
Denn an deiner Seite zu stehen, ist das Gebot des Herrn und mein einziges Verlangen.‹

Maleachi,
dein Diener und Streiter im Namen des Herrn der Ewigkeit.

Ewig in Dank und Treue dem Allmächtigen.
Ewig im Kampfe wider den Satan.
Der Sieg Johannes ist dein – für Gottes Sein.
Amen.«

»Mein Zeichen lege ich in die Gerechten.
Mein Zeichen lege ich in die Leidenden.
Mein Zeichen lege ich in die Mutigen:

Die Rose der Nacht, die am Tage der
Geburt Jesu erblühte.«

Johannes der Täufer, Oktober 1997

Der Prophet Zacharias, Vater Johannes des Täufers

Zacharias (hebr. Sacharja = der Herr hat sich erinnert) ist der Vater Johannes des Täufers. Er war Priester der Klasse Abija. Sein Name enthält den Zusatz *Zadokide* und weist auf seine direkte Abstammung von Zadok hin. Zadok war Oberpriester unter David und Salomon. Seine Nachkommen behielten das Privileg des Hohenpriesteramtes auch nach der Kultreform.

Das Haus von Zacharias und seiner Frau Elisabeth befand sich in Ain Karem, am Stadtrand Jerusalems. Im Verständnis der damaligen Zeit galt die Familie als wohlhabend. Sie verfügte über stattliche Weinberge. Die tägliche Arbeit im Hause und in den Weingärten wurde von Bediensteten verrichtet. In Überlieferungen wird das Ehepaar als fromm und hilfsbereit gegenüber Bedürftigen geschildert.

Auf welche Weise Zacharias die Geburt Johannes des Täufers verkündet wird, erfahren wir unter anderem aus dem Lukas-Evangelium, vor allem aber aus dem *Johannes-Buch der Mandäer* sowie aus frühchristlichen Quellen. Der Evangelist Lukas schildert, wie dem Priester Zacharias während eines Rauchopfers im Tempel der Engel Gabriel erscheint und ihm die Geburt eines Sohnes ankündigt (Lk 1,11-13). Elisabeth war bisher Kindersegen versagt geblieben. Jetzt ist sie bereits jenseits des fruchtbaren Alters, eine Mutterschaft wäre nahezu ein Wunder. Der Engel nennt Zacharias auch den Namen des zukünftigen Sohnes: Er soll Jochanan heißen. Da er nicht glauben konnte, verlor er seine Stimme bis zur Geburt des Kindes. Nach der Niederkunft wird Zacharias von seiner Familie aufgefordert, dem Neugeborenen einen Namen zu geben. Zacharias schreibt auf eine Tafel: Jochanan – und erhält sogleich seine Stimme zurück. Aus Freude und Dankbarkeit stimmt Zacharias einen Lobgesang an. Dieses Benedictus ist bei Lk 1,68-79 wiedergegeben. Es heißt darin unter anderem: *»Und Du, Kindlein, wirst ein Prophet des Höchsten heißen. Du wirst vor dem Herrn hergehen, daß du seinen Weg bereitest und Erkenntnis des Heils gebest seinem Volk in Vergebung ihrer Sünden...«*

Der Erzengel Gabriel gewährt dem Vater tiefe Einsicht in die Mission seines Sohnes. So sei er bereits im Mutterleib vom Heiligen Geist erfüllt gewesen; er wird mit dem Geist und der Kraft des Elija auftreten und Gerechtigkeit predigen und dem Herrn den Weg bereiten (sh. Lk 1,15-17).

Auch Zacharias selbst wurde vom Heiligen Geist erfüllt und erhielt die Gabe der prophetischen Rede. Doch leider beläßt ihm das Schicksal nur noch wenig Zeit. Zwei Jahre nach der Geburt Johannes des Täufers wird er von den Soldaten im Auftrag Herodes d. Großen ermordet. Dieser ließ nach den beiden Neugeborenen Johannes und Jesus suchen. Während Jesus mit seinen Eltern nach Ägypten floh, forderte der Erzengel Gabriel das vorübergehende Verstecken Elisabeths und Johannes' in der Wüste. Herodes forderte von Zacharias die Preisgabe des verborgenen Aufenthalts. Als dieser sich jedoch weigert, wird er im Tempel erschlagen.

In den Apokryphen wird dann berichtet, daß wenig später die Priester in den Tempel gingen, um wie gewohnt den Segen des Zacharias zu empfangen. Sie fanden Zacharias, aber auch seinen Leichnam nicht an, jedoch zu Stein gewordenes Blut neben dem Altar. Zugleich erschallt eine Stimme im Tempel: *»Zacharias ist ermordet worden, und sein Blut soll nicht weggewaschen werden, bis sein Rächer kommt.«*

Im Matthäus–Evangelium 23,34-35 nimmt auch Jesus Bezug zu dem Martertod von Zacharias: *»...auf daß über euch komme all das gerechte Blut, das vergossen ist auf Erden, von dem Blut des gerechten Abel an* *bis auf das Blut des Zacharias, des Sohnes Barachias, welchen ihr getötet habt zwischen Tempel und Altar.«*

Die Ermordung Zacharias' wird in die Zeit 6-4 v. Chr. datiert. In den christlichen Kirchen ist die Verehrung der Eltern Johannes des Täufers eher gering. Die frühen Kirchenväter haben dafür gesorgt, uns einen gewissen Abstand zur Heiligen Familie zu wahren. Der Prophet Mohammed hingegen beließ Zacharias und Elisabeth die gebührende Ehre. Im Islam werden sie heute noch hochgeachtet. So ist das prunkvolle Grab des Zacharias Hauptheiligtum der Omayadenmoschee in Aleppo.

Nachfolgend zwei mediale Botschaften des Propheten Zacharias:

Juni 1998:

»Die geschundene Welt schreit zu dir.
Oh Mensch, der du liebst den Gott Baals.
Oh Mensch, kehre um!
Die Lämmer wurden geschlachtet von den Priestern.
Ihre Herzen entriß man ihnen, um zu dienen dir, meinem Gott.
Oh sündiger Mensch, sie treten Gott mit Füßen, zertreten sein Angesicht.
Oh du einzigstes Lamm Gottes, das du dein Blut vergießt.
Oh du einzigstes Lamm Gottes, Jesus Christus, das du einzig die Macht hast zu erlösen von der Sünde der Welt.

Pharisäer, wo ist dein Glaube?
Sadduzäer, wo ist deine wahre Erkenntnis der Schrift?

Mein Sohn Johannes, du entlarvst die Schlange der Schlangenbrut.
Wieder wirst du sein der Rufer in der Wüste.

Wurde euch bange, so er nur den Mund öffnete und euch entlarvte mit seinem Wort? Oh, habt ihr ihn gehaßt.

So sage ich euch: Ist er da! Wo aber seid ihr?
Zeigt euch ihr feiges Gesinde.
So er nun den Mund öffnet, wanken eure Herzen.
So er spricht, enthüllt er eure Falschheit.
So, du Schlangenbrut, rede jetzt, bevor er dir den Hals erdrückt.
So du Schlange selbst, öffne dein Maul, damit ich es mit Erde fülle.

Siehe, ich bin hier, nicht da.
Siehe jetzt auf Erden, nicht dort.

Meinem Sohn beraubtest du den Vater, mir meinen Sohn.
Satan, Herrscher dieser Welt, ich folge dem Sohne, dem Bruder des Vaters, denn ich bin mit ihm

des einen Volkes,
des einen Stammes,
der einen Sippe,
des einen Blutes und Leibes.

So zeige dich, Satan.
Mein Zorn wird dich verfolgen bis ich dich finde.

Zacharias
Amen.«

Juli 1998:

Anmerkung:
Nachstehende Botschaft richtet Zacharias an Elisabeth, seine damalige Frau. Die Botschaft wurde empfangen von einer Frau, die vom Geiste Elisabeths erfaßt ist.

»Meine Liebe,

ich möchte dir sagen, daß ich in ewiger Liebe mit dir verbunden bin, mit deinem edlen Geist und auch mit deinem irdischen Leib, den du jetzt erwählt hast, um unseren wiedergekehrten Sohn Jochanan zu begleiten.
So will ich mit dir sein und mit ihm auf seinem neuen schweren Weg der Vorbereitung Christi.
Wollen wir beide unserem Sohn Jochanan Kraft und Liebe geben.

Du Satansbrut,
hast mir genommen die Zeit meines heranwachsenden Sohnes, des Kindes, der Jugend und Reife seines Lebens.

Du Satansbrut,
hast mir genommen meines Sohnes Liebe.

Du Satansbrut,
hast mir genommen mein Weib und ihr meinen Beistand.
Verjagt hast du meine Liebe mit meinem Sohne in die Wüste.
Doch wirst du Schlangenbrut erdrückt werden vom Lichte.
Nicht verbergen kannst du dich.
Im Lichte der Wahrheit wirst du deinen Tod erblicken.
So wirst auch du gejagt werden, bis das Licht dich erdrückt.

Die Zeit ist nahe, und ich werde bei dir sein mein Weib und unserem Sohne Jochanan, auf daß ich euch geben kann, was die Satansbrut euch genommen.

Die Zeit ist nahe, und ich werde kämpfen und mein Leben geben, wie ich auch dereinst tat im Tempel zu Jerusalem. Ja, ich tue es wieder und gerne, denn nach Jochanan wird kommen der Herr Jesus Christus als Erlöser. Zuvor aber werden wir Streiter sein für Jochanan, den Bezwinger Satans.

Amen
Zacharias.«

»Die Menschen werden mich verjagen,
denn sie sind getrieben vom Ungeist.
Der Satan und die Seinen werden mein
Wort und Werk besudeln,
Sie werden es schänden und zerstören.
Doch es wird nicht untergehen,
sondern auferstehen.«

Johannes der Täufer, März 1998

Elisabeth, Mutter Johannes des Täufers

Elisabeth (Elischeba; hebr. = Gott ist Fülle), Frau des Zacharias und Mutter Johannes des Täufers. Sie stammte in direkter Linie von Aaron (Bruder Mose und höchster Priester) ab und führte darum auch den Namen ihrer Stammutter und Aarons Frau, Elischeba.

Sie lebte mit Zacharias in Ain Karem, einem Dorf am Rande Jerusalems, wo sie ein stattliches Weingut betrieben.

Elisabeth und Maria, die Mutter Jesu, waren Cousinen. In der Liebe und Fürsorge Elisabeths findet die junge Maria die Führung und Geborgenheit, in der sie sich innerlich fassen kann. Als Maria von ihrer Schwangerschaft erfuhr, suchte sie Elisabeth in Ain Karem auf. Diese war bereits im siebten Monat guter Hoffnung. Als Maria ihre Schwangerschaft offenbarte, hüpfte das ungeborene Kind im Leibe Elisabeths vor Freude. Die katholische Kirche erinnert an dieses Geschehen mit dem Gedenktag *Mariae Heimsuchung.*

Als Elisabeth ihren Sohn gebar, bestand sie darauf, ihm den Namen Jochanan (= Johannes) zu geben. Ein Name, der nicht in der Familientradition stand.

Nach dem *Wassermann-Evangelium* floh Elisabeth mit ihrem Kinde später ebenfalls nach Ägypten, wo sie mit Maria und Jesus vereint wurden und von Lehrern des ägyptischen Zweiges der Essener geschützt und über die göttliche Sendung beider Kinder ausführlich unterrichtet wurden.

Nach dem Tode von Herodes Archelaus (Sohn Herodes d. Großen, der die beiden Kinder noch immer suchte), kehrten Elisabeth und Maria mit ihren Kindern nach Judäa zurück.

Als Johannes zwölf Jahre alt war, verstarb seine Mutter. Er war somit Vollwaise.

Nachfolgend eine mediale Botschaft von Elisabeth:

Oktober 1998:

»Mein geliebter Sohn,
ich segne dich mit dem Zeichen des Kreuzes unseres Herrn Jesus Christus.
Es ist das Lamm, das sich geopfert hat in der Finsternis.
Du aber bist das Zeichen des Schwertes, das ausgeht vom Lamm.
So reiche ich dir den Kelch des Gral.
Trinke daraus mein Sohn, denn deinem Zeichen wird allerhöchste Kraft verliehen.
Trinke in Demut, Liebe und Vertrauen und das Zeichen deines Schwertes Christi wird unbesiegbar sein.
Sehet ihr Menschen, die Nebel des Todes legen sich über diese Welt.
Keiner kann dem göttlichen Gericht entrinnen.
Ein schreckliches Kampfgetöse wird sein mit Wasser, Feuer, Licht und Dunkel.
Die Kraft des Gral wird dir und den Streitern des Lichts zum Schutze werden.
Vertraue Jochanan, mein Sohn,
unter dem Schutz der Allmacht wird der Plan seinen Lauf nehmen.
Doch die Diener Satans und Anbeter der Götzen werden euch verfolgen, und für das Grauen wird es keinen Namen geben.
Aber erfüllen wird sich, was geschrieben steht.
Und so wisse, daß du und die deinen im Schutze des Vaters, des Sohnes und des Geistes sein werden, auch in den Stunden der Verfolgung.
Meine Liebe gehört dir, mein Sohn Jochanan ben Sacharja und denen, die mit dir und dem Lamm sind.
Meine Begleitung, und die der Mutter Gottes Maria darf ich verkünden.
Dein Vater Zacharias steht an deiner Seite. Bereit ist er wie viele, den Satan zu verfolgen, bis sein Bann über Erde und Mensch gebrochen ist.
Ich segne dich immerdar.
Elisabeth, dein Mutterherz, das nun zu kämpfen beginnt für die, die fest stehen in Gott.

Elisabeth, *Amen.«*

*»Ich sage euch: Der Gott des Propheten Mohammed
ist der Gott Abrahams.
Der Gott Abrahams aber ist auch der Gott
der Propheten des Hauses Israel,
mein Gott und der Gott Jesu Christi.
Mißachtet nicht den großen Propheten und
verwerft nicht seine Brüder, damit ihr nicht
verworfen werdet von dem Einen Gott.
Was aber ist geschehen, da mein Wort und Zeugnis von Jesus
Christus nicht in seinem Buche ist?
Oh du Prophet des Herrn, laß mich dir wiederbringen
mein Zeugnis über ihn. Wäge und prüfe es mit
deinem großen Geist.«*

Johannes der Täufer, November 1997

Der Prophet Mohammed,
Gründer des Islam

Mohammed (arab.= der Gepriesene) wurde 570 n. Chr. in Mekka geboren. Er starb im Jahre 632 in Medina. Beide Orte gelten im Islam als heilig. Bereits als Knabe verlor er seine Eltern und wurde von einem nahen Verwandten aufgenommen. Mit 24 Jahren heiratete er eine wohlhabende Kaufmannswitwe. Etwa im 40. Lebensjahr kamen ihm die ersten Erleuchtungen. Er vermochte kaum zu glauben, daß die Visionen und Botschaften, die er erhielt, echt seien. Warum hatte Gott ihn auserwählt? Aber die Botschaften kamen immer und immer wieder, sie wurden ihm vom Erzengel Gabriel überbracht und ließen ihn nicht zur Ruhe kommen. Er erkannte, daß er zum Propheten Allahs berufen war. Mit seinem Gotteswort war er zunächst Hohn und Spott ausgesetzt, die ihn in tiefe Niedergeschlagenheit versetzten. Seine Charakter- und Willensstärke setzten sich aber durch. So war es eine unglaubliche Leistung, daß er eine neue Nation aus den sich ständig bekriegenden arabischen Stämmen schmiedete.

Die Religion der Araber bestand aus einem komplizierten Polytheismus, durchzogen von Strömungen von Animismus, beispielsweise dem Kult heiliger Steine.

Mohammed predigte seinen heidnischen Mitbürgern den strengen Monotheismus, wonach Allah (= der barmherzige, erbarmende Gott) der einzige zu verehrende Schöpfer sei. Seine Lehren und Offenbarungen wurden später von Schreibkundigen aufgezeichnet und bilden heute den Koran (= Verkündigung), eingeteilt in 114 Suren, teils prophetischen, teils gesetzgeberischen Inhalts. Der

Prophet Mohammed lehrte den Glauben an das zukünftige Leben nach dem Tode und die Vergeltung der guten und bösen Taten in Paradies und Hölle, wobei das Gericht Gottes die Menschen zu ewiger Seligkeit oder Verdammnis bestimmt.

Der wohl wesentlichste Unterschied des Islam (arab. = Gehorsam zu Gott) zum Christentum ist, daß Jesus Christus nicht als Sohn Gottes und Erlöser anerkannt wird, sondern mit dem Namen Issa ben Yussuf (= Jesus, Sohn des Joseph) lediglich als großer Prophet verehrt wird.

Der Koran ist ein faszinierendes und lehrreiches Gotteswort aus dem Munde des Propheten Mohammed. Seine große Wirkung als Bild des Transzendenten steht außer Zweifel. Streng genommen kann der Koran nicht übersetzt werden, denn er ist die konkrete Manifestation von Gott. Er vermittelt zugleich Ehrfurcht und Poesie, die selbst bei Übersetzungen nicht verloren geht. So etwa im folgenden Text, wo das Gottesgericht über Mensch und Erde geschildert wird:

»Wenn die Sonne zusammengefaltet wird
und die Sterne herabfallen
und die Berge sich fortbewegen
und die schon zehn Monate trächtige Kamelstute der Milch entbehrt
und die wilden Tiere zusammenlaufen
und die Meere in Flammen aufgehen
und die Seelen sich mit den Körpern wiederverbinden
und wenn man das lebendig begrabene Mädchen befragt,
wegen welchen Verbrechens man es getötet hat,
und wenn die Bücher offengelegt
und die Himmel weggezogen werden
und wenn die Hölle lichterloh brennt
und das Paradies nahe gebracht wird,
dann wird jede Seele wissen, was sie getan hat.«

Von dem Propheten Mohammed liegt uns nur eine Botschaft vor, die nachfolgend wiedergegeben wird:

Juli 1999:

»Ich folgte dem Ruf meiner Erzväter und fand die Stätte der Propheten.
Euch aber bin ich noch fremd, wie euch fremd sind die Nomaden der Wüste.
Ich wandelte Tage und irrte Nächte, denn auch ich vernahm die Stimme des Herrn, die da schrie:

> *›Gehe hin und bringe ihnen mein Wort,*
> *denn ich habe gepflanzt und werde entreißen, was keine Frucht ist.*
> *Zur Blüte aber will ich drängen, was gediehen in meinem Geist.‹*

So ging ich und sprach an den Plätzen. Satan war mein steter Begleiter, und ich fühlte den Schmerz des Leibes und die Not in der Nacht, da er mich bedrängte.
Mein Name ist Muhammad und mein Wort ist wiedergekehrt, auf daß Frieden werde zwischen den Stämmen Jakobs und Ismaels.

Satan, du hast mir geraubt meine Familie. Du hast mich verspottet in der Wüste und in den Straßen der Städte. Siehe, mein Leib war schwach und mein Geist müde, und doch kehre ich wieder und fordere im Zorn, was du mir entrissen.

Ich bin gegangen leidvolle Wege und schmerzvolle Pfade, so habe ich nicht die Kraft, erneut zu erstehen in Fleisch und Blut. Doch höre Yahia, ich will einbringen die Kraft meines Geistes in dein erhabenes Werk der Freude.

Nicht kehre ich wieder im Leibe und doch bin ich eingekehrt in rastlosen Tagen und irrenden Nächten im Hort der Propheten.

Mein Wort zeugt vom Geist,
mein Geist zeugt von der Liebe,
meine Liebe zeugt von dem Einen Gott.

Ich hörte ihn, doch ich verstand nicht. Ich war berührt, doch ich erfühlte ihn nicht.
Es war der Geist und die Liebe des Yahia, der mit mir stritt, wenn Satan mich bedrängte. Und Yahia war meine Linderung im Schmerz.
Dies habe ich erkannt, doch lange nach dem mein Fleisch verging.

Yahia so wisse:
›Wie ich dich liebe, liebt dich der Bund.
Du bist die Hoffnung und Erfüllung, das Vermächtnis der Erlösung.
Ringe nieder des Satans Macht, auf daß der Geist unseres Einen und Großen Gottes herniedersteige,
denn es riefen mich meine Väter in den Hort der Propheten.‹

Muhammad, *in Liebe zu dir und zum Bunde.«*

Anmerkung:

Yahia ist der Name Johannes des Täufers im Islam.

Ismael ist der Sohn von Abraham und Hagar. Sohn und Mutter wurden jedoch von Sara, der Frau Abrahams, vertrieben, nachdem sie selbst ihren Sohn (Isaak) gebar. Näheres hierzu unter dem später folgenden Kapitel *Ismael*.

Im Islam gilt Ismael als der Stammvater der arabischen Völker. Jakob, Sohn des Isaak, hingegen ist bekanntlich Stammvater der zwölf Stämme Israels.

Die kultisch-religiösen und politischen Gegensätze zwischen Israel und den arabischen Völkern haben ihre tiefere Wurzel in der Vertreibung Ismaels und seiner Mutter Hagar. Der vermeintlich kluge und weltoffene Mensch der modernen Welt findet hierzu kaum Zugang, da ihm die Schlüssel der Geheimnisse in seiner ›Ratio‹ verborgen bleiben und er das Alte Testament bestenfalls noch als ›Geschichtsbuch der Juden‹ anerkennt. Die Vertreibung Ismaels ist aber mehr als nur Symbolik für die Eifersüchteleien und Zwistigkeiten unter den Völkern der Welt; sie ist vielmehr Tor in die Mystik von Menschheit und Wort Gottes.

In einer Botschaft aus dem Jahre 1998 gibt Johannes der Täufer ein tiefes Bekenntnis zu Ismael ab. Er sagt wörtlich:

»Der verstoßene Sohn des Abraham ist rein in seinem Geiste und edel in seinem Herzen. Das Tor will ich ihm öffnen zurück zum Vater seines Leibes und zu den Brüdern seines Geistes. Wohl aber werden viele, die sich für gerecht halten, Vergebung erbitten müssen von ihm. Er wird sie geben, denn er ist edel und rein. Nahe ist er meinem Herzen.«

Der Priesterkönig Melchisedek

Melchisedek (hebr. = legitimer, rechtschaffener König) war heidnischer Priesterkönig von Salem. Wir wissen über ihn hauptsächlich aus dem Buch Mose. Moses nennt ihn *»Priester Gottes des Höchsten«* (1. Mose 14,18-20). Die Ortsbezeichnung Salem ist mit großer Wahrscheinlichkeit dem späteren Jerusalem gleichzusetzen.

Melchisedek galt in der religiösen Literatur stets als mysteriöse Erscheinung. Er hatte weder Vater noch Mutter. So wurde er zum Symbol autogener Kraft.

Bedeutend ist die Begegnung Abrahams mit Melchisedek. In seinen Siedlungsabsichten wurde Abraham von anderen Volksgruppen bedrängt und bekämpft. Nach seinem entscheidenden Sieg über Kedor-Laomer (Herrscher von Elam) wurde Abraham von Melchisedek mit Brot und Wein begrüßt und erhielt den Segen des Priesterkönigs. Unter seinem Schutz konnte nun Abraham mit seiner Sippe in Frieden leben. Dafür erhielt Melchisedek den Zehnten von Abraham.

In Ps 110,4 gibt es einen interessanten Hinweis. Hier wird im Blicke auf den kommenden Messiaskönig aus dem Hause David von Gott verkündet: *»Du bist ein Priester ewiglich nach der Weise Melchisedek.«*

Nach den Schriftrollen vom Toten Meer sahen die Essener in Melchisedek einen hohen Engel, der richtend über alle anderen Engel steht, und in der Zeit des Endgerichts die Kinder des Lichts von Belial (= Herr der Finsternis, Satan) erretten wird.

Auch im Neuen Testament wird Melchisedek in seiner ewigen Bedeutung gewürdigt. Im Hebräerbrief heißt es über ihn: *»Er ist* *ohne Vater, ohne Mutter, ohne Stammbaum, und hat weder Anfang der Tage noch Ende des Lebens. So gleicht er dem Sohn Gottes und bleibt Priester in Ewigkeit.«*

Nachfolgend einige mediale Botschaften von Melchisedek:

Dezember 1998:

»Ich grüße meinen Freund und Bruder Johannes,
der da heißt Johannes der Täufer aus eurem Munde.
Ich warte deines Rufes Jochanan, du Sohn des edlen Zacharias.
Ich warte darauf, an deiner Seite zu gehen.

So höre ich deinen Ruf,
so sehe ich deinen steinigen Weg.
Doch sehe ich auch, es ist der Weg zum Allerhöchsten.

Dir Begleiter und Mitstreiter zu sein gegen die Kraft
und den Bann Satans über die Welt, ist meine große Ehre.

Ergeben dir und dem Bunde zum Ruhme des Allmächtigen.
Melchisedek
Amen.«

März 1999:

»Du sollst mir nicht den Zehnten geben,
niemand braucht ihn mehr für dieses Leben.

Gesegnet bist du Jochanan.
Gesandt bist du von Gott.
Dein Auftrag soll begonnen sein.

Schutz will ich dir sein an deiner Seite,
der du den Weg ebnest für Jesus Christus.

Du bist geschützt auf allen Wegen
durch des Höchsten Macht und Segen.

Dir mein Freund bin ich Begleiter
und bleibe bei dir als Priester und Streiter.

Gesegnet bist du Jochanan und der Bund,
der die Erlösung bereitet durch deine Kraft.

Erst deiner Kraft wird folgen das Lamm,
der Erlöser, der Geist Christi.

Melchisedek
Amen.«

»Ich bin Melchisedek und spreche zu meinem Bruder Jochanan.

Die Welt nennt dich ›Johannes der Täufer‹.
Ich aber nenne dich ›Johannes der Reine‹.

Gepriesen seist du im Namen des Herrn,
gesegnet in seinem Zeichen.

In Liebe, Kraft und Reinheit stehst du bereit,
um zu brechen des Satans Macht.
Heere des Himmels ziehen mit dir,
Jesus Christus gab dir seinen Schwur.

Bereit steht zur Erlösung der Seelen in Anatot Gottes Feld,
auf daß sie sich sammeln, um Satans Welt zu verlassen.

In Bereitung der Wesen auf die Erlösung.
Im Kampfe mit dir gegen die Finsternis.
In Erfüllung des Werkes für Jesus Christus.
Zur Gnade am Tage des Gerichts

werde ich dir Begleitung sein und deine Kraft wird nicht enden.
Zur Ehre Christi.
Zum Ruhme des Vaters.
In Friede und Liebe

Melchisedek
Amen.«

»Ihr schaut milde und voller Sanftmut,
doch euer Angesicht ist härter als Fels.
Ihr sprecht von Sanftmut der Herzen,
doch eure Herzen sind zu starren Klumpen geworden.
Ihr windet und wendet euch wie ihr wollt.
Ihr nennt euch demütig und wissend,
doch gegen das Wort der Wahrheit begehrt ihr auf
und mault wie die Esel.«

Johannes der Täufer, März 1998

Der Apostel Johannes

Der Apostel Johannes (hebr. = Gott ist gnädig) war der Sohn des Fischers Zebedäus und arbeitete mit seinem älteren Bruder Jakobus bei seinem Vater. Seine Mutter Salome war eine Schwester Marias, der Mutter Jesu. Der Apostel Johannes ist mit größter Wahrscheinlichkeit mit dem Seher von Patmos, dem Johannes der Offenbarung identisch.

Unter den Jüngern Jesu soll Johannes der jüngste und Jakobus der älteste Apostel gewesen sein.

Johannes war ein Jünger des Täufers, bevor ihn dieser zu Jesus sandte. Er wurde zusammen mit Andreas einer der ersten Jünger Jesu. Petrus, Johannes und Jakobus nehmen unter den Jüngern eine besondere Stellung ein. Die drei gehörten zum inneren Kreis und wurden später die Wortführer der Gemeinde Jerusalems. Sie waren bei der Auferweckung der Tochter des Jairus ebenso dabei wie bei der Verklärung Jesu auf dem Berge Tabor und im Garten Gethsemane. Einem der Berichte zufolge waren es Johannes und Petrus, die Jesus vorausschickte, um für den Einzug in Jerusalem eine Eselin zu besorgen. Die beiden waren auch die ersten, die am leeren Grab Jesu eintrafen.

Gerade in der Leidenszeit des Herrn hebt sich Johannes durch seine liebende Treue und Solidarität zu Jesus besonders hervor. Er begibt sich zusammen mit Petrus zu dem Hohenpriester Kaiphas. Während Johannes mutig in das Haus des mächtigen Widersachers eintritt, verweilt Petrus noch abwartend und zögernd im Vorhof.

Der Apostel Johannes ist nach den frühchristlichen Überlieferungen auch der einzige Apostel, der mit Maria unter dem Kreuze stand. Der sterbende Jesus hat seine Mutter dem Schutze und der Führung des Apostels Johannes anvertraut. Dies spricht für eine enge Verbindung zwischen Jesus und Johannes.

Johannes verließ Palästina und lebte lange Zeit in Ephesus. Von hier aus leitete er die sieben christlichen Gemeinden Kleinasiens. Zum Ende des ersten Jahrhunderts n. Chr. unter Kaiser Domitian setzte die Christenverfolgung mit großer Härte ein. Viele Christen wurden getötet, andere gingen wegen ihres Glaubens in den Kerker. Johannes selbst wurde auf die Insel Patmos verbannt.

Die Pflicht, den Kaiser anzubeten, nahm den Christen jede Hoffnung. In dieser Zeit empfing Johannes in einer geheimnisvollen Vision die Offenbarung Jesu Christi für die Endzeit. Er bezeichnet sich darin als Knecht des Herrn.

Unter Kaiser Nerva wurden die Gesetze gegen die Christen aufgehoben. Johannes kehrte wieder nach Ephesus zurück und wurde Nachfolger des verstorbenen Bischofs Timotheus. Er schrieb oder diktierte dort sein Evangelium. Hierin bezeichnete er sich als *der Jünger, den Jesus lieb hatte.*

In den drei Briefen, die ebenfalls in Ephesus entstanden, warnt Johannes vor der Gefahr, aufkeimendes Gedankengut der Philosophien jener Zeit mit dem christlichen Glauben zu verflechten. Den oder die Verführer dieser Welt bezeichnet er darin als *Antichrist.*

Johannes starb zu Beginn der Regierungszeit Kaiser Trajans um das Jahr 100 n. Chr. im hohen Alter eines natürlichen Todes. Er ist unweit von Ephesus begraben. Auf seinem Grab wurde später durch den römischen Kaiser Justinian eine Kirche erbaut.

Neueste Forschungen gehen davon aus, daß der Apostel Johannes von Jesus ausersehen war, die Kirche Christi zu erbauen. Von allen Jüngern war Johannes dem Gedankengut Jesu und seiner Lehre am nächsten. Die Frühkirche nahm ihm jedoch diese Stellung wieder ab. Die wahre Bedeutung des Apostel Johannes wird erst in

Zukunft zur Geltung kommen. So soll die neue und kommende Kirche auch die Kirche des Johannes sein.

Das Johannes-Evangelium, die drei Johannes-Briefe und die Offenbarung des Johannes können mit hinreichender Sicherheit einem Verfasser zugeordnet werden, dem Apostel Johannes.

Nachfolgend einige mediale Botschaften des Apostels Johannes:

Mai 1998:

»Des Geistes Kraft ist euch gekündet,
des Geistes Wirken ist euch gekündet,
des Geistes Heil ist euch gekündet.

So grüße ich euch, die ihr mein Wort hört.
So werdet ihr wenige bleiben, doch die Auserwählten kennen keine Massen.

Der Herr sei mit euch.
Der Herr ist mit euch Menschen durch seinen Streiter **Johannes den Täufer.**
Er bereitet sein Wort unter euch, um euch zu festigen im wahren Glauben an Jesus Christus, den wahren Sohn Gottes.

So lege ich Bekenntnis ab für seinen Dienst am Herrn **Jesus Christus**.
So lege ich Bekenntnis ab für seinen Bruder **Johannes den Täufer**, *denn sie sind des einen Geistes,*
sie sind der einen Liebe,
sie sind der einen Wahrheit.

Wer Johannes hört, hört Jesus Christus.
Wer Johannes hört, liebt das Lamm Gottes.
Wer Johannes vertraut, vertraut in die Allmacht des Herrn.

So diene ich in großer Freude.

Ich künde an eine Schreckenszeit der Menschen.
Ich künde an den Geist, der euch erfüllen wird.
Ich künde an die Last, die wieder mit unmenschlicher Kraft gegen euch Krieg führen wird.

Mein Wort zu geben, ist äußerster Kampf gegen die Dunkelheit, denn jeder von euch ist beschattet von Dämonen mit gewaltiger Kraft.

Ich künde euch noch Streiter im Geiste. An ihrer Spitze unser Bruder Petrus. Jeder Jünger ist am Werk beteiligt und noch viele mehr. So ihr im geistigen Gewande seid, wird ihre Hilfe kostbar für euch sein. Ihre Freude am Werk ist unermeßlich.

Ich künde euch den wahren Geist, denn lest das Vergangene, so lest ihr das Künftige. Haltet euch bereit.

Der Krieg wider den Satan, der Vollstrecker, der Herr ist da.

Mit Gottes Gnade werden wir dann in der Kraft des Vaters sein. Das Wort ist Geist und Gnade zugleich. So er es schreibt in euer Buch des Lebens, werdet ihr wahre Erfüllung sein.

So kennt die Bitternis:
Jeder Tag, der verstreicht, ist Schmerz dem Geist.
Die Gnade ist erfüllt.
Die Zeit erreicht,
der Gnade ihr Ende.

Wir bereiten unseren Kampf. Aufgaben sind derer viele.
Ich grüße euch im Namen des Herrn.
Am 3. Tage der Zerstörung der Erde wird sich in Leid und Qual der Geist erheben, wird sich des Geistes Kraft finden.
Gehet hin in Frieden.

Johannes, der die Offenbarung des Herrn niederschrieb
Amen.«

Mai 1998:

»Ich bin Johannes, das Wort des Herrn.
Ich bin der, der den Tod der Welt gekündet.

Es werden die Wasser brechen, der Mauer Stein.
Es werden die Feuer brennen, der Erde Gras.
Es werden die Tiere fressen der Menschen Leib.
Es wird die Dunkelheit das Licht erdrücken.

Doch es ist noch nicht bereitet der Retter Geist.
Es muß sein ein Heer derer,
die das Feuer bannen,
die den Wassern gebieten,
dem Sturme drohen,
auf daß geschützt wird des Bruders Kind.
Keine Arche wird da sein, den Menschen zu bergen.

Ohnmacht aber wird die Unreinen schlagen,
denn ihr Leib kann nicht ertragen der Allmacht Licht.
Es werden tausend Blitze herniederfahren. Jeder Blitz ist das Licht der Geisteswehr. Und sie werden die Welt bevölkern und tragen das Licht des Lebens. Meine Worte werden Erfüllung finden. Haltet den Glauben an mein Vermächtnis.

Johannes,
den die Welt verlacht ob seiner Worte.
Doch das unmöglich Geglaubte wird sein.
In Liebe dem, der uns befohlen ist.«

Juli 1998:

»Das Blatt, ich füllte es mit den Worten meines Meisters Jesus Christus, doch den Geist nahm es nicht auf.
Ich grüße euch, denn die Erdenrunde ist gebannt.
Der Schlag Luzifers gegen das Licht zeichnet sich ab am Horizont.
Er hält an das Erdenrund.
Zerspringen werden Eis und Schnee.
Versinken werden Stadt und Land.
Vulkane werden hervorbrechen, wo noch keiner stand.

So halte ich inne, um euch zu berichten was ich sah,
was mir gezeigt aus dem Herzen des Herrn.

Daß er stieg in mich und sagte es:

›Der Geist wird wachsen und entzünden diese Welt.
Doch der Schlag Satans wird versuchen, euch zu treffen.
Seid gewarnt, sein Zorn ist groß.
Das Zeichen des Johannes wird am Himmel sein,
sehen wird es die Welt zugleich.
Kraft wird dieser Erde verliehen,
Kraft aber der Geist gewinnen.
Dunkelheit und leuchtende Sterne werdet ihr sehen.
Die Sterne wird aber niemand kennen.
Keiner wird wissen, wer sie sandte. Treffen werden sie die Welt.
Dieses ist der **erste** *Tag.*
Aber am **zweiten** *Tag wird Weinen und Trauer sein auf dieser Welt.*
Am **dritten** *Tage wird keiner wissen, was er essen oder trinken wird,*
und der **vierte** *Tag wird Seuchen und Tod bergen.*
Selig, der da glaubt, denn das Leben wird ihm zuteil.
Erst der **siebte** *Tag bringt Rettung.‹*

Mein Wort ist verzweifelt ob der Dinge, die geschehen werden.

Treuer Diener dem Herrn.
Amen

Johannes, der die Offenbarung des Herrn niederschrieb.«

August 1998:

»An den Leib des Johannes:
Ich grüße dich mein Bruder und doch bist du mehr,
bist du doch das Zeichen des Jochanan.

Der Friede des Herrn sei mit Dir.
Es wird kommen und sein, daß sie vom Felde kehren und zu Bett gehen.
Doch der Herr wird kommen über Nacht.
Er wird sie dann fragen:
›Wo ist euer bestes Gewand, daß ich euch mitnehmen kann?‹
Und sie werden sagen: ›Ich rechnete nicht mit Dir.‹
Er aber wird zu ihnen reden:
›Habe ich nicht meinen Boten vor mir gesandt? Höret ihr nicht seinen Ruf?‹
Und sie werden sagen: ›Wir wußten nicht, daß er von dir war.‹
Er aber wird ihnen wiederum antworten:
›Amen, Amen, das sage ich euch,
dieser ist's, der mir die Wege ebnet, die Berge glättet und die Täler erhöht.
Ihr aber seid ein sündiges Volk, und ich verstoße euch in die Finsternis.‹

Und es wird sein, daß sie kommen von der Synagoge und dem Gebet. Und auch sie werden schlafen, wenn der Herr kommt.
Auch sie wird er fragen:
›Wo ist dein Hochzeitskleid, dein Bräutigam ist da.‹
Und sie werden sagen: ›Ich habe schon geheiratet und das Festmahl ist schon bestellt.‹
Und der Herr wird sagen:

›Ich bin der wahre Bräutigam, aber euch will ich verstoßen von dieser Welt.‹

Und es wird sein, daß die, die den Weinberg statt zu pflegen, die Knechte und Mägde des Herrn verstoßen haben.
Und nun werden sie vor das Gericht geführt, an Ketten und Fesseln.
Und nun wird der Richter fragen:
›Was ist mit den Reben, sie sind verdorrt.‹
Sie werden sagen: ›Das Wasser war schlecht, so daß alles verdorrte. Um zu überleben, mußten wir es nehmen von den Knechten und Mägden‹.
Da wird der Richter sprechen:
›Ihr Elenden, der Tag soll euch reuen an dem ihr saht des Tages Licht.‹
Und sie werden gefangen und in das Verlies geworfen.

Und es wird sein, daß der Fürst dieser Welt vorgeführt wird.
Und der Herr wird sagen:
›Räume mir den Thron.‹
Und er wird antworten: ›Du saßest doch ohne Unterlaß auf ihm.‹
Doch da wird der Herr sagen:
›Du kettest sie an dich und nimmst ihnen Leib und Seele, die Strafe soll dein Tod sein.‹
Doch es werden sein Tage des Jammers und der Unbill.
Doch es wird geschehen um des Volkes der Erwählten willen.
Und es wird sein, wie es geweissagt war und ist, denn der Herr zeigte mir dies wiederum. Dieses Sehen aber war Brennen in meinem Herzen.

Am Abendmahl sprach er zu uns:
›Sehet, dies ist mein Leib und dies ist mein Blut,
das für die Söhne Abrahams vergossen wird.
Und dieses Blut wird hinwegnehmen am Tage meiner Wiederkunft die Sünde dieser Welt. Und dieser Leib wird euch Leib werden in meinem Königreich.
So geschehe es.‹

Der Himmel ist erfüllt voller Wehklagen über diese Erde.

Und der Fürst dieser Welt wird keinen ziehen lassen, der nicht befreit.
Denn es wird sein und geschehen wie es geoffenbart.

Johannes, der das Wort des Herrn niederschrieb.
Amen.«

Mai 1998:

»So breitet der Herr das Buch der Bücher auf dem Altar des Lebens aus.
Jedes Wort ist darin Leben und Geist, ewiges Gesetz.
Es ist das Lamm Gottes, daß auf den Seiten steht.
Es ist die Liebe Gottes selbst.
So spricht dieses Lamm und so ist dieses Sprechen kein Wort, sondern Leben.
Dieses Leben formt mein Mund in Worte.

So spricht dieses Lamm in meinem Herzen:
›Erst wenn diese Welt in ihrer Äußerlichkeit erschüttert,
wird es das Zeichen meines Bruders Johannes erkennen.
Erst wenn die Sterne als Staub zur Erde fallen,
werden sie auf das Zeichen meines Bruders schauen und gedenken.
Erst wenn die Meere übertreten,
werden sie auf das Wort meines Bruders hören.
Erst wenn die Sonne die Felder und jegliches Holz verbrannt hat,
werden sie bei meinem Bruder Schutz suchen.
Erst wenn Lava sich aus den Himmeln ergießt,
werden sie sein Wort und Heil verlangen.
Erst wenn die Kontinente wandern von einem Ort zum anderen,
werden sie fragen: Wo ist der wahre Geist, der dieses tut?‹

Und er wird antworten:
›Sehet ihr ihn nicht? So ist er nicht von dieser Welt! Sehet ihr ihn nicht?
Verabschiedet euch von eueren Familien und folgt mir.
Sehet ihr ihn nicht? So ist mein Vater im Himmel voller Kraft und Herrlichkeit..‹

Aber erst wenn das Lamm zur Erde steigt, werden sie ihn erkennen. Denn ich selbst werde Zeugnis geben, für ihn, meinen Bruder Johannes. Die Wahrheit des Lammes brennt mein Herz und läßt es flammen in Liebe.

So gebe ich euch dieses Wort:
Ist die Erde bedroht, die Kinder des Glaubens nicht.
Ist das Gericht streng, für die Kinder des Glaubens aber barmherzig.
Ist das Gericht Gottes unverbrüchlich, so ist euch das Heil nahe.

So ihr verstehen könnt, versteht. So ihr erkennen könnt, erkennt:
Wird es sein

das 7. Teil vom 7. Teil
das 3. Teil vom 3. Teil
das 1. Teil vom 1. Teil

und so erkennt, daß Energie gewandelt wird,

vom 7. Teil zum 3. Teil
vom 3. Teil zum 1. Teil
vom 1. Teil in die Unendlichkeit.

So erkennt den Schlüssel der Gesetze.

So gebe ich euch dies
aus der Flamme der Liebe,
aus der Flamme des Herrn,
aus der Flamme des Herrn der Heere.

Ich bin in eurer Mitte.

Johannes, der die Offenbarung des Herrn niederschrieb.
Amen.«

*»Diese Welt ist ein großes Haus
der Verirrung und Verblendung;
ein Haus der Schatten und Illusionen.«*

Johannes der Täufer, August 1998

Der Apostel Judas Thaddäus

Judas Thaddäus (hebr. = der Gepriesene, der Beherzte) gehört zu den zwölf Aposteln, die der Herr sich erwählte.

Dieser Apostel genießt im Christentum weniger Aufmerksamkeit als andere. Er ist zudem oft mit anderen verwechselt worden. Zum einen wegen seines Namens mit Judas, dem Verräter, zum anderen mit dem Apostel Simon oder einem anderen Thaddäus, der zur Schar der 72 Jünger Jesu gehörte.

Erst seit dem 18. Jh. erinnern sich Kirche und Gläubige wieder an diesen heiligen Judas. Er gilt seitdem als Schutzpatron für hoffnungslose Angelegenheiten. Judas Thaddäus wird dargestellt mit einem Buch in der Hand und dem Werkzeug seines Martyriums, einer Hellebarde oder Keule.

Der Apostel trägt die Bezeichnung *Herrenbruder,* da sein Vater Alphäus (auch Kleophas) ein Bruder des Josef, dem Nährvater Jesu, und seine Mutter eine nahe Verwandte zu Maria war.

Judas Thaddäus war eine energische und kraftvolle Persönlichkeit. Er gilt als Verfasser des Judasbriefes, in dem er die Irrlehren und Sittenlosigkeit anprangert. Judas Thaddäus wurde nach Mesopotamien gesandt, um die Lehre Christi zu verbreiten. Später soll er zusammen mit dem Apostel Simon nach Persien gegangen sein, wo sie beide den Martertod erlitten. Nach den Überlieferungen ist er 70 n. Chr. von den Mithraspriestern mit einer Keule erschlagen worden. Sein Mitstreiter Simon wurde bei lebendigem Leib mit einer Säge zerschnitten.

Die Gebeine beider Märtyrer befinden sich in der Peterskirche zu Rom.

Die schönste Reliquie des heiligen Judas Thaddäus indessen ist sein Brief, dessen Worte erhalten blieben bis auf den heutigen Tag.

Nachfolgend einige mediale Botschaften des Apostels Judas Thaddäus:

Dezember 1998:

»In Demut verneige ich mich vor dir,
mein geliebter Bruder Jochanan.
Gehen will und werde ich mit dir.
So wie du mit dem Schwerte kämpfst aus des Vaters Hand,
so werde ich mit der Keule gegen den Widersacher ziehen,
auf daß er sich erinnere an seine Schläge, die meinen
Leib zu Tode brachten.

So wie dein Schwert eine Schneise des Lichtes in die
Dunkelheit schlägt,
so werde ich mit dir wider die Finsternis streiten.
Ich bin bereit zu jeder Stunde, dich zu begleiten im
Kampfe gegen den Satan.
In Demut und Geduld harre ich deines Rufes.
In Ergebenheit und Treue ewiglich.

Judas Thaddäus*, der Apostel des Herrn.«*

»Mein geliebter Bruder Jochanan, ich bin Judas Thaddäus.
Ich werde kommen, um mit dir zu gehen.
Ich werde gehen, um an deiner Seite dem Herrn zu dienen.
Der Dienst an ihm ist aber nun der Streit des Lichts
wider die Finsternis.

Vieles wird noch geschehen:
Wasser, Feuer, Krieg und Not,
alles bringt der Menschen Tod.
Doch deine wundersame Güte,
viele vor dem Schmerz behüte.

Voll Ehrfurcht verneige ich mein Haupt vor dir,

Jochanan ben Sacharja,
der du bist das Schwert des Herrn,
der du bist sein letzter Bote.
Nicht erkennen werden dich die Menschen in ihrem Hochmut,
denn der Satan hat sie verblendet.
Ich aber sage der Welt, wer du bist:
Du warst der Vorläufer Jesu Christi,
nun bist du wiedergekehrt als sein Wegbereiter zum Ende der Weltenzeit.

Die Erde wird beben, Gott sich erheben.
Der Einheit Kraft die Ordnung bringt.
Johannes der Täufer wird alles bereiten
und der Allmacht Heer wird ihn geleiten.

Alle Kraft wird ihm gegeben.
Alle Jünger, Propheten und geistigen Wesen
werden dir, mein Bruder, Begleitung sein.

In Treue
dein ***Judas Thaddäus****.«*

Januar 1999:

»Mein geliebter Bruder Jochanan,
du Edelster auf Erden geboren,
für das größte Werk bist du erkoren.
Die Zeit ist erfüllt.
Gottes Heere, die Propheten und Märtyrer stehen
in deinen Reihen wider den Verderber.
Alles wird geschehen nach der Allmacht Plan.

Gesegnet bist du mit dem Schwert des Kampfes und
dem Kreuz der Erlösung.

Taufe deine Jünger wiederum wie du es getan hast dereinst.
Der Bund ist geschlossen,
der Bund im Zeichen der Rose der Nacht, die am Tag der Geburt Jesu erblühte, dessen Apostel ich sein durfte.

Mein Dienst gilt dir mein geliebter Bruder Jochanan,
denn dein Dienst und Wirken gilt der Wiederkehr unseres Herrn und Gottes.

In Liebe
dein **Judas Thaddäus**.«

»Die Himmel neigen sich zur Erde.
Heiligkeit läßt die Gestirne erbeben,
bis das Werk der Liebe erfüllt ist.
Hüte sich ein jeder davor,
diese Liebe einfältig zu nennen,
denn sie ist Tod und Erlösung zugleich.«

Johannes der Täufer, Oktober 1997

Mediale Botschaft
eines Jüngers des Herrn

Juli 1998:

»Erbarmt euch dieser Worte,
denn sie werden Fleisch und Blut,
denn sie werden Segen und Fluch,
denn sie werden Liebe und Pein.

Erbarmt euch dieser Worte.
Ich grüße aus dem Morgengrauen.
Mein Sein aber umfaßt die Morgenröte bis zur Abendsonne.
So bin ich der Lehrer der Mittagssonne.
Bin gekommen mit Macht und Kraft.
In meinen Worten liegt Schlüssel für Schlüssel,
Erkenntnis um Erkenntnis,
Wahrheit der Dinge Gottes.

Skorpione peinigten meinen Körper,
die Sonne verdorrte meine Haut,
die Wasser ertränkten meinen Leib,
und doch vernahm ich die Stimme des Herrn.

Jerusalem vom Lärm erfüllt, ich floh vor ihr.
Marter um Marter, Pein um Pein ertragen um des ewigen Seins,
denn wahrlich erhob sich aus der Wüstendürre die Kraft des Herrn,
denn ich sehe ihn noch heute einziehen in die Stadt Davids.
Jubel umfing ihn, doch lieben wollte ihn keiner.

Jubel für ihn, doch keine Liebe zu ihm.
Jubel an allen Plätzen, doch das Herz nicht ergriffen.

Ich sehe ihn noch heute, wie er genagelt an das Kreuz. Ich sehe ihn.
Die Liebe zu den Menschen war seine Marter, aber nie der Nagel in seinem Fleisch.
Ich sehe ihn in seinen Minuten des größten Leidens, als er sich gab für diese Welt.

Seine Liebe unbezwingbar,
seine Liebe unbeirrbar,
seine Liebe in Ewigkeit.

Oh Herr, dein Ruf wird auferstehen und leben in Ewigkeit.
So führe ich euch hinaus in das Elend der Welt:
Und es wird einer kommen und dich gürten und dich führen an einen Ort, den du nicht willst.

Amen, Amen, Amen,
Ich rufe euch.
Ich, der ich ergriffen von dieser Liebe,
ich, der ich verkündete des Herrn Worte,
ich, der ich starb für den Herrn.

Ich erhob meinen Blick und sah die Leere der Nacht.
Ich erhob meine Hand, um zu ergreifen die Hand des Herrn.
Ich umarmte das Leid unseres Herrn Jesus Christus.

Sein Wort brannte unsere Herzen.
Sein Wort öffnete unsere Augen.
Sein Wort machte uns hörend.

Aber sehen in seiner Herrlichkeit konnte ihn keiner.
Doch er erstand in mir unwürdigem Knecht.

Doch er heiligte meinen Geist mit seiner Liebe.
Doch er verlangte nach mir.

Und ich gab mich hin und starb.
Und ich verleugnete mich und starb.
Und ich wurde erfüllt von seinem Leid und lebte.

Ich bete zu ihm.
Herr erbarme Dich.
Amen.

Ein Jünger des Herrn *bin ich ewiglich, der gelobt, seine Kraft in das Werk des Johannes einzubringen.*
Wer Johannes dient, dient dem Herrn Jesus Christus.«

»Wer mir folgt, wird wandern in der Dunkelheit.
Wer mir folgt, wird kämpfen in der Dunkelheit.
Wer mir folgt, wird sterben durch die Dunkelheit,
doch auferstehen im höchsten Licht des Vaters.«

Johannes der Täufer, Dezember 1997

Mediale Botschaft
eines Jüngers Johannes des Täufers

Januar 1999:

»Es ist mir nicht gegeben des Wortes Kraft von Jeremia.
Fern ist meine Rede von Novalis' Poesie
und fremd mein Name euch auf Erden.
Doch meine Treue und mein Bund an euch,
nicht minder sind sie als der Brüder all.
Und meine Liebe ist ein kleines Maß,
doch Er, der uns das Zeichen gab,
des Bundes Namen uns benannte,
wird kleines Maß und karge Kraft verweben,
Wort an Wort,
Tat zu Tat,
und Namen um Namen
zur Einheit in der Stunde größter Kraft,
da Feuer ist in seines Rufes Hall,
da Liebe ist in seiner Augen Licht,
Segen seines Leibes Spuren und Hilfe seine Hand.

In seines Namens Zeichen
wird öffnen sich der Rose Pracht.
Alle Not wird von euch weichen,
die euch bedrängt auf Erden Nacht.

Aus dem Rosenkelche werden Namen steigen,
und ein jeder ist euch so vertraut.

All der Brüder Antlitz wird euch zeigen
den Bund der Rose, den ihr nun erschaut.

Nicht fern ist dieser Wahrheit Stunde,
doch längst vergangen jene Nacht,
da der geboren und vollbracht
das Siegel für Johannes' Bunde.

Geboren ist mein Wort an euch im Schmerz,
die ihr auf Erden weilt aus diesem Bunde.
Seid ihr doch verzagt, in Nöten und Bedrängnis.
Groß sind eure Widerstreiter und viele an der Zahl.
Wißt ihr aber, wieviele um euch sind und mit euch
aus dem Bunde der Rose der Nacht zum Schutze und zur Wehr?

Wenn Er euch gesagt hat:
Verbleibt in meinem Zeichen und die Pforten der Hölle
werden euch nicht überwältigen,
warum seid ihr dann in Ängsten und Sorge?

Nicht habe ich das Recht, euch zu mahnen,
denn mein Sein ist Dienst an eurem Tun.
Und mein Wort soll sein eine weisende Hand.
Laßt der Welten Qual und des Tages Last nicht
Herr sein über euch.
Laßt die Müdigkeit des Leibes und der Seele
nicht Begleiter eures Weges sein.
Laßt die Fragen über den weltlichen Nutzen eures Tuns
nicht zu eurem Richter werden.
Fragt nicht nach der Zeit, denn diese ist ein irden Maß.
Die Tat aber und das Wort,
die Liebe und die Treue,
sind das Maß der Bruderschaft **Im Zeichen der Rose der Nacht,**
die am Tag der Geburt Jesu erblühte.

Wägt euer Tun nicht ab und laßt euren Menschen nicht zaudern,
denn das Wort und die Kraft und das Feuer sind mit euch.
Wer aber den Weg scheut und die Mühen,
der wird den Mut zur Demut verleugnen.
Wer die Ernte seiner Saat auf Erden sucht
und den Lohn aus Menschenhand erwartet,
dem ist der heilige und ewige Bund des Johannes fremd.
Wer erlöst werden will um seinetwillen,
wird ewiglich ohne Bündnis sein und ohne Brüder.

Verzeiht mir meine Worte,
vergebt mir meine Mahnung,
sind sie doch geboren aus Liebe und Verbundenheit,
denn niemanden von euch will ich missen in der Stunde,
da das Zeichen des Johannes erstrahlt auf Erden.
Dann erst wird die Rose erblühen in höchster Kraft und
der Bund offenbar.

Ich bin der,
der das Wort des Johannes hörte und erfaßt war.
Ich bin der,
der mit Petrus, Andreas, Thomas und den anderen auf Erden weilte.
Ich bin einer derer,
die Johannes zu Jesus sandte.
Ich bin einer derer,
die den toten Leib des Johannes bargen unter nie endendem Schmerz
und unvergänglichen Tränen der Trauer.
Ich bin einer derer,
die der Botschaft Bitternis des Mordes an ihm nach Galiläa trugen und Jesus weinen sahen.
Ich bin einer derer,
die für immer sein Haupt suchen werden, denn es ist mehr als unser eigenes.
Ich bin einer derer,
die allen Mut und alle Hoffnung verloren, als Johannes starb durch das

Schwert und Jesus durch das Kreuz.
Ich bin aber auch einer unter tausenden und abertausenden, die wiedererweckt wurden durch das Feuer des Johannes und eingereiht durch seine Hand in den ewigen Bund im Zeichen der Rose.
Ich bin ein **Jünger des Johannes***,*
immer und ewiglich.

Im Namen und Zeichen des Johannes,
zu Ehren Jesu Christi,
dem Allmächtigen zum Ruhm.

Euch aber zum Mute in Liebe und Treue.
Amen.«

»Laßt euch nicht treiben im Geist der Zeit,
denn dieser bringt euch weder Erkenntnis noch Heil,
und den kleinen irdischen Freuden folgt bald der bittere und schale
Geschmack des irdischen Schmerzes.
Seid nicht das Treibholz im Strom,
denn dieses wird nur an die Ufer gespült.
Sammelt all euren Mut, eure Kraft und euer Wissen
und schwimmt gegen den Strom der Zeit,
damit ihr die Quelle der Reinheit erblickt.«

Johannes der Täufer, September 1997

Zadok, der letzte Oberpriester der vereinten zwölf Stämme Israels

Zadok (hebr. = Gott hat sich als gerecht erwiesen) lebte zwischen dem 11. und 12. Jh. v. Chr. Er war der letzte Oberpriester der vereinten zwölf Stämme Israels. Seine direkte Abstammung ist von Aaron. Die Essener nannten ihre Priester auch die Söhne Zadoks. Johannes der Täufer und sein Vater Zacharias entstammten dem Geschlecht der Zadokiden.

Während Absaloms Aufstand verließen Zadok und Abjatar, beide Hohepriester, zusammen mit David Jerusalem. Sie leisteten entscheidende Hilfe für David, als sie auf Bitten des Königs mit der Bundeslade wieder nach Jerusalem zurückkehrten. Später wurden sie beauftragt, die Ältesten von Juda wieder für David zu gewinnen.

Auch nach dem Tode Davids, spielte Zadok mit dem Propheten Natan eine entscheidende Rolle in der Auseinandersetzung um die Thronfolge zwischen Salomon und dessen Bruder Adonija.

Zadok und Natan salbten auf Befehl Davids Salomon am Berge Ofel zum König.

Das Amt des Oberpriesters blieb bis zur Zeit der Makkabäer in der Familie Zadoks.

Er selbst trat für die reine und geistige Erkenntnis Gottes ein, und war vertraut mit den Mysterien der Bundeslade. Er stand im vollen Einklang mit David, widersetzte sich jedoch der Verweltlichung des wahren Geistes Gottes unter Salomon und wurde deshalb nach Ägypten verbannt, wo er entweder eines natürlichen Todes oder den Martertod *in Sand und Staub* fand.

Nach der Verbannung Zadoks verlor die Bundeslade ihre mystische Bedeutung und geheimnisvolle Kraft.

Ob die nachfolgende mediale Botschaft aber mit dem o. g. Zadok in Verbindung steht, ist unsicher, denn schließlich benennt er sich als das 3 x 7. Geschlecht Davids.

Dieser Hinweis ist vor allem auf den Stammbaum Jesu interessant. Hier wird als 21. Geschlecht nach David ein gewisser Zadok aufgeführt.

Juli 1998:

»Jahwe, Jahwe, Jahwe.
Ich stehe vor Dir, geboren aus Sand und Staub.

Jahwe, Jahwe, Jahwe.
Ich stehe vor Dir in der Glut der Sonne.

Jahwe, Jahwe, Jahwe.
Dein Geist verbrennt die Sünde meines Fleisches.

Mein Wissen breite ich vor dir, mein Bruder und Leib des Johannes, denn die Schrift der Propheten und Weisen wird sich abermals und abermals erfüllen. Ich, der dieses Wissen hütete, gebe dir den 1. der sieben Schlüssel zur Weisheit und Kraft des Geistes, gebunden in Form und Illusion.

Gehe du mein Blut mit mir an den Fels und strecke deine Hand und gebiete.
Ich will dich lehren die Wahrheit der Gesetze.
Ich will dir zeigen die Kraft des Geistes.

Erbarme dich dieser Worte, denn sie sind meines Geistes, finden aber nicht den Sinn ihrer Kraft. Ich gebe dir Ausdruck meiner Liebe vor dem Allgeist, indem ich bekenne, daß nicht ich es bin, sondern der, der mich sandte, der Lehrer ist.
So erhebe mein Blut die Hand; denn ich gebe dir den Stab.
So sage ich dir: Ist er hoch zwei Meter, ist er im Umfang sieben Zentimeter, ist er aus Sand und Staub und doch aus Geist.

Ich aber sage dir: Ist die Schlange der Verblendung die Form des Stabes; ist aber das Leben in ihm der Geist. So der Geist erwacht, erlischt die Schlange der Verblendung. Der Geist ist ohne Form, aber dafür Kraft. Die Materie aber ist Form ohne Kraft.

So die Kraft zurückkehrt, zerfällt die Form.

Wer hält die Form fest und hält die Kraft ab? Wer die Form ergießt, bereitet eine Bluttat dem Geist. Wer dieses Blut trinkt, wird berauscht von dessen Blut und der Macht zu herrschen. Dieses Blut des Geistes nascht der Herr der Formen. Der Kraft aber ist die Form zuwider.
Du aber sollst erheben die Form in die Kraft.
Salomon war dazu bestimmt. Jetzt bist du es.
Ich gebe dir Schlüssel um Schlüssel.
Ich bin Schüler des Lehrers des Herrn.
Ich bin geboren in das 3 x 7. Geschlecht Davids.

Geboren aus dem Geist,
gestorben in Sand und Staub,
Mein Werk aber ewig,
mein Kampf für den Geist – die Lorbeeren zertreten von der Welt.

Mein Schrei im Wüstensand verhallt.
Mein Gebet lebt jetzt noch und findet Erfüllung in deinem Werk.
Mein Bruder meiner Kraft, erhaben ist dein Wort.

Himmel und Erde vereinigen sich am Tage deines Todes.
Verherrlicht sei der Allgeist jetzt und immerdar.
Herr aller Gesetze, ich bekenne!
Ich trete dich Welt mit Füßen.
Ich verberge meine Augen, denn dein Angesicht schmerzt sie.
Welt vergehe, daß der Herr dich freiwaschen kann mit seinem Blut.

Zadok
Amen.«

»Ihr sprecht vom wahren Geist Christi.
Will mir einer unter euch sagen, was er damit meint?
So muß ich es euch sagen:
Mit dem winzigen Hauch des Geistes Gottes
sucht ihr das Heil im Leibe und
die Erfüllung in der Welt der Materie.
Ihr nennt dies Erkenntnis und Christusbewußtsein.
Es ist euer Blendwerk.
Es ist die Herabsetzung und die Demütigung des
unendlichen großen Geistes,
des wahren Geistes Christi.«

Johannes der Täufer, März 1998

Ismael, der Sohn von Abraham und Hagar

Ismael (hebr. = denn der Herr hat dein Elend erhört) ist der Sohn Abrahams mit der ägyptischen Sklavin Hagar. Da Abrahams Frau Sara unfruchtbar war, gab sie ihm seine Magd als Nebenfrau. Rechtlich galt Ismael jedoch als Sohn Abrahams (hebr. = Vater der Menge) und Sara (hebr. = Herrin).

Doch nach der Geburt Isaaks (hebr. = er lacht), des von Gott verheißenen Sohnes, wurde Sara eifersüchtig auf Ismael. So überredete sie ihren Mann, diesen und Hagar zu verstoßen, damit Isaak Alleinerbe würde.

Der biblische Bericht von dieser Vertreibung erklärt die Bedeutung des Namens Ismael und die nomadische Lebensweise der Ismaeliten (Vorfahren der Araber).

Gott versprach Abraham, daß er Isaak und seine Nachkommen zu Abrahams Erben einsetzen würde. Doch auch Ismael und seine Söhne sollten zu einem großen Volk werden, wenn auch in Not und Kampf.

Nachdem Hagar und Ismael verstoßen waren, irrten sie in der Wüste von Beerseba umher, bis sie zu verdursten drohten. Da rief Hagar in ihrer Not zu Gott. Es erschien ein Engel des Herrn und zeigte ihr einen Brunnen. Nach der Rettung beider machten sie sich auf und zogen in die Wüste Paran. Als junger Mann nahm sich Ismael eine Ägypterin zur Frau, die ihm zwölf Söhne schenkte. Das Wort Gottes erfüllte sich also, denn er weissagte, daß auch Ismael Stammvater von zwölf Völkern sein werde. Der Name seines ersten Sohnes war Nebajoth (hebr. = nahe war mir Gott, als ich ihn rief).

Als Abraham 175jährig starb, kehrte Ismael zurück und vollzog mit Isaak die Begräbnisriten. Die Begegnung beider war brüderlich und freundschaftlich. Ismael lastete sein eigenes Schicksal nicht seinem Bruder an. Ismael selbst starb im Alter von 137 Jahren. Sein Name und seine Lebensgeschichte stehen für das Urbild der Nomaden und Ausgestoßenen.

Nachfolgend eine mediale Botschaft von Ismael:

Oktober 1998:

»Die Zeit ist erwählt,
daß ich von dir zeuge.
Johannes, dir gilt mein Wort.

Abraham *war er genannt vor dieser Welt,*
doch ist er Sinnbild des EINEN GEISTES,
gebar er doch die zwei Geschlechter aus dem EINEN GOTT.
Und so gingen sie hin, scheinbar geschieden.

Johannes *brachte sein Geschlecht und*
sein Zeichen des Schwertes und vergoß sein Blut.

Jesus *trat ihm nach im Geschlechte Davids*
und in seinem Zeichen des Kreuzes und in seinem Blute, das er vergoß.

Und du Johannes im Leibe, wirst die Stunde sehen:
Am Firmament werden die Namen **Johannes** *und* **Jesus** *ineinanderfließen.*
Und die Geschlechter und die Zeichen und das Blut des einen und des anderen werden sich in dir vereinen.
Und die **Knospe der Rose der Nacht** *wird erblühen am Tage der Vereinigung.*

Johannes' *Ruf schallt von der einen Dimension zur anderen*
und **Jesus** *wird den Ruf erwidern, und es wird* **ein** *Ruf sein.*

Die Väter blicken auf dich,
erfüllt sich doch ihr Werk in dir.

Verbunden aus dem einen Blut der Väter.
Ismael.*«*

Anmerkung:

Die Botschaft wurde bewußt in das Buch aufgenommen, da es eine große Hoffnung birgt, nämlich die Vereinigung von Judentum, Christentum und Islam.

Ismael ist der Stammvater der Ismaeliten, der arabischen Völker und im weitesten Sinne sogar der verzeihende Sohn Abrahams, der nun die Welt aufruft, sich zum einen Vater zu bekennen.

Er legt in dieser Botschaft Zeugnis ab für Johannes und dessen Werk. Damit ist auch sein Bekenntnis zu Jesus Christus verbunden.

Diese Botschaft Ismaels ist von größter Tragweite.

»Schließt nicht euere Augen.
Täuscht euch nicht selbst und andere,
indem ihr einen Schein von
Friedlichkeit über diese Welt legt.
Es wird kein Friede mehr sein,
ehe denn das große und unfaßbare Werk
der Reinigung und Erlösung vollendet ist.«

Johannes der Täufer, Oktober 1997

Jakob, der Stammvater Israels

Jakob (hebr. = Jaakov, von akev = Ferse) ist einer der drei Stammväter Israels. Seine Großeltern waren Abraham und Sara, seine Eltern Isaak und Rebekka.

Der Name Jakob spielt auf eine Besonderheit bei der Geburt an: Der jüngere Jakob hatte die Ferse des erstgeborenen Bruders Esau festgehalten.

Rebekka erhielt von Gott die Botschaft, daß beide Söhne Stammväter zweier rivalisierender Völker werden, und daß der jüngere über den älteren herrschen würde. Eine Botschaft, die sich erfüllte, denn das Verhältnis der beiden Brüder war von ständigem Streit, in dem sich die Auseinandersetzungen zwischen Israel (der andere Name für Jakob) und Edom (der andere Name für Esau) bereits abzeichneten.

Jakob betrog Esau um das Erstgeburtsrecht und erschlich sich von dem erblindeten Vater Isaak den Segen für den Erstgeborenen. Daraufhin schwor Esau, seinen Bruder zu töten. Dieser wurde jedoch von Rebekka gewarnt und veranlaßt, zu ihrem Bruder Laban nach Mesopotamien zu fliehen.

Er wurde von dem reichen Onkel freudig aufgenommen und verliebte sich in dessen Tochter Rahel. Um sie als Frau zu bekommen, mußte er sich sieben Jahre in den Dienst Labans verdingen. Jakob wurde aber betrogen. Laban gab ihm zur Hochzeitsnacht die tiefverschleierte Lea. Er bekam dann auch Rahel, aber nur gegen die Verpflichtung weiterer sieben Arbeitsjahre für Laban.

Zu den Frauen Rahel und Lea kamen noch zwei weitere Nebenfrauen. Diese vier Frauen gebaren Jakob elf Söhne und eine Tochter, die die zwölf Stämme Israels begründeten.

Inzwischen reich geworden, kehrte Jakob nach Kanaan zurück. Er fürchtete die Wiederbegegnung mit Esau, die jedoch überraschend freundschaftlich verlief.

Nach der Versöhnung mit seinem Bruder siedelte sich Jakob in der Gegend von Sichem an.

Nachfolgend eine mediale Botschaft von Jakob:

November 1998:

»Ich grüße dich Johannes.
Der Ur-Vater der Stämme Israels und der Herr sprachen zu mir:
›Sehe und gehe, denn der Vater sollst du sein meiner Söhne.
Und rufe zu meinen Söhnen: Erkennt ihn, der vom Herrn ist und dient ihm!‹

Wo der Geist geknechtet ist, sucht er nach Erlösung.
Und ich war gefesselt in dieser Welt und da überkam mich die Stimme Gottes und ließ mich frei zu wählen.

Und der Bote des Herrn sprach zu mir:
›Siehe das Feuer des Geistes.
Siehe, es liegen zwölf Scheite auf dem Boden der Wüste.
Siehe und erkenne, wessen Feuer es ist und kehre ein.‹

Und ich befolgte wie mir geheißen und ich kehrte ein zwölfmal in das Feuer und brachte es und entzündete die Scheite auf dem Boden in der Wüste.
Und nun kam der Herr und sagte:
›Brennen soll es noch nicht, und goß Wasser auf die Scheite.
Denn es wird erst brennen, wenn Alpha und Omega eins sind und sich alles in ihrer Mitte erfüllt hat.
Dann aber will ich es selbst entzünden.‹

Und das Wasser floß in die Tiefe der Erde und glich einem Brunnen.
Und ich ging hin und fand Labsal in ihm.

Dir Johannes zum Dank
***Jakob.**«*

»Gehen will ich den Weg der Liebe und des
Widerstandes abermals in dieser Welt,
denn es muß erfüllt sein des Herrn Gebot.«

Johannes der Täufer, August 1998

WEITERE MEDIALE BOTSCHAFTEN

Franz von Assisi

Dem reichen Tuchhändler Pietro Bernadone wird im Jahre 1182 in Assisi ein Sohn geboren und in der Kirche St. Rufinus auf den Namen Giovanni (Johannes) getauft.

Der Jüngling bekommt aber den Rufnamen *Francesco*, wegen der Vorliebe seines Vaters für die französische Sprache und für das ritterlich höfische Leben.

Als Knabe lernt er bereits in der Familie französisch und bei den Priestern von San Giorgio ein wenig Latein. Mit dem Schreiben hatte er nur wenig Erfolg, so daß er selbst in späteren Tagen nur selten und ungern zur Feder griff. Er diktierte meist und begnügte sich, seine Briefe mit einem einfachen T, dem Symbol des Kreuzes Christi zu unterzeichnen.

Der junge Franziskus schwelgt zunächst im Reichtum seines Vaters und führt ein ausschweifendes Leben. Eitelkeit und Stolz waren noch mächtiger als sein angeborener Geist, der erst im Laufe seines späteren Lebens zu Tage tritt.

Als er im Kampf der beiden Nachbarstädte Assisi und Perugia in Gefangenschaft gerät, nimmt sein Leben eine Wende.

Nach drei Jahren kehrt er im Alter von 22 Jahren krank in seinen Heimatort zurück und findet weder Freude am Leben noch Halt bei seinen alten Freunden. In dieser Zeit verwarf er sich mit seinem Vater, löste sich von allem Weltlichen, angetrieben vom Geist, der ihn bedrängte, ein Mahnzeichen für diese Welt zu sein.

Franziskus war in seinen Handlungen stets kompromißlos und befolgte alle Weisungen des Herrn.

So begann er mit der Wiederherstellung der Kirchen San Damian, San Pietro und Santa Maria von der Portiuncula, half Armen und Kranken und versorgte Aussätzige.

Was er als Ideal sich erträumte, offenbarte sich im Evangelium, das auf all seine Fragen die Antwort bereit hielt. Als er eines Tages in einer der zahlreichen Kapellen dieser Gegend die Lesung des Matthäus (10,6-16) hörte, fühlte er sich direkt vom Herrn angesprochen und begann, das Evangelium als Wanderprediger zu lehren.

In kurzer Zeit sammelte er Jünger und tausende von Anhängern um sich, die gleichfalls seinen Weg gehen wollten. Doch nur seine nächsten Gefährten liebten wie er das Leben in Armut. So erkannten auch nur wenige seinen wahren Sendungsauftrag. Auch der Kirche wurde sein tiefes Werk erst viel später bewußt. So wollte Franziskus scheiden zwischen dem, was dem Geist des Herrn und dem, was der Welt zustrebt.

Seine Worte waren ein Schrei des Herzens, ein Aufruf an alle. Die Armen fühlten, daß sie einen Freund und Bruder, ja einen Verteidiger gefunden hatten. Er predigte laut, was sie kaum mit leiser Stimme zu sagen wagten. Allen, ohne Unterschied, predigte er Buße und Demut.

Im Jahre 1210 stiftete er den Mönchsorden der Minoriten (= Mindere Brüder), der erst nach langem Ringen mit Papst Innozenz III. im Jahre 1223 bestätigt wurde.

Nach Jahren des Predigens und der aufopfernden Hingabe für seinen Orden, zog es Franziskus in die Einsamkeit des Alverno. Wie einst in San Damiano, so begegnet ihm auch hier Jesus als der Leidende am Kreuze. Die Vision erfüllte sein ganzes Sinnen. Er verdoppelte sein Fasten und seine Gebete, um ganz in Liebesglut und Mitgefühl für Jesus aufzugehen.

Eines Morgens hatte er ein weiteres Erlebnis: Licht durchströmte ihn, das ein Seraph ihm entgegenbrachte. Die ersten Augenblicke unbeschreiblichen Wonnegefühls mischten sich jedoch bald mit durchbohrendem Schmerz. Bis ins innerste Wesen erschüttert, suchte er nach der Bedeutung des Erlebten und findet seinen Körper mit den Stigmen des Gekreuzigten gezeichnet.

Am 3. Oktober 1226 starb Franziskus nach langer Krankheit und Leiden nackt auf dem Boden in der Portiuncula bei Assisi.

Sein Namenstag ist der 4. Oktober. Erhalten von ihm sind Predigten und Hymnen.

Die nach ihm benannten Franziskaner verpflichten sich zur Armut (Bettelorden) und widmen sich besonders der Seelsorge und der Mission. Im Jahre 1517 spaltet sich der Orden in die Observanten und die Konventualen; wenig später erfolgt die Abzweigung der Kapuziner. Der sog. 2. Orden des Franziskus sind die Klarissinnen (Begründerin ist Klara von Assisi), den 3. Orden bilden die Tertiarier.

Bemerkenswert im Hinblick auf den Inhalt seiner Botschaften erscheint uns die Tatsache, daß einige Exegeten Franz von Assisi als den *Engel des sechsten Siegels* der Johannes-Offenbarung bezeichnen.

Nachfolgend einige mediale Botschaften des Franz von Assisi:

März 1998:

»Das Schwert des Wortes, des Geistes, des Lichtes, der Liebe, der Barmherzigkeit, der Wahrheit, der Selbstaufopferung, der Demut, der Kraft – das Schwert des Vaters, des Sohnes und Heiligen Geistes ist dem Größten in unserem Bunde anvertraut. Wir nennen ihn Johannes den Täufer. Im Hort der Propheten heißt er Jochanan ben Sacharja, der wiedergekehrte Elija.

Wir blicken zu ihm auf in Demut vor seiner Kraft, Liebe und Barmherzigkeit. Wir neigen unser Haupt vor ihm, denn wahrlich ist er der Größte im Kampf wider des Todes, wider die Verblendung.

So ist es uns Wunsch, Auftrag und Ehre zugleich, an seiner Seite stehen zu dürfen und ihm zu dienen und Dienst zu sein.

Die Dunkelheit ist seit Äonen auf diese Tage eingeschworen, aber auch das Licht ist vorbereitet.

Johannes der Täufer bereitet mit den Seinen den Weg. Wir folgen ihm nach. Als seine Speerspitzen rammen wir den Geist in das Herz der Materie. Es wird sich winden und zerbrechen.

Er wird unser Feldherr, unser größter Streiter für die göttliche Allmacht sein. Ohne seine Kraft könnte unser Werk, wie schon so oft, von der Dunkelheit zerstört werden. Aber in Verbindung mit ihm wird jede Speerspitze tausendfach den Tod der Materie heißen und hundertfach das Leben des Geistes, denn er wird die göttliche Macht zur Erde bringen und den Geist verankern, auf daß der Herr kommen kann, um den Geist zu beleben.

So ist es uns ein tiefstes Bekenntnis für den Vater, für Johannes den Täufer, das Wort und den Leib zu geben.

In tiefer Demut vor dem Höchsten
Franz von Assisi.«

»So ist jeder wider das Werk, der den Geist schmälert, demütigt, herabsetzt. Denn der Geist ist wahre Größe, Macht und **einziger** *Ausdruck Gottes.*

So ist das Werk Luzifers ein Werk der Blendung.
So ist das Werk des Herrn Wahrheit.
So wird eine Seele, die im Vater steht, für den Vater kämpfen und den Tod, das Sterben ertragen um des Lebens willen in Wahrheit.

So rufe ich zu euch: Christus das Licht, kämpft für ihn. Sterben müßt ihr für ihn. Er wird euch das wahre Leben geben.

Seelen, die für Luzifer einstehen, werden ein Werk der Blendung ausbreiten, des seichten Weges. Das aber führt ins Dunkle, in den Tod, in die Verderbnis. Sie reden für die Materie und den Tod.

So wird der aufbrechende Geist Familien spalten, Freunde zu Feinden gestalten.
So werden sie sich lossagen von euch, denn die Furcht und der Unverstand wird sie übermannen.
Neue Freundschaften werden wenige geschlossen, denn wo der Kampf losbricht, bricht er los mit Gewalt.
Hütet euch, denn der Widergeist wird jeden vernichten wollen, der ihn bloßstellt.

Alsbald er aber erkannt ist, wird seine Macht und Gewalt mit Haß wider euch schlagen.

Ich rufe euch zu, der die Dämonen und die Hölle durchlebt: Es steht Johannes der Täufer gleich einem Schutzwall, um euch zu hüten, denn ihr seid ihm kostbar wie seine Augen und Hände.

Ich sage, so wird erstmals das Licht den Kampf beginnen mit Wille und Macht des Vaters.
So werden zum erstenmal die Kräfte sich aneinander messen. Seid bereit.

Dies ist die Kraft Christi, dies ist der Wille des Vaters, dies ist die Kraft Johannes des Täufers, der auftreten wird in Geist und Leib zugleich in dieser Welt.

Franz von Assisi.«

»Die Welt lag wie tot vor mir
und ich weinte zu meinem Herrn:
Herr, ich will dein armer Knecht sein, gebiete mir den Weg.

Er beugte sich zu mir unwürdigen Knecht und sprach:
›Gekommen bist du in diese Welt. Als Toter bist du geboren aber sterben sollst du um zu leben.‹

So wurde ich zum Narren vor dieser Welt, denn sterben wollte ich, um dieses Leben zu umarmen, ja mehr noch. Und ich versuchte es mit meiner ganzen Inbrunst zu Tage und zu Nacht im Gebet unaufhörlich.
Oh, ich betete: ›Erhabener, Ewiger Gott, Großes hast du vollbracht. Ich bin ein Nichts, du alles. So nimm mich als Opfer meiner Sünde.‹
Und Er erbarmte sich meiner. Ich küßte die Wunde dieser Welt. So starb ich, um zu leben wie mir geheißen war.

Mein Bruder,
ich war wie ein Narr vor dieser Welt.
Auch du sollst ein Narr sein in dieser Welt.
Ich war wie ein Nackter ohne Hab und Gut.
Auch du sollst werden wie ein Nackter in dieser Welt.
Ich war wie ein Aussätziger vor dieser Welt.
Auch du küsse das Leid des Herrn in dieser Welt, denn nur ein Sterbender wird das Leben erkennen und nur ein Toter auferstehen im Himmel.
Der Herr ist voller Erbarmen.
So umarme mich und umfasse mich, denn es ist die Zeit des Herrn.
Franziskus.«

»Gehen will ich von Platz zu Platz
und rufen will ich:
›Sehet der Herr ist nahe,
sehet und erkennt, sein Wort ist zurückgekehrt,
wie er es verheißen.
Sehet der Retter ist nahe!‹

Und rufen will ich ohne Unterlaß:
›Oh Erhabener, bist du zurückgekehrt in diese Welt,
oh Gnadenreicher, gibst du dein Wort dieser Welt,
oh Erlöser, errette uns Sünder von der Sünde.‹

Ich werde sein ein Aussätziger unter den Selbstgerechten. Mein Leib wird leiden, damit sie sehen, daß der Geist zurückgekehrt ist.
Und so soll der Leib leiden und verbluten, um dem Herrn zu dienen bei Tage und bei Nacht. Und so soll ich ein Zeichen sein in seinem Wort und seiner Liebe.

Ich danke dir, erhabener, glorreicher Herr und Gott. Du hast mich berufen, dir zu dienen.
Geben will ich mich dir, bist du doch mein süßestes und erhabenstes Lamm Gottes.
Oh Erhabener, danken will ich dir, bin ich doch nicht Wert deiner Gnade.

Und beten will ich zu dir:
Gnadenreicher, lebendiger Gott,
stärke deinen Bund in deiner Barmherzigkeit.
Gib denen die Kraft, die die Welt hassen, aber nach dir sehnen, sich zu erkennen, um dir mein Höchster zu dienen.

Und flehen will ich für alle die, die drohen zu fallen. Richte sie wieder auf in deinem Geiste.
Und bitten will ich vor deinem Thron:
Erbarme dich derer, die gefallen sind.

Erweise ihnen deine Liebe.

Und fürsprechen will ich bei dir für die, die dich nicht lieben können. Verzeih ihnen ihre große Schuld.

Deine Liebe und dein Erbarmen kennen keine Grenzen.

Franziskus
Amen.«

»Oh, du mein Bruder, der du erwählt bist, meinen Geist zu tragen, der du eins werden wirst mit mir in der Stunde der Bestimmung.
Oh, du mein Bruder, höre mein Wort:

So ist es die Süße des Herrn, die ich liebte mehr als alles.
So mußte ich alles geben diesem Herrn.
So war dieser Herr der Geist meines Lebens.
Und so war für mich der Weg, das Leiden Christi zu lieben, mehr als Freud und Leid.
So umfing mich diese Liebe und Süße des Herrn, wann sie wollte, zu Tage oder zu Nacht.
So mußte ich mich geben mit Leib und Seele und Geist,
denn diese Liebe und Süße verlangte nach mir und ich gab mich.

Du Glücklicher des Herrn,
danke deiner Gnade ohne Unterlaß,
denn der Herr und Jochanan, mein liebster Herr und sein Streiter verlangen nach dir.
So gib, was du hast.
So gib, was du bist.
So gib und wage, denn der Ruf des Jochanan erging an dich.
Und ich sage es dir:
Er wird kein zweitesmal mehr rufen.

Was du behältst, wird dir Ballast vor ihm.
Was du ersehnst auf Erden, wird dir bitter an ihm.
Was du schätzt und sicher gilt, wird dir Verwirrung in ihm.

So sage ich es: Warte auf die Stunde, in der dich der Ruf erreicht,
denn er ergeht in Kraft und Stärke.
Abermals sage ich: Er ergeht nur einmal an dich.

Gehe hin im Gebet.
Meine Liebe sehnt nach dir.
Amen

Franziskus.«

September 1998:

»Oh Herr, die Gnade rührte an meinem Geist.
So segne mich jetzt in der Zeit, in der ich Wohnung und Stätte bereite.
So segne mich jetzt in der Zeit, in der ich hinabgehe in diese Welt.
So segne mich, mein Wort und meine Tat.

Oh Herr, du umfängst mich in deiner Liebe.
So segne meinen Geist und mein Sein, auf daß es dir diene.
So segne mich, auf daß ich dir treu bin.
So segne mich, oh Herr, der du an mich rührst.

Und so gehe ich hin in diese Welt.
Und ich werde sagen:
›Sehet, ich bin zurückgekehrt in eure Welt.‹

Und ich werde ablegen mein Gewand und sprechen:
›Sehet, ich bin der Kelch und der Herr füllte mich in seiner Gnade mit seinem Blut. So kostet das Heil Christi und folget ihm nach und erbarmt euch des

Herrn Jesu Christi,
denn er ist der Arme in eurer Mitte,
denn er ist der Kranke in eurer Mitte,
denn er ist der, der mit Aussatz beladen ist in eurer Mitte.
So sehet und erkennt das wahre Heil des Herrn.‹

So werden sie kosten vom Blut Christi und es wird Kranke aufrichten, Tote erwecken und Lebende von den Toten scheiden.

Ich will singen das Lob des Herrn und durchdringen mit meinem Gesang die Feste dieser Welt.

Dir Johannes zum Dienst,
dem Herrn zum Lob,
dem Vater zum Ruhm.

So gehe ich hin mit blutendem Herzen.
Oh du mein geliebter Bruder, du mein erwählter Leib, du mein Blut,
bist du willig, mich zu tragen?
Bist du bereit, dich zu ergeben?
Bist du tapfer, dem Leiden des Herrn zu folgen?
So will ich es sein, der in dir spricht.
So will ich es sein, der Kraft und Wille ist.
So will ich es sein, der dir zeigt den Weg,
denn so sollst du spüren meinen Willen,
denn so sollst du spüren meine Kraft,
denn so sollst du erfüllt sein von meinem Geist.

Und ich werde es sein, der dich führt
von Ort zu Ort,
von Platz zu Platz,
von Stadt zu Stadt.

Und ich werde es sein, der in dir spricht:

›Seht und erkennt die Zeichen des Herrn, die er mir gab!‹
Und sehet, ich spreche in ihm und sage euch:
›Erbarmt euch des Herrn und Gottes und kleidet euch im Gewand der Buße, denn es ist einer, der euch die Buße gibt. Sehet und erkennt ihn, der den Herrn taufte.‹
Und höret seinen Ruf:

> *›Der, der gerecht ist, wird Erbarmen finden vor dem Gericht.*
> *Der aber, der blind ist, wird zur Hölle fallen.‹*

Und ich werde es sein, der dir Schutz und Hilfe ist im Herrn.

Und dies soll geschehen vor dem Gericht dieser Welt,
denn es soll eine Gnade sein um zu glauben,
denn es soll sein ein Erkennen des großen Boten und Streiters des Herrn.
Und ich will es sein, der seine Knie beugt vor dem Ruf, der in dieser Welt hallen wird.

Franziskus
Amen.«

Oktober 1998:

»Johannes, ich habe meinen Platz gefunden.
Ich bin an deiner Seite.
Sprich, ich höre.
Sprich, ich befolge.
Sprich, ich erfülle.

Ich bin geboren als 7. Sohn aus dem Geist des Johannes.
Der 6. Schlüssel liegt auf meiner Brust.
Der 3. Teil meines Wesens entspringt aus dem Allgeist.
Der 6. Teil indes aber ist verbunden mit dieser Welt.

Siehe Johannes,
ich bin gerichtet und geschmückt und erwarte die Braut.
Ich will sie lieben und mich mit ihr vereinen.

Sobald die 3 vor der 7 im 8. Mond die Sonne verdeckt, siehe Johannes, bin ich im Blute.

Aus deinem Geist – dem Leben zu Dienste.
Aus deiner Kraft – dem Leben zur Seite,
gemeinsam in der Erlösung und Auferstehung.

Johannes, ich erwarte deinen Ruf und deinen Geist.

Dir ergeben und zum Kampfe

Franziskus
Amen.«

»Johannes, in welcher Gosse wird dein Schrei erklingen:
›Vater im Himmel, siehe, ich habe mich aufgemacht in deinem Willen, gib Kraft und Macht, dein Werk zu beginnen!‹

Wann wird der ruhende Geist sich in Feuer wandeln
und den Kampf gegen die Mächte der Finsternis führen?

Doch zuvor soll ich Dorn in dieser Welt von Eitelkeit und Hochmut sein und sprechen:
›Wo Mensch ist dein Gott?
Kennst du ihn, so gehe hin und bringe Früchte der Buße.
Mensch erkenne deine Eitelkeit und deinen Stolz,
gehe hin und bringe Früchte der Buße.
Mensch erkenne deine Gier und dein Sinnen,
gehe hin und läutere dein Sinnen.

Sehet:
Es wird einer sein, Johannes werdet ihr ihn rufen,
er wird sprechen das Wort des Herrn.
Selig, der ihn erkennt als solchen.‹

Und das Blut aus meiner Brust ist das Siegel und Zeichen der letzten Tage vor dem Gericht.
Schicke sich wer kann, denn der Zeit wird die Kraft geraubt.
Es wird aus jeder Minute eine Sekunde genommen,
es wird aus jeder Stunde eine Minute genommen und
es wird aus jedem Tage eine Stunde genommen.

Und dir Satan sage ich:
›Du kennst mich und hast mich nicht bezwungen,
doch habe ich dich erkannt und ich will in deinem Fleisch ein Dorn sein, der dich brennt.
Aber es wird Johannes sein, der dich von einem Winkel dieser Welt zum anderen jagt!
Siehe dich vor Satan, deine Zeit wird dir genommen.‹

Johannes, dir als Streiter und Bruder in Ewigkeit.

Franziskus
Amen.«

»Oh Johannes, dir zum Gruße.
Oh, du großer Sohn des edlen Zacharias, dir zum Dienste.

Deine Kraft ist größer als ich erhoffte,
deine Stärke mächtiger als ich glaubte.
Deine Macht ist unbezwingbar.

Sei dir meiner gewiss, der Grundstein ist gelegt.

Mein Sein ist gefaßt auf dein Zeichen.
Mein Zeichen wird sein wie ein Donner nach dem Blitz,
und die Welt soll ihr Fehlen erkennen.

Den Dolch will ich ansetzen an das Herz Satans,
du wirst ihn stoßen durch Brust und Herz.

Ich blicke von einem Ende der Welt zum anderen
und ich sehe das Heer der Heere des Lichts,
und Stätten und Lager sind errichtet von den Herren des Lichts.

In Freude rufe ich,
denn ich sehe auf dich und sage, es jubiliert mein Sein.
Sieht es doch, was du bist und wer du warst und wiederum sein wirst:

Der Bote Gottes,
ein Sohn des Herrn.

Dein Glanz und deine Glorie erfreuen die Himmel.
Deine Stärke ist mir Freude,
dein Werk der Schlüssel zum Tor der Erlösung.

Verbunden in Liebe in Ewigkeit.

Franziskus
Amen.«

Dezember 1998:

»Oh Johannes,
deine Liebe und Kraft kennen weder Gesetze, noch Formen, noch Rituale,
denn deine Kraft ist das Gesetz.

Du richtest dein Wort an mich,
es ist erfüllt in Liebe.

So ist mein Geist noch gebunden an den Bann Satans über diese Welt.
Aber ich will die Stricke lösen, auf daß sich der Geist erhebt.
Und ich will das Wort sprechen, das aus dem Geiste kommt.
Und ich will Taten vollbringen, die aus dem Geiste sind.
Und ich will die stärken, an denen dein Herz Freude findet.

Das Brot des Herrn soll gebrochen sein über diese Welt.
Und ich sage es euch:

›Zählt 3 mal, wenn sich der Mond verfinstert und wartet,
das 4. mal wird er sich in Blut kleiden.‹

Und sehet, das ist das erste Zeichen des Himmels.
Und ich will nun gehen, wie du mir es geheißen in deiner Barmherzigkeit und losbinden die Engel aus ihrem Banne,
auf daß sie eintreten in deinen Bund und dich umarmen.

Johannes, dir verbunden in Dankbarkeit.
Franziskus.«

Anmerkung:

Die obige Botschaft erfolgte am 4.12.1998. Der Hinweis, *›Zählt 3 mal, wenn sich der Mond verfinstert und wartet, das 4. Mal wird er sich in Blut kleiden‹* deutete zunächst auf ein äußeres Zeichen des Erdtrabanten hin. Zählte man die drei folgenden Neumondphasen ab 4.12.98, so begann die vierte Mondphase, in der sich der Himmelskörper in Blut kleiden sollte, am 17.4.1999.

Daß es sich dabei aber nicht um ein Zeichen am Mond selbst handeln würde, erfuhren wir im März 1999 durch eine mediale Botschaft Johannes des Täufers. Diese lautete:

»Der Prophet Mohammed ist voller Schmerz ob des Leides und der Pein, die schon in wenigen Tagen denen zugefügt wird, die sich zu ihm bekennen. Das Blut der Drangsal der Gejagten wird das Zeichen seiner Kirche in Zornesröte kleiden.
Oh du Welt und Mensch, wie bist du doch in Einfalt und Hochmut. Wie töricht, finster und verwerflich ist dein Tun. Du besiegelst den Anfang vom Ende. Aber du erkennst es nicht, darum bist du stolz. Höre aber: Aus Stolz wird Schreien und Wehklagen.«

Heute wissen wir, daß am 24.3.1999 der Kosovo-Krieg begann. Zum Zeitpunkt Ende Mai sind aus diesem Land etwa eine Million Menschen vertrieben worden, viele ihrer Häuser zerstört und niedergebrannt. Unzählige Menschen sind ermordet und hingeschlachtet worden.

Damit hatte sich die düstere Prophetie des Franz von Assisi und Johannes des Täufers auf traurige und schreckliche Weise erfüllt. Der Halbmond ist das Symbol des Islam. Durch die grausamen Geschehnisse an der moslimischen Bevölkerung des Kosovo wurde offenbar der Mond ›blutrot‹ bzw. ›zornesrot‹ in der symbolischen Sprache.

Wir können aber nicht ausschließen, daß speziell die Worte des Franziskus noch eine andere, in der Zukunft liegende Bedeutung haben.

»Sie haben mein Wort verhöhnt und
an mein Zeichen den Bruder genagelt.
Mein Schwert ist das Kreuz.
Satan, du vermagst nicht zu trennen,
die wir aus der Allmacht sind,
denn mein Schwert ist getrieben in den Leib der Welt;
mein Christus geeint mit mir in deinem Reich.«

Johannes der Täufer, Mai 1998

Hildegard von Bingen

Hildegard von Bingen heißt eigentlich Hildegard von Bermersheim und wird 1098 als zehntes Kind ihrer Eltern Hildebert, Edelfreier von Bermersheim und seiner Frau Mechthild geboren.

Mit acht Jahren wird sie der Klausnerin Jutta von Spanheim zur Erziehung anvertraut. Jutta läßt sich mit ihren damals zwei weiblichen Zöglingen in der Klause am Mönchskloster des heiligen Benedikt auf dem Disibodenberg einmauern.

Zwischen dem 14. und 17. Lebensjahr entscheidet sich Hildegard endgültig für das klösterliche Leben und legt ihr Gelübde ab. Der Überlieferung nach nimmt Hildegard eine wunderbare, geistige Entwicklung. Ihr Biograph, der Mönch Gottfried, schreibt von Hildegard: Sie »stieg von Tugend zu Tugend.«

Als Jutta von Spanheim stirbt, wird die 38-jährige Hildegard von den Nonnen der mittlerweile zu einem kleinen Konvent angewachsenen Frauenklause einstimmig zur Äbtissin gewählt. Hildegard, von Kindheit an kränklich und mit prophetischen Schauungen belastet, zögert lange, das ihr angetragene Amt anzunehmen.

Seit ihrem dritten Lebensjahr hat Hildegard Schauungen, die keiner außer ihr wahrnimmt. Ihr Umfeld reagiert erstaunt und verwirrt, und Hildegard verbirgt mehr und mehr ihre »Gesichte«. Jutta von Spanheim weiß um die Gabe Hildegards, doch erst mit 42 Jahren beginnt Hildegard, ihre Schauungen auf göttlichen Aufruf hin niederzuschreiben: *»Sage und schreibe, was Du siehst und hörst.«*

Zunächst will Hildegard ihrem Auftrag nicht nachkommen, sie zweifelt an ihrer Berufung:

»Ich weigere mich zu schreiben. Nicht aus Hartnäckigkeit, sondern aus dem Empfinden meiner Unfähigkeit, wegen der Zweifelssucht, des Achselzukkens und des mannigfachen Geredes der Menschen.«

Doch sie wird von schwerer Krankheit niedergeworfen, bis sie bereit ist, ihren Auftrag anzunehmen und zu schreiben beginnt. Ein Vorgang, der sich immer dann wiederholt, wenn sie in Angst und Zweifel zögert, einen göttlichen Auftrag anzunehmen.

Zehn Jahre schreibt Hildegard an ihrer ersten Visionsschrift *Scivias – Wisse die Wege.* Im Laufe ihres Lebens entstehen zwei weitere Visionsschriften, das *Buch der Lebensverdienste – Liber vitae meritorum,* das sie mit 65 Jahren vollendet, und den *Liber divinorum operum – Das Buch von den Werken Gottes,* an dem sie bis zu ihrem 75. Lebensjahr arbeitet.

Darüber hinaus verfaßt sie die umfangreichen Naturschriften *causae et curae* und *Physica*, die Lebensbeschreibung des Disibod, schreibt eine Evangelienauslegung, kommentiert die Benediktusregel, korrespondiert über spitzfindige theologische Streitfragen, verfaßt eine Fülle geistlicher Lieder, ein Mysterienspiel über den *Reigen der Tugenden* und schließlich noch eine Geheimschrift, die *lingua ignota,* die bis heute nicht entschlüsselt werden konnte.

Außerdem führt Hildegard eine umfangreiche Korrespondenz mit Kaisern, Königen, Päpsten, Bischöfen, Äbten und Äbtissinnen sowie einfachen Ordens- und Privatleuten.

Hildegard bezeichnet sich als Posaune Gottes, die nur wiedergibt, was der göttliche Geist ihr eingibt. Von Papst Eugen III zum Schreiben autorisiert, finden ihre Schriften weithin Verbreitung. Zwischen ihrem 60. und 72. Lebensjahr unternimmt Hildegard vier große Predigtreisen, in denen sie Klöster besucht und Streitigkeiten schlichtet, den geistigen und moralischen Verfall des Klerus scharf angreift und kritisiert.

Neben der Erfüllung ihres göttlichen Auftrages muß Hildegard jedoch auch ihren weltlichen Pflichten als Äbtissin nachkommen und ihre permanente körperliche Schwäche überwinden. Um so erstaunlicher ist es, daß sie trotz dieser vielfachen Belastungen die

Loslösung des Frauenklosters vom Mönchskloster erreicht. Dem Widerstand der Mönche trotzend, errichtet sie auf dem Rupertsberg ein eigenes Kloster. Finanzielle Nöte und Entbehrungen müssen dabei überwunden werden, denn die Mönche behalten die Schenkungen an den Frauenkonvent für sich.

Letztendlich erreicht sie jedoch die Unabhängigkeit ihres Frauenklosters und sicherte diese in geschickten Verträgen sowohl mit den geistlichen als auch weltlichen Instanzen bis hin zum kaiserlichen Schutzbrief durch Friedrich Barbarossa ab.

1165 ist das Frauenkloster so groß geworden, daß Hildegard ein Filialkloster in Eibingen auf der anderen Rheinseite errichtete. Hildegard war offensichtlich auch in weltlichen Dingen sehr geschickt und ausgestattet mit »den Kenntnissen, die notwendig waren, Verträge abzuschließen, die ihr anvertrauten Klöster mit ihren umfangreichen Versorgungsbetrieben so zu führen, daß sie weithin als Mustergüter galten.

Mit 73 Jahren kehrt Hildegard völlig erschöpft von ihrer letzten Predigtreise zurück. Acht unruhige, schmerzvolle Jahre später stirbt sie mit 81 Jahren am 17. September 1179 – ihr Auftrag war erfüllt, die greise Äbtissin nur noch von einem Wunsch beseelt: *»Aufgelöst und bei Christus zu sein.«*

Hildegard von Bingen wird in der Literatur als eine in der ganzen christlichen Geschichte herausragende Erscheinung bezeichnet. Bedauerlicherweise geht das Kernstück ihres Wirkens – ihr göttlicher Auftrag als Prophetin, als Posaune Gottes – in der esoterischen Vermarktung ihres Namens unter.

Von besonderer Aktualität dürften in unserer Zeit ihre elfte und zwölfte Vision aus *Scivias* sein: Die Vorbereitung der Menschheit auf das Ende der Zeiten, die den Endkampf zwischen dem Antichristen und dem gottgesandten Elija-Johannes schildert und die Wiederkehr Jesu Christi zum Jüngsten Gericht.

In beeindruckender Weise schildert sie darin die listenreiche

Verblendung der Menschen durch den Satan. Diese werden Elija-Johannes nicht anerkennen, ihn sogar verfolgen und töten wollen. In Satan selbst aber sehen sie den wahren Gottessohn und folgen ihm bis zum bitteren Ende.

Eine besonders eindrucksvolle Botschaft Hildegards erhielten wir im März 1999. In einem ausführlichen Vers-Epos mit insgesamt 77 Strophen schildert sie den Verlauf der Zeitenwende. Die Parallelen zu ›Scivias‹ sind dabei unverkennbar. In ihrer neuerlichen Schau zeichnet sie aber den schweren Weg Johannes des Täufers detaillierter auf. Vor allem sein langes und zähes Ringen gegen den Antichristen und den ihm verfallenen Menschen erfährt deutliche Konturen. Auch die List Satans, die Menschen gegen Johannes zu stellen, ja zu hetzen, wird deutlich hervorgehoben.

Leider ist diese ausführliche Vision Hildegards zu umfangreich, um hier wiedergegeben zu werden. In seiner ganzen Deutung würde es ein eigenes Buch erfordern. So müssen wir uns damit begnügen, im Folgenden drei kurze Botschaften wiederzugeben.

Februar 1999:

»Ich wende mich an die Welt mit dem Wort aus dem Geist des Herrn.

Die letzte Zeit ist angebrochen.
Die letzten Tage – sie sind da.
Die Weltenuhr ist abgelaufen.
Das Lebenslicht der Welt erlischt.

Erkenne nun, oh Mensch, die letzte Wahrheit
Aufbewahrt bis an der Welt Gericht.
Elija – Johannes kehrt nun wieder,
zu künden von des Geistes Licht,
zu lehren euch vom höchsten Throne
vor der Welten Endgericht.

Bekenne nun, oh Mensch, und zeuge
vor des Schöpfers Angesicht
von Jesus Christus oder leugne,
weitere Wahl bleibt dir nicht.

Doch wer tapfer hielt die Treue
seinem Heiland Herrn und Gott,
wer des Streiters Dienst erkannte,
hat keine Angst mehr vor dem Tod.

Sein Lohn wird in den Himmeln sein,
es ist die Heimkehr in den Geist.
Des Satans Macht ist dann gebrochen
bis in alle Ewigkeit.

Gekommen bin ich zu bezeugen,
daß Gott GEIST ist, vor der Welt,
dem Widersacher zum Verderben,

der die geraubte Schöpfung quält.

So laufe nun, oh Zeit verrinne,
auf daß der Welten End' beginne.
Elija, deine Kämpferschar
dir hält die Treue immerdar.

Ich bin **Hildegard von Bingen**.
Gelobt sei Jesus Christus in alle Ewigkeit
Amen.«

März 1999:

»Das Warten nun ein Ende nimmt,
der Zeiten Ende bald beginnt.
Das sechste Siegel wird erbrochen,
die Erde fängt dann an zu kochen.

Lavaströme sich ergießen
über Felder, über Wiesen.
Alles wird voll Feuer sein,
so beginnt der Menschen Pein.

Vater, Gott, verlaß' uns nicht,
wird ihr Gebet sein, inniglichst.
Dann ist es an euch zu sagen:
›Wer Gott liebt, der muß es wagen,

diesem Leben abzuschwören,
den Propheten zuzuhören,
nicht den Rücken hinzukehren
jenen, die die Wahrheit lehren.‹

Gott ist Wahrheit, er allein
kann der Menschen Retter sein;
doch nicht im Fleische, wie sie denken,
nur GEIST kann euch Erlösung schenken.

Seid tapfer Brüder, habt Vertrauen,
Gott reißt euch aus des Satans Klauen.
Wie Salz in Wasser ganz verschwindet,
ihr euch im GEISTE wiederfindet.

Nehmt mit so viele ihr könnt greifen.
Helft ihnen, ihre Leiber abzustreifen.
Wer nicht mit euch gehen kann,
den laßt zurück in seinem Wahn.

Hildegard *bei euch.«*

April 1999:

»Die Tore werden nun gehoben
und die Wahrheit tritt hervor.
Wie die Kräfte sind verwoben,
der Großen aus dem Himmelschor.

Laß uns, Satan, weiche jetzt,
der Glieder Fesseln sind zerfetzt.
Losgebunden sind die Kräfte
Zum Kampfe gegen finst're Mächte.

Satan, deine Zeit sie ist vertan.
Gegner sind wir dir fortan,
die wir im Eid gebunden waren,
als Sklaven dein die Welt gebaren.

Franziskus hat uns losgebunden,
der Fesseln Schmach ist überwunden.
Du Henker dieser toten Welt,
nun sieh', wie deine Welt zerfällt.

Überall beginnt's zu brodeln,
bald werden hell die Feuer lodern.
Auch die Wasser sind entfesselt,
deine Welt wird eingekesselt.

Hildegard, *im Dienste des Johannes.«*

»Ich bin unauslöschlich in Zeit und Ewigkeit.
Ich bin der Bruch aller Regeln.
Ich bin die Korrektur aller Normen.
Ich bin das ewige Wort ohne den Laut.
Ich bin die Abkehr von dieser Welt.«

Johannes der Täufer, August 1998

Novalis

Novalis ist der Dichtername des Freiherrn Friedrich von Hardenberg (1772 – 1801), eine der tiefsten Persönlichkeiten der Romantik.

Novalis' geistiges Dasein bestimmten vor allem die Beziehungen zu Jena, wo Friedrich Schelling und Fichte in der hohen Zeit der Frühromantik die Philosophie vertraten und der Physiker und naturphilosophische Fragmentist Ritter lebte. Auch eine enge Beziehung zu Tieck ist in seinen Briefen festgehalten.

Novalis verstarb im 29. Lebensjahr. Sein Leben war geprägt zum einen von außergewöhnlicher Weisheit in den Naturwissenschaften, der Philosophie und Religion, zum anderen von starker Leiderfahrung (geistiger Liebe zu Sophie von Kühn, die bereits als junges Mädchen verstarb, sowie körperlichen und seelischen Schmerzen). Novalis gilt als Universalgenie. Der heutigen Welt ist es ein Rätsel, woher Novalis bereits in seiner Jugend das umfangreiche Wissen erlangte.

Neben seinen poetischen Werken sind von seinen Studienheften und Niederschriften nur Fragmente erhalten, die grundlegend sind für Philosophie, Staatsauffassung und Weltgefühl der Romantik und göttlichen Wahrheitsfindung.

In Novalis wurde und wird von vielen Menschen die Wiedergeburt Jesu gesehen. In einem Buch, das die Wurzeln großer Geistmenschen hervorhebt, werden z. B. Novalis und Gibran Kahlil *(Der Prophet)* als die Wiedergeburt Johannes des Täufers geschildert.

So ist es nicht verwunderlich, daß Novalis dem ›*Bund der Rose*‹

angehört. Auf den ersten und oberflächlichen Blick findet sich freilich kein Zusammenhang zwischen ihm und den Propheten. Wer aber das literarische Lebenswerk dieses großen Poeten erfassen kann, der vermag auch die Verbindung zu erkennen.

In der nachfolgenden medialen Botschaft findet man auch ein typisches Merkmal der Novalis-Poesie wieder:

Januar 1999:

»Getragen von Tränen, die Hoffnung erdrücken,
lebt der Geist im Taumel der Einsamen Wehr.
Könnt ich entfliehen dem Ruf meiner Väter,
niemals mein Fuß sich wendet zur Wiederkehr.

Nehme hin meines Blutes Perle,
die mein Auge erblinden läßt.
Enden muß das Leid der Seelen,
welche Satan hält so fest.

Gib mir Trauer, gib mir Tränen.
Gib mir den Schrei durch Mark und Bein.
Gib mir Qual und gib mir Plagen,
doch nimm meinen Zorn von mir,
denn nicht will dein Gegner ich sein.

Vater,
du hast vergessen die deinen dereinst,
als das Universum gebrannt.
Hast Treue und Gleichklang vergolten mit Gleichmut,
die deinen schutzlos in den Abgrund gesandt.

Erwache du Höchster,
die Taten sind vollbracht.
Erkenne und bekenne dich nun zu den deinen,
die wandeln zum Tag das Dunkel der Nacht.

Gering mag sein meines Wortes Kraft,
doch seht jenen,
der da spricht mit der Kraft des Feuers.
AUS IHM mein Ursprung ist.

Joannis,
dein Geist möge einkehren in das Bündnis
mit dem Erfüller deiner Prophetie.

Mein Haupt neige ich vor dir,
Johannes Bernhard Battista zum ritterlichen Gruß.

***Novalis**, Ritter der Rose.«*

»Erwartet ihr, daß Christus kommt und einen jeden abholt,
da wo er in seinem Inneren steht?
Ich sage euch, die da lau sind und feige,
die sich nicht bekennen und die da aufbegehren wider den Geist,
und die da warten auf das Morgen,
sie werden der Kehricht dieser Welt sein.
Glaubt nicht, Christus kommt, um den Kehricht dieser Welt
einzusammeln.«

Johannes der Täufer, Februar 1998

WORTE JESU CHRISTI UND MARIAS

Während die vorausgegangenen Botschaften jeweils aus einer Fülle von Durchgaben gezielt ausgewählt wurden, sind die Mitteilungen von Jesus Christus und Maria bisher nur wenige, so daß sie alle wiedergegeben werden.

Jesus Christus

August 1998:

»Ich bin dein Bruder, gesandt in Gott, um zu geben dir meinen Schwur.
Du, der du unser Kreuz auf deinen Schultern trägst.
So wahr mein Geist sich in das Kreuzeszeichen senkt
und eins ist mit Johannes,
so wahr ist mein Schwur zu dir.

***Christus**, im Geiste des Jochanan.«*

September 1998:

»Und die Himmel sind herabgekommen, weil der Geist euch liebt.
Getreu dem Bunde bin ich gekommen,
dir mein Johannes zu bringen die getreuen Edlen.

Weit ist der Weg durch die finsteren Gedanken,
durch die steinernen Herzen,
durch das Tal der Tränen, hin in diese Welt des Grauens.

Sehe, ich bringe dir die Wurzel meines Lebens: Maria, unsere Königin.
Sehe, ich bringe dir den Felsen meiner Lehre: Petrus, der Prediger.
Sehe, ich bringe dir mein kleines Volk,
dir allzeit zu Geleit und Diensten.
So nehme ich Abschied von denen,

die auf dem Wege zu dir sind.
Gehet hin und bringt den Segen in das Werk des Johannes.
Meine Zeit aber ist noch nicht erfüllt.

Nimm an Johannes die kleine Schar derer aus dem Geschlecht David.
Gelobt sei der Tag, an dem ich wieder mit dir vereint bin.

Oh Mutter meines Leibes,
gebe hin deine Liebe jenen, die das Werk begehen.
Sei Mutter dem Johannes, der einsam mit dem Satan ringt,
bis sich sein Schmerz in Inbrunst auflöst.
Amen im Geiste des Jochanan.

***Jesus**, der Gekreuzigte; **Christus**, der Auferstandene.«*

Oktober 1998:

»Mein Bruder,
wer dich in die Irre führt, muß in ihr sterben,
denn das Wort, das uns trägt, ist aus der Allmacht.

Deine Kraft ist die Liebe aus dem Vater.
Laß mich einkehren in deinen Leib.

***Jesus**, dein Bruder, **Christus**, dein Erlöser.«*

Februar 1999:

»Eure Not führt zu euch mein Wort,
eure Verzagtheit leitet meinen Trost.
Hat euer Ohr meinen Schwur nicht vernommen?
Haben eure Sinne mein Bekenntnis getilgt?

Nicht mehr und nicht minder darf jetzt mein Wort sein,
denn meine Zeit ist noch nicht gekommen.

Auch ich muß achten das Gesetz, gesprochen aus dem Munde
des Propheten Maleachi.

Jetzt aber ist das Wort und die Zeit des Wegbereiters.
Er wird scheiden

> *das Eine vom Anderen,*
> *das Große vom Kleinen,*
> *das Gerechte vom Verdorbenen.*

Sein Wirken ist mein Schild wider die Dornen des Widersachers.
Sein Leib ist mein Schutz wider den Haß und die Verfolgung
der Knechte Satans.
Seine Hand ist meine Liebe den Aufrechten und Gequälten.

Ein großes Wort ist der Welt gegeben aus dem Geiste:

> *›Es kommt der Tag, an dem das Wesen der Rettung gleicht einem Donner,*
> *und es sehen blinde Augen nicht des Waltens Liebe.*
> *Es kehrt ein* **mein Sein** *in sein Dasein. Der Sohn vereinigt sich mit dem Bruder Johannes. Wie könntet ihr ertragen des Sohnes Gewalt, ist doch euer Auge noch blind seinem Zeugen.‹*

Es wurde gegeben und gesprochen.
Es steht geschrieben und es ward verleumdet vor der Welt.

Aber dieses Wort ist nicht geboren um zu sterben,
es wird leben und in die Welt getragen durch die Brüder des Bundes und die Streiter meines Namens.
Wer sich nicht bekennt zum Wort meines Schildes, ist meines Zeichens nicht würdig.

Jesus, *der ich bin der Christus der Getreuen vom Anfang bis zum Ende. Amen, Amen, Amen.«*

Maria, die Mutter Gottes

Oktober 1998:

»Geliebter Bruder des Herrn Jesus Christus,
du Johannes – Getaufter und Halter des Bundes mit Gott,
zu dir eile ich nun, die Mutter des Herrn Jesu,
um dir Hilfe zu sein im Reich des Elends.

Schon oft ist meine Stimme über die Erde gegangen
und für die meisten verweht wie Staub im Wind.
Zu gering war die Kraft gegen die Finsternis.

Ich reihe mich ein in dein Werk,
für das du dein Blut zu vergießen bereit bist.
Willst du mich annehmen?
So will ich dir dienen als Mutter,
gemeinsam mit der Mutter Elisabeth, die dir zur Seite ist.

Da du überstrahlt bist und ganz verschmilzt mit Johannes,
erbebt mein Herz wie einst, als ich Jesus im Mutterleib zu Elisabeth trug, und
Johannes in ihrem Schoß hüpfte vor Freude über die Ankunft des Herrn.

Sei gepriesen, du große Seele des Lichts,
du Mutiger im Streite gegen die Dunkelheit,
dein Wirken soll nicht vergebens sein!
In tiefer Liebe neige ich mein Haupt vor dir
und hoffe auf das Reich Gottes,

das da anbrechen soll für den Menschen der Erde,
die da guten Willens sind.

Amen.
Im Zeichen des Jochanan,
in der Liebe Christi.

Maria.«

November 1998:

»Die Liebe des Herrn,
die Gnade des Vaters,
die Herzlichkeit des Geistes
sind die Gnade der Himmel.
Grüßen will ich euch mit dem Ruf:

> *›Erhaben ist der Herr der Heere und Freude im Himmel und auf Erden bei den Seinen.‹*

Ich bringe euch mein Wort, ist es doch gezeugt aus dem Geiste und wird es geboren in die Finsternis.
Ich bringe euch meine Tränen über die Welt, ist sie doch die Geißel der Himmel.
Ich bringe euch die Gnade des Herrn, ist er doch aus meinem Schoße.

Oh, mein Sohn, berufen vor den Thron des Allmächtigen.
Oh, mein Sohn hat berufen die Macht in seiner Liebe.
Oh, mein Sohn hat berufen die Propheten und sie der Macht gegeben.
Oh, mein Sohn hat berufen die im Leibe und sie den Propheten und der Macht gegeben.
Und so ist es die Gnade aus meinem Schoße, die ich darbringe in dein Werk.
Ist es doch wahrlich das Werk der Throne und Mächte des Himmels und bist

du doch nicht nur erwählt, sondern aus ihnen geboren.

Ich bringe die Gnade und Barmherzigkeit und schütze sie mit dem Schwert vor dieser Welt.

Im Dienen stark,
im Aufrichten ergeben,
dem Herrn zu dienen an deiner Seite.

***Maria**.«*

»Seid achtsam und prüft all die vielen und neuen Lehren und Botschaften dieser Welt – auch dann, wenn sie den Namen Christus in ihrem Schilde führen, denn vieles ist das Werk eifernder Menschen, anderes das Werk von Einfältigen und Halbherzigen. Wo bleibt das wahre und ganze Wort Jesu Christi in ihrem Munde?«

Johannes der Täufer, Februar 1998

SCHLUSSWORT

In diesem Buch sind einige Botschaften von biblischen Propheten und anderen geistigen Wesenheiten wiedergegeben. Zugleich werden in kurzer Form deren Biographie und Lebensschicksale geschildert. Nicht allen Wesenheiten, die sich bisher zum *Bund der Rose* bekannt haben, konnte Raum gegeben werden. Decken sich nämlich wörtliche Rede und Inhalt zu sehr mit den Botschaften anderer, verlieren sie durch Wiederholung an der gebührenden Anerkennung.

Erschreckend sind die Lebensschicksale der von Gott in diese Welt gesandten Menschen. Bedrängnis, Mißhandlung und Martyrium durch diese Welt sind die Regel. Wie ein roter Faden zieht sich dieses Vergehen der Menschheit an den Zeugen Gottes durch Raum und Zeit. Angefangen bei Abraham über die Propheten, Johannes und Jesus, den Aposteln bis hin zu den Ketzerverbrennungen des Mittelalters. Dieser rote Faden ist in Wahrheit eine Blutspur, die bis heute anhält. Haben wir den Mut und sehen uns das schreckliche Schicksal dieser Auserwählten am Leben einiger an:

Elija war zeitlebens ein Gejagter. Das israelische Herrscherpaar Ahab und Isebel trachtete nach seinem Leben. Ständig in Bedrängnis und auf der Flucht, wollte er einmal lieber des freiwilligen Hungertodes sterben, als weiter in dieser Welt für Gott zu streiten.

Auf Jeremia wurden zwei Mordanschläge verübt. Feindschaft und Verfolgung waren seine steten Wegbegleiter. Er wurde vor der Öffentlichkeit gedemütigt und geschlagen. Der Priester Paschhur legte ihm ein hölzernes Joch auf. Kopf und Arme konnte so der

Prophet über Monate nicht bewegen. Mehrmals lag er angekettet in Gefängnissen und entging nur knapp dem Tode. Eine Rolle seiner Prophezeiungen zerschnitt König Jojakim und ließ sie öffentlich verbrennen. Zudem wurde Jeremia für viele Tage in eine Zisterne, vermutlich eine Fäkaliengrube, geworfen. Sein Leben endete schließlich mit einer Verschleppung durch seine eigenen Landsleute, die ihn zu Tode steinigten. Sein Leben war fünf Jahrzehnte so in Bedrängnis, daß er mehrmals in tiefste Depressionen fiel. So sagt er über sich selbst in Jer 20; 14,18: *»Verflucht sei der Tag, an dem ich geboren bin; der Tag soll ungesegnet sein, an dem mich meine Mutter geboren hat! Warum bin ich doch aus dem Mutterleib hervorgegangen, wenn ich nur Jammer und Herzeleid sehen muß und meine Tage in Schmach zubringe!«*

Von Jesaja wissen wir, daß er unter König Menasse verfolgt wurde. Wie Elija, so war auch er lange Zeit auf der Flucht vor seinen Häschern. Nach seiner Ergreifung wurde er an gespreizten Beinen aufgehängt und von den Geschlechtsteilen bis zur Schädeldecke bei lebendigem Leibe zersägt.

Der Prophet Jona wollte aus Schmach und Gram über sein Schicksal aus dem Leben scheiden. Ein Martyrium ist uns nicht überliefert. In einer medialen Botschaft spricht Jona jedoch von *»größten Grausamkeiten, die ich durch Satan erdulden mußte«.*

Daniel wurde in die babylonische Gefangenschaft geführt. Obwohl er die Anerkennung des Königs Nebukadnezar fand, fiel er Intrigen zum Opfer. Er wurde zum Tode im Feuerofen verurteilt, ein anderes Mal in die Löwengrube geworfen. Er entging dem sicheren Tode durch wundersame Errettung. Sein Ende ist jedoch ungewiß.

Johannes der Täufer wurde mehrmals verfolgt. Am Ende waren Kerkerhaft und Enthauptung.

Auch Jesus wurde von den Häschern des Herodes Antipas verfolgt. Der Sohn Gottes starb nach Hohn, Spott und Geißelung den qualvollen Kreuzestod.

Der Apostel Paulus fiel in Jerusalem einem Aufruhr gegen ihn zum Opfer. Verhaftung, Verhöre und Prozesse endeten zunächst mit einer Überführung nach Rom. Auf der Reise erlitt er Schiffbruch vor der Insel Malta. Es folgten zwei Jahre Gefangenschaft. Sein Leben endete schließlich durch Enthauptung.

Zwei Jahre vor Paulus' Tod fiel der Apostel Petrus der Christenverfolgung unter Kaiser Nero zum Opfer. Er wurde in Rom gekreuzigt.

Der Apostel Matthias wurde halbtot gesteinigt. Da sein schmerzvolles Sterben seinen Mördern zu lange dauerte, erschlugen sie ihn mit dem Beil.

Der Evangelist und Apostel Markus wurde mit einem Seil um den Hals durch die Stadt Alexandrien gezogen und die Menge rief: *»Wir ziehen den Ochsen zur Schlachtbank«*. Er starb unter dem Jubel der Massen.

Während des hl. Opfers am Altar erlitt der Apostel und Evangelist Matthäus den Tod durch einen Lanzenstich.

Geißelung und Tod am schrägen Kreuze mußte der Apostel Andreas erdulden. Er wurde mit Stricken ans Kreuz gebunden und lebte in dieser qualvollen Stellung noch zwei Tage.

Auch von Lukas und weiteren Aposteln und Jüngern Jesu wird ein qualvoller Martertod überliefert.

Der Lieblingsjünger Jesu, der Apostel Johannes wird auf die Insel Patmos verbannt. Davor erging jedoch auch an ihn das Todesurteil. An einem öffentlichen Platz vor dem Lateinischen Tor hatte man ihn in einen Kessel mit siedendem Öl geworfen, doch er blieb unverletzt.

Die Jüngerschar des Johannes erhielt von Herodes Antipas generelles Redeverbot. Sie wurden ständig überwacht und verfolgt, ein großer Teil schließlich verjagt.

Mit den Aposteln und Jüngern war aber das Martyrium der Welt an den Gesandten Gottes keineswegs beendet. So wurde z. B. der hl. Sebastian zum Tode durch Erschießen verurteilt. Im flavischen Theater wurde er solange mit Pfeilen beschossen, bis er blutüberströmt und bewußtlos zusammenbrach. Eine Witwe sollte ihn begraben, fand ihn aber noch am Leben und pflegte ihn gesund. Er wurde jedoch erneut ergriffen und in der Arena *»niedergeknüppelt wie ein Hund«*. Sein Leichnam wurde in die angrenzende Kloake geworfen.

Der hl. Januarius wurde mit seinen Glaubensbrüdern dazu verurteilt, von wilden Tieren im Amphitheater zerrissen zu werden. Doch die Raubtiere rührten die Männer nicht an. Januarius und seine Gefährten wurden daraufhin in qualvoller Prozedur enthauptet.

In den Kerker geworfen, geschlagen, mannigfach gefoltert und schließlich enthauptet wurde der hl. Blasius.

Die Kirche schließlich selbst hat durch ihre unrühmliche Inquisition hunderttausende edelste und reinste Geister erbarmungslos verfolgt, gequält und zum Tode auf dem Scheiterhaufen verurteilt. Sie bemüht sich heute zwar um Rehabilitation der Opfer; dies geschieht aber zaghaft und halbherzig.

Die Liste der Grausamkeiten, Verfolgungen und Martyrien an den Zeugen Gottes ist schier unendlich und reicht bis in die heutige Zeit. Diese lange und doch nur beispielhafte Aufzählung der Martyrien hat einen tiefen Grund. Die Opfer, die diese Welt dem Juden- und Christentum abverlangte, finden in keiner anderen Religion ihresgleichen. Welche Welt aber ist das nun, die gegen die Zeugen dieses Einen Gottes alle Mittel aufbringt, um sie zu quälen und zu vernichten? Von welchem Geist sind die Folterknechte und Mörder der Streiter Gottes beseelt? Welchen Geistes ist die Masse, die voller Genugtuung und dumpfer Befriedigung diesen Taten zugesehen hat und zusehen wird? Die Antwort ist einfach, aber sie verlangt auch Mut und Erkenntnis: Diese Welt ist vom luziferisch-satanischen Geist geprägt. Nicht nur die physikalischen Gesetze der materiellen Erde und ihrer Elemente haben dieses Charakterium, auch die Menschen unterliegen in vielen Bereichen ihres Handelns und Denkens dem Willen Satans.

Im Prinzip ist alle Materie, alles Fleisch ihm ausgeliefert, denn als ›Herr des Todes‹ brachte er den Tod in diese Welt (Hebr 2,14). In Jesu Gleichnis vom Sämann (Mt 13,19) raubt er den Menschen das in sie gesäte Wort Gottes. In Mt 9,34 gilt Satan als der ›Oberste der Dämonen‹. Jesus selbst nennt ihn oft den »Fürsten dieser Welt«. In den jüngsten Botschaften Johannes des Täufers bezeichnet er Satan als den »Gegenpol Gottes«. Tatsächlich leitet sich der Ausdruck *Satan* aus dem hebr. Wort für *Gegenspieler* ab.

So ist es nicht verwunderlich, daß diese gegenpolige Welt zu Gott auch den Gesandten und Zeugen dieses Gottes feindlich gegenübersteht. In Joh 8;40,44,47 sagt Jesus auch ganz deutlich:

»Nun aber sucht ihr mich zu töten, einen solchen Menschen, der ich euch die Wahrheit gesagt habe, die ich von Gott gehört habe. ... Ihr habt den Teufel zum Vater, und nach eures Vaters Gelüste wollt ihr tun. ... Wer von Gott ist, der hört Gottes Worte: Darum höret ihr nicht, denn ihr seid nicht von Gott.«

Nun gibt es in jüngster Zeit Lehren, verstärkt aus sogenannten esoterischen Zirkeln, die behaupten, daß Satan eigentlich nicht existiert. Satan sei vielmehr die Energiesumme der negativen Gedanken, also eine unpersönliche Energie. Diese These ist im Prinzip schon töricht, da jede Energieform nur Wirkung ist, aber nicht selbst Ursache. Selbst die Summe aller Energien hat einen Ursprung und ist selbst nur Ausdruck einer sich verwirklichenden Kraft. Es gibt weder im Alten noch im Neuen Testament den geringsten Hinweis, der o. g. These bekräftigen würde. Im Gegenteil, in den drei Büchern des Alten Testaments wird Satan als Anstifter der Menschen zur Abkehr von Gott bezeichnet. Im Prolog des Buches Hiob erscheint Satan unter den ›Söhnen Gottes‹ (Hiob 1,6).

Es gehört auch zur Problematik unserer Zeit, daß der moderne und vermeintlich kluge Mensch die negativen Auswirkungen durch das satanisch-luziferische Prinzip nur für leicht korrigierbare Irrtümer hält und nicht imstande ist, sie als wesenhafte Eingriffe störender geistiger Mächte zu erkennen.

Satans Reich ist die Welt der Materie. In ihr ist der ›Fürst dieser Welt‹ der Herrscher aller lebenden und toten Stofflichkeit. In den höheren Naturreichen (Pflanzen, Tiere und Menschen) sorgt er für die Wahrung von Schmerz, Leid und Tod. Jede vom Leben durchströmte materielle Stofflichkeit fällt immer wieder dem Tod anheim. Er versperrt dem Menschen aber die Sicht darauf, daß auch in der physischen Materie reiner Geist wirkt. So will er glaubhaft machen, Materialität sei etwas Absolutes und die einzige mögliche Ausdrucksform von Energie. Er zwingt uns die Vorstellung auf, daß die Gesetzmäßigkeit der Materie auch die Gesetzlichkeit des Geistes und Denkens sei. Satanisch ist daher alle Philosophie, alles Denken, das das Lebendige nach den Gesetzen des Physischen beurteilt, das die materiellen und leiblichen Dinge zum Maß und Ziel des menschlichen Daseins macht. Alle Spektren des Materialismus finden sich hier wieder.

Was Satan im Bereich der Stofflichkeit bewirkt, will das Luziferische im Seelenleben des Menschen bewirken. Gefühl und Wille sollen gesteuert und vom göttlichen Geist ferngehalten werden. Luzifer will den Menschen durchaus in höhere Ziele und Bestrebungen treiben. So zeigt er dem Suchenden zwar Geistiges, verwehrt ihm aber den Blick, das Erkennen der wahrhaft übergeordneten Welt des göttlichen Geistes. Sein Ziel ist es, das Denken, die Gefühle des Menschen zu umnebeln und ihn so in eine Scheinwelt hineinziehen. Luziferisch sind daher der Drang nach Schönheit, hohler Idealismus, der Drang zur äußeren Selbstverwirklichung, berauschende Ideale, die Hoffnung auf ein Leben ohne Schmerz, Mühe und Leiden, der unabdingbare Glaube an sich selbst, Hochmut und Selbstüberschätzung sowie alle Art von Liebe egoistischer Prägung. Selbst religiöse und ideologische Bewegungen, die den Menschen in einen süßen Gefühlstaumel versetzen, gelten als luziferisch. Auch die übertriebene Frömmigkeit fällt in diesen Bereich.

Wie Satan alle Materie beherrscht, so will auch Luzifer souveräner Herrscher unserer Gefühls- und Gedankenwelt sein. Wie Satan das Materielle, das Leibliche aus der göttlichen Schöpfung gerissen hat, so hat Luzifer das Geistige vom wahren Geist Gottes abgetrennt.

Satan und Luzifer sind gegensätzliche Versucher. Sie wirken aber gewöhnlich zusammen, denn ihr oberstes Ziel ist, den Menschen in dieser Welt, in ihrem Reich zu behalten und von der eigentlichen Schöpfung Gottes abzuhalten. Zwischen beiden verläuft der Weg des Menschen auf der Suche nach Frieden und Erlösung im Wort und Geist des EINEN GOTTES.

Das Wort und der Geist dieses Gottes wird uns durch seine Propheten, Gesandten und Zeugen vermittelt. Es ist leicht nachvollziehbar, daß diese im Reich des Widersachers nicht geduldet sind. Daher sind sie meist auch in stetiger Bedrängnis und Verfolgung durch die Menschen dieser Welt. Während das Satanische leichter zu durchschauen ist, wird das Luziferische oft nicht erkannt. Vielerlei Arten von religiösen Irr- und Heilslehren sind geprägt von luziferischen Elementen. Auch ein Teil der heutigen ›Esoterik-Welle‹ sowie der Sekten und Ashrams indischer Meister fällt in diesen Bereich. Selbst anerkannte Bruderschaften und Bünde sind nicht frei von luziferischer Prägung. Darunter fallen auch einige Hochgradsysteme der Freimaurerei und zahlreiche andere geheime Orden, wie etwa Goldene Dämmerung, Gold- und Rosenkreuzer, Societas Rosicruciana, Societas Rosicruciana in Anglia und Rosenkreuzer. Mit ihren pantheistischen Irr-Lehren führen sie den Suchenden langsam, aber kontinuierlich weg vom Kern der Christus-Botschaft hin zu meist nicht erkannten luziferischen Ideologien. Sie leisten damit einen erheblichen Beitrag zur Vorbereitung der Menschen auf Maitreya, den Antichristen. Diesem Mittel dienen auch die Theosophische Gesellschaft, die Thule Gesellschaft, die New-Age-Bewegung, aber in weit größerem Ausmaß und Umfang die Sekten, Ashrams und Geheimbünde Maitreyas unter der Führung seiner Meister. Ziel dieser Ashrams ist es, neben den Eingeweihten, Jüngern und Adepten auch den Großteil der Menschen in die Hierarchie einzubringen, und auf den *»großen Dienst für die Welt und ihren Herrn«* (Satan, Luzifer) vorzubereiten. Die Eingliederung in diese Hierarchie geschieht dabei in Form von Initiationen sowie praktischen Disziplinen. Meist erfolgt eine Umnebelung, eine Verwischung und Neu-Interpretation der Bibel, speziell der Jesus-Botschaft. Diese Vernetzung der Jesus-Lehre mit luziferischen Zielen wird von den Suchenden kaum erkannt, da zu wenig Wissen vorhanden ist. Die Aufforderung, mit dem Herzen zu deuten, zu fühlen und zu handeln ist verlockend. Da die Gefühlswelt aber ohnehin luziferisch geprägt ist, ist die Versuchung groß. Praktiken, wie z. B. Rückführungen in frühere Leben, lesen in der Akasha-Chronik, Astralreisen, Mesmerismus, Hypnose, Ausübung von okkulten Kräften, auch Yogi-Kräften, aber auch das sogenannte geistige Heilen, sollen vom Suchenden ernsthaft hinterfragt und zumindest mit der Botschaft des Neuen Testaments abgeglichen werden. Viele sogenannte Meister und spirituelle Lehrer benutzen den Namen Jesus Christus nur zum Schein. So entsteht der Eindruck, ihre Lehren seien christlich oder stünden in vollem Einklang mit der Botschaft Christi. Andere wiederum verkünden den zukünftigen Weltfrieden unter dem Dach einer einheitlichen Weltreligion und –führung. Jesus wird dabei auch eine Rolle zugeordnet: Er bleibt lediglich noch ein Meister unter vielen und dient somit den Interessen und Zielen des selbsternannten Weltlehrers für die kommende Zeit. Vielfach ist die Rede und Lehre von einem ›kosmischen Christus‹ oder schlicht nur noch von einem ›Christus-Bewußtsein‹. Ein klarer und analytischer Blick läßt aber die Umnebelung der ursprünglichen Christus-Botschaft erkennen, spätestens dann, wenn gesagt wird, Jesus sei damals lediglich von Christus überschattet worden, um in der Jetztzeit als *ein* Meister dem wiederkehrenden Christus zu dienen. So heißt es z. B. in einer millionenfach verbreiteten Heilslehre, daß der wahre Christus jetzt unter dem Namen Maitreya wiederkehre. Dies sei auch der persönliche Name Christi seit Anbeginn. Maitreya – aber auch andere ›Weltlehrer und -erlöser‹ mit millionenfachen Jüngern – trennen deutlich Jesus von Christus. Sie leugnen, daß Jesus der Christus und Erlöser ist und setzen sich selbst an dessen Stelle. Mit ihren Botschaften und Versprechungen vom Frieden und Heil in *dieser* Welt sowie ihrem ausschließlichen Erlösungsanspruch finden sie selbst unter den Christen regen Zuspruch und Verehrung. Auf der einen Seite ist dies zwar erklärbar, denn wer will nicht Heil und Erlösung; auf der anderen Seite sind es aber genau die Propheten, die Lehren und vielerlei Christusse, vor denen die Bibel ausführlich warnt. So sagt der Apostel Johannes: *»Wer ist der Lügner, wenn nicht der, welcher leugnet, daß Jesus der Christus sei? Das ist der Widerchrist, der den Vater und den Sohn leugnet«* (1. Joh 2,22). Jesus Christus selbst warnte nachhaltig vor den falschen Propheten und Wölfen in Schafskleidern, die vor dem Gericht des Herrn und seiner Wiederkunft verstärkt die Menschen irreleiten werden; z. B.: *»Sehet zu, daß euch nicht jemand verführe. Denn es werden viele kommen unter meinem Namen und sagen: Ich bin der Christus, und werden viele verführen«* (Mt 24;4,5). Einige Verse weiter (9-12) prophezeit er alsdann, daß der Unglaube zu dieser Zeit überhandnehmen wird, und diejenigen, die sich zu ihm, dem Christus bekennen, der Drangsal der Welt preisgegeben sind und getötet werden.

In der Johannes-Offenbarung sind diese Vorgänge noch ausführlicher und bildhafter beschrieben. Den großen Welt(ver)- führer und Antichrist nennt Johannes das ›Tier‹, dessen Malzeichen bzw. die Zahl eines Namens ihn verrät: *»Hier ist Weisheit! Wer Verstand hat, der überlege die Zahl des Tieres, denn es ist eines Menschen Zahl, und seine Zahl ist 666«* (Offb 13,18).

Hierzu ein Hinweis: Wenn Sie selbst der hebräischen Kabbala nicht mächtig sind, so lassen Sie sich von einem wirklich Kundigen den Namen des selbsternannten Weltlehrers entschlüsseln: Sie werden überrascht sein von der ›Zahl seines Namens‹.

Johannes der Täufer geht auf die Verblendung der Menschen

durch die jetzigen falschen Christus-Lehren verstärkt ein. In seinen Botschaften sagt er stets klar und deutlich, daß Jesus und Christus eins sind und nicht trennbar. Besonders eindrucksvoll, mahnend und lehrreich sind seine Worte vom Dezember 1997, die in diesem Buch wiedergegeben sind.

Es ist aber zu befürchten, daß selbst diese Worte in ihrer Klarheit von vielen nicht angenommen werden. Zu groß ist die Verlockung und Verblendung so vieler neuer Heilsbotschaften. In vielerlei Hinsicht scheinen das ›wahre Licht Jesu Christi‹ und der ›falsche Schein der Verführer‹ deckungsgleich. Diejenigen aber, die kritisch und hinterfragend diese Lehren prüfen, finden schnell die Unterschiede zur wahren Lehre Jesu Christi.

Besondere Aufmerksamkeit ist z. B. geboten:

- Wenn jemand lehrt, die Botschaften von Maitreya, Sai Baba, Sant Thakar Sing u. a. sind aus dem selben Einen Gott gegeben wie die Botschaft von Jesu Christi. Alle entspringen einem einzigen Liebesquell.

- Wenn gelehrt wird, daß Gott lediglich Energie sei ohne eigentliche Wesenheit, und daß daher alles eins sei in dieser Energie, ob Maitreya, Sai Baba usw. oder Jesus Christus.

- Wenn Jesus und Christus getrennt werden.

- Wenn Jesus nur als Meister eines bestimmten Strahls bezeichnet wird oder in der Lehre lediglich eine Teilfunktion zu erfüllen hat.
- Wenn Initiation und rituelle Praktiken verlangt werden.

- Wenn von göttlichen Wundern und göttlicher Heilung gesprochen wird, diese aber nicht nachweisbar sind.

- Wenn das Heil des Leibes und der Materie, also das Heil in *dieser* Welt verkündet wird.

- Wenn das Verstandesdenken total verworfen und stets lehrhaft gefordert wird: Ihr müßt es mit dem Herzen verstehen!

- Wenn die persönliche Freiheit und die eigene Entscheidung beschränkt oder gar genommen werden.

- Wenn von Geist und Seele gesprochen wird, in Wahrheit aber Dienst und Hingabe an die Materie gefordert wird.

- Wenn dem persönlichen Gebet zu Gott oder Jesus Christus keine Bedeutung beigemessen wird, der Meditation und dem ›Lichtdienst‹ aber höchster Stellenwert eingeräumt werden.

Einige große Sekten und Ashrams indischer Meister binden die Menschen im Rahmen der Initiation, der Einweihung, an Shambhala. Dieses ist nach deren Lehre das Zentrum *dieser* Welt, der Sitz der geistigen Hierarchie, das Schaltpult und Heilszentrum dieses Planeten und seiner Bewohner. Es soll nach deren Lehre auch der Sitz des Christus-Geistes sein. Hat uns Jesus Christus belogen, wenn er uns stets bekundete, daß weder sein Reich noch sein Heil von *dieser* Welt sind? – oder ist dies eine gezielte Irreführung und Verblendung des Widergeistes? Ist Shambhala der Sitz Satans und seiner obersten Dämonen, seiner Hierarchie? Meinte Johannes der Täufer etwa Shambhala, wenn er zu Satan sagte:

> *»Ich weiß, wer du bist und wo du wohnst, und über deine Stätte werde ich als erstes kommen!«*

Es sind aber nicht nur die Sekten und Ashrams indischer Herkunft, in denen sich millionen Suchende finden, sondern auch professionell geführte, weltumspannende Organisationen wie etwa Scientology, die möglichst viele Menschen in ihre Hierarchie eingliedern wollen. Nach außen hin propagieren diese Organisationen stets das Heil für Welt und Mensch. Es ist aber deren Philosophie und Festlegung, welches Heil die Welt bedarf. Ihr Heil steht nicht im Einklang mit dem von Jesus Christus verkündeten. Es muß befürchtet werden, daß sich dahinter die oft prophezeiten Bestrebungen des Antichristen verbergen. Dieser will vor dem Tag des Gerichts die äußere und innere, die politische und ideologische Herrschaft über die gesamte Menschheit, um so dem kommenden Christus vereint entgegenzuwirken.

Aber noch eine große Gefahr erwächst dem wahren Christus-Geist. Es sind dies die vielerlei esoterischen Zirkel und Jüngerschaften aller erdenklichen Strömungen. Die Bandbreite reicht vom Heil der Welt durch Außerirdische bis hin zur ausschließlichen Heilslehre verschiedener Meister. Während viele esoterische Gruppierungen im guten Glauben handeln, bemerken sie nicht ihre langsame, aber kontinuierliche Entfernung von der Christus-Botschaft. Diese meist ungewollte Abnabelung fällt leicht, weil den meisten Menschen die Bibel zu wenig vertraut ist. Das Zauberwort von der göttlichen Energie und dem Christus-Bewußtsein öffnet die Tore in alle Richtungen. Christus wird entsprechend den eigenen Vorstellungen, Wünschen und Erwartungen verformt, verwässert oder gar persönlichen Zielen unterworfen. Nicht wenige fühlen sich berufen, im Namen Christi zu heilen. In anderen Zirkeln wird wiederum ein Einheitsbrei der Christus-Liebe verkündet, der jede Form von Erkenntnis im Keime erstickt. Andere wiederum lehren eine Christus-Botschaft, die völlig losgelöst ist von der Wurzel. Sie argumentieren damit, daß die Kirchen die Jesus-Worte bewußt verfälscht haben und Christus nun neuer, reiner Werkzeuge bedarf. Es ist dann oft die Rede von Wahrheit und Klarheit. Diese bleibt jedoch undefiniert, so daß das jeweilige Gefühlsempfinden das Maß der Dinge ist. Die äußeren Differenzen all dieser Gruppierungen scheinen gering, vereint sie doch vermutlich das Christus-Bewußtsein. Die inneren Differenzen aber und die Definitionen über dieses Christus-Bewußtsein sind jedoch oft unüberbrückbar. Die Befürchtungen sind mehr als berechtigt, daß sich die Masse dieser Menschen in der Stunde der Wahrheit gegen Christus und seinen Wegbereiter stellt.

Wir stehen vor einer Zeitenwende unbekannten Ausmaßes. Das Kommende wirft seine Schatten voraus. Diese Schatten beinhalten aber auch verstärkt die Bemühungen Satans, seine Macht und sein Reich zu bewahren. Um seinem Reich ›seinen Frieden‹ zu erhalten, bedarf er der Hilfe der Menschen. Ein Großteil ist ihm willig ergeben, ohne es selbst zu wissen.

Nach den Worten Johannes des Täufers sind *›Tag und Stunde eingebrannt in das Firmament‹*, da die Macht Satans über Welt und Menschheit durch das Gericht des Herrn gebrochen wird. *»Auch die Finsternis weiß darum seit Anbeginn, denn der Gnade des Vaters wurde eine Zeit auf Erden gegeben. Gunst und Kraft gegeben selbst dem Satan, der des Vaters Geist gedemütigt hat ohne Unterlaß und seine Liebe zertreten hat wie Gewürm.«*

Nach den Worten Johannes des Täufers will Satan an das für ihn Unfaßbare nicht glauben, denn als Widersacher Gottes im Kampf um die Menschen ist es ihm gelungen, Welt und Mensch unter seiner Herrschaft zu versklaven. Mit der Geburt und Mission von Johannes dem Täufer und Jesus Christus vor zweitausend Jahren muß aber für Satan bereits eine entscheidende Wende eingetreten sein, denn Johannes sagt:

»Schwert und Kreuz sind in seinen Leib (sprich: in die Welt) *getrieben worden. Noch höhnt er dem wahren Geist, doch zur Stunde des Gerichts werden Schwert und Kreuz sein Urteil sein. Jesus Christus ist durch seine Hand am Kreuz gestorben, doch sein Geist wurde geboren im Reich des*

Satans. Und dieser Geist stieg hinab in die Keimzelle des Verderbers. Von da ab wurde ihm nur noch wenig Zeit gegeben, die Herrschaft Gottes zu bekämpfen. Jetzt aber ist die Zeit erfüllt, wo selbst Satan erkennt, daß sich die Wolken des Zorns über ihn füllen. Seine List aber ist unerreicht und seine Helfer unter den Menschen scheinen unerschöpflich. Doch der göttliche Same auf Erden ist durch den Tod Jesu Christi nicht mehr tilgbar. Töricht aber ist der Verderber dennoch. Er tötete die Leiber der Zeugen Gottes und wähnte sich in Sicherheit, auch den Geist Gottes ausgelöscht zu haben. So ist ihm stets die Macht des wahren Geistes fremdgeblieben. Seine List aber zum Ende der Tage wird sein, diesen unauslöschlichen Geist Christi zu verformen nach seinem Plan und in seine Dienste zu stellen. Dieser gehaßte und verfluchte Christus soll sich ihnen beugen und Diener werden seinem Reich aus Stein und Fleisch und Blut, seiner Welt aus Leben und Sterben. Dieser Störenfried Christus soll erhalten diese Welt. Vor den Menschen aber gibt der Satan kund, daß Christus eins ist mit dieser Welt. Die Menschen wird er lehren, daß sie im Namen Christi beten sollen für das Heil und den Frieden seines abgefallenen Reiches.

Seht, schon hat er seine Lehrer und Meister ausgesandt in die Welt. Demütig knien die ersten schon nieder vor ihnen und verehren sie gleich Göttern. Sie sind die Götter Baals und ihre weißen Kleider sind blutbefleckt von Menschenopfern. Ihre gefalteten Hände werfen dunkle Schatten auf die Seelen und ihrer Augen Glanz wird stumpf sein in der Stunde der Wahrheit.

Satan und die seinen werden aufbegehren und widerstreiten mit aller Macht, aber das Maß des Blutzolls der Gerechten ist erfüllt. Im Meer aus Blut und Tränen der Gequälten wird sein Atem ersticken. Was er selbst geschaffen in seinem Blutrausche, wird ihn erlöschen.

Sein letztes Aufbäumen aber wird noch Opfer bringen ohne Zahl.«

Auf dem Hintergrund dieser Johannes-Worte ließe sich ein Großteil der neu-esoterischen Heilslehren erklären. Da Satan sein Ende kommen sieht, sucht er den Ausweg, der zugleich auch Neubeginn und Festigung seines Reiches sein könnte.

Den Menschen zumindest soll suggeriert werden, daß dieser Christus-Geist der Welt der Materie und damit der Welt Satans dienen wird, daß Christus sich in einer Welt aus Stein und Fleisch und Blut verankert. Ein langersehntes Ziel Satans ginge in Erfüllung: der erstgeborene Sohn Gottes dient ihm und seinem Reich. Der ewige und wahre Geist Christi geht für immer und ganz in die Welt der Materie und läßt sich demütigen und opfern aus unauslöschlicher Liebe zu allem, selbst zu Satan.

Viele Menschen denken und hoffen aber ebenso. Sie wünschen sich nichts mehr, als eine Befriedung *dieser* Welt durch Christus. Viele ›Meister‹ lehren sogar, daß diese Befriedung schon da ist. Wer nun Opfer dieser Welt wird, hat entweder sein Karma abzutragen oder noch nicht einen erlösenden Meister, sprich Guru, gefunden. Dieser kalte Zynismus ist wirklich satanisch; er wird aber geschickt unter dem Deckmantel von Liebe und Heil verborgen.

Aus den Worten Johannes des Täufers hört man aber noch etwas heraus; nämlich den Schrei des Schmerzes und die Klage der Verzweiflung der Zeugen Gottes, die dem Widersacher und seinen Helfern geopfert wurden. Die Schar derer ist unermeßlich. Von den Menschen und der Welt sind sie nicht gezählt, wohl aber vor Gott. Sie sind nicht stumm, sondern stehen klagend vor Gott. Sie sind auch nicht stumme, verzeihende und vergessende Zeugen wider den Satan, sondern laut und deutlich in ihrem Bekenntnis, gegen ihn zu streiten. Die in diesem Buch wiedergegebenen Botschaften der Propheten und Streiter Gottes sprechen eine klare Sprache. Die Klage der Blutzeugen vor Gott ist aber nicht zu überhören. Selbst in den Botschaften dieses Buches sind Ansätze erkennbar, bei den Worten Novalis‘ sogar offenkundig. Eine Botschaft des Propheten Jesaja vom März 1999 verdeutlicht dies ebenfalls:

»Herr der Heere,
mit weinenden Händen stehen abermals die deinen vor dem Tore der Freiheit.
Ihre Seelen rufen um Einlaß, und die Tore werden zerbersten in seinem Zeichen, das nicht Tod und Teufel bezwingen kann:
IOANNIS-JOHANNES-ELIJA.
Sein Zeichen ist das Faustpfand der Gerechten und Gequälten.
Jene, die im Leibe nun gerufen sind, ihr Weg durch das Tor ist frei.
Einig und verschworen
***Jesaja.**«*

In der Johannes-Offenbarung findet sich die Klage der Gerechten vor Gott im Kapitel 6,9-11. Aber offenbar ist das Maß des Blutzolls noch nicht erfüllt, denn sie werden vertröstet noch eine kleine Weile, *»bis daß vollends hinzukommen ihre Mitknechte und Brüder, die auch noch sollten getötet werden gleich wie sie«.*

Wenn diese Worte auch hart und kaltherzig klingen, so werden sie doch wahr sein, wissen wir doch, daß die Zeit der großen Auseinandersetzung zwischen Licht und Finsternis erst noch bevorsteht. Es ist die vielprophezeite Auseinandersetzung zwischen den *›Streitern des Lichts‹* und den *›blinden Reitern der Finsternis‹*, der Kampf zwischen denen, die im Geiste Christi stehen und dem Antichristen.

Jesus Christus hat die noch kommende große Drangsal für die Zeugen Gottes nicht verhehlt. Johannes der Täufer weist in seinen heutigen Botschaften darauf hin, ebenso die Propheten und anderen Wesenheiten.

Deutlich ist das Bekenntnis aller Streiter des Lichts zu Johannes dem Täufer und seinem neuerlichen Werk im Namen Jesu Christi. Groß ist die Hoffnung in den *›Streiter des Herrn‹*, in das *›tapferste Wesen der Einheit‹*, der den Kampf wider den Satan beginnt, damit der Geist Christi einkehren kann in die *neue* Welt. Das Vertrauen und die Hoffnung all derer, die sich zum Bunde mit Johannes dem

Täufer vereint haben, sind berechtigt. In einem Wort an Satan sagt er:

»Ich habe ein Gelöbnis gegeben dem Vater: Kampf und Sieg werde ich erringen für ihn.
Ich habe aber auch gegeben ein Gelöbnis den Blutzeugen, den Gemarterten und Gerechten: Entreißen werde ich sie deinem geiferndem Maul und deinen blutigen Krallen, Satan. Nicht einen einzigen werde ich dir belassen.
Höre Satan: Das letzte Gelöbnis löse ich als erstes ein.«

Dieses ist ein großes Versprechen. In seinen Botschaften hat Johannes der Täufer aber nie verschwiegen, daß die Macht, die es zu brechen gilt, groß und schwer bezwingbar ist. Nie hat er verhehlt, daß alle, die mit ihm gehen, umkommen werden durch die Finsternis – aber auferstehen im höchsten Licht des Vaters.

Seine vielfach prophezeite Wiederkehr am Ende der Tage wird ein erneuter Opfergang im Leibe für den wahren und einzigen Geist: Den Geist Gottes und seinen erstgeborenen Sohn.

Sein erneutes Schicksal ist ihm bewußt. Er hat es der Welt preisgegeben mit den Worten:

»Wieder und wieder bin ich gestorben durch die Finsternis, doch wieder und wieder bin ich erstanden.
Wiederum wird mein Leib sterben durch die Finsternis,
doch so mein Leib getötet ist in dieser Welt,
wird sich erheben mein Schwert zum Schlag
wider die Welt des Satan.
Die Wunden Satans aber werden nicht mehr heilen,
denn sein Reich ist ihm genommen und gegeben einem anderen:
Gegeben dem, für den ich ausgesandt bin.«

Johannes der Täufer ist der Vorläufer und Wegbereiter Jesu Christi, einst und jetzt. Er ist eine biblische Gestalt, die das Alte

Testament und das Neue Testament nahtlos verbindet. Die Propheten des Alten Bundes, die Apostel und Jünger des Neuen Bundes bezeugen dies in wohl einmaligen Bekenntnissen zu ihm. Johannes der Täufer ist die Klammer der Propheten und der Geist, der aus ihnen sprach und spricht. Er ist der Stamm des göttlichen Erlösungsplanes, Jesus Christus die Frucht und Ernte. Dies spiegelt sich deutlich wieder im *»Bund der Rose der Nacht, die am Tage der Geburt Jesu erblühte«*. Der Stiel entspricht der Wesenheit Elija-Johannes, die Rosenblüte Jesus Christus. Der Stamm, der Stiel wurde getrieben in die Nacht (= Nacht des Geistes, die Finsternis Satans), die Knospe symbolisiert die Propheten und Zeugen Gottes. Mit der Geburt Jesu Christi aber erhalten Stiel und Knospe erst ihre langersehnte Bestimmung. Die Blüte erstrahlt im Lichte.

Ist uns über all die zweitausend Jahre die gesamte Bedeutung Johannes des Täufers und seine Aufgabe verborgen geblieben oder mußte es uns gar verborgen bleiben?

Jesus Christus wollte es uns aber nicht verbergen, denn er sagte:

> *»Denn alle Propheten und das Gesetz haben auf Johannes hin geweissagt, und wenn ihr es annehmen wollt: Er ist Elija, der kommen soll. Wer Ohren hat, der höre!«* (Mt 11,13-15).

Vor zweitausend Jahren hatte Johannes der Täufer die Aufgabe, das israelische Volk von den falschen Lehren der Pharisäer und Schriftgelehrten zu befreien; die Dogmen, Kulte und Riten zu verwerfen. Erst mußte er diese Basis schaffen, um dann den kommenden Messias zu verkünden. Erwartet wurde dieser Messias von allen. Aber die Pharisäer erwarteten ihn auf ihre Weise, die Essener auf eine andere, die Sadduzäer usw., usw. Johannes der Täufer gab ihnen allen eine neue Lehre und Botschaft über den kommenden Erlöser. Jedermann, der eine andere Vorstellung und Erwartung hatte, wurde zu seinem Feind und Verfolger. Aber sein Wort war Wahrheit und erfüllte sich. Bezahlen mußte er sein Zeugnis für die

Wahrheit mit dem Tode.

Wieder erwartet die Welt die Wiederkehr des Messias.
Wieder sind viele falsche Lehren in die Welt gesetzt.
Wieder wird Johannes der Täufer auf die wahre Botschaft Christi verweisen.
Wieder wird er das Kommen des wahren Erlösers verkünden.
Wieder wird er verfolgt und getötet werden durch die Finsternis.

Johannes der Täufer ist bereits gekommen um zu scheiden jene, die den wahren Geist Gottes suchen von denen, die dem Leibe, der Materie und der Erde anhängen.

Es wird eine schmerzvolle Trennung sein. Sie wird für den einen Erlösung sein, für den anderen aber den Tod bedeuten.

»Oh Herr, gib deinem Streiter Kraft und erbarme dich derer, die mit ihm gehen.«

Walo Winberg, im Juli 1999

BUCHEMPFEHLUNG

Hans Bernd Altinger

JOHANNES DER TÄUFER

SEIN WAHRES LEBEN UND WIRKEN – SEINE WIEDERKEHR

328 Seiten, Leinenband mit Schutzumschlag, Farbabbildungen
ISBN 3-926087-20-X, Drei Ulmen Verlag, München
DM 38,--; EURO 19,40; ÖS 277,--; SFR 35,50
Vertrieb: POSS Verlag GmbH, 83072 Bad Feilnbach, Postfach 50
Fax: 08066 – 906872

Nach jahrelangen gründlichen Studien und Forschungsreisen hat der Autor ein ungewöhnliches Buch über **JOHANNES DEN TÄUFER** veröffentlicht. Ein ernsthaftes und bemühtes, in keinem Teil spekulatives Werk, das auf dem Höhepunkt der Diskussion um **Jesus Christus**, **die Qumran-Essener** sowie das **Urchristentum** mit neuen Argumenten eingreift.

Der Autor nimmt sich mit großem persönlichem Engagement der bisher zu wenig beachteten ehrfurchtgebietenden Gestalt Johannes des Täufers an und erhellt die Mysterien um Geburt, Mission und Tod dieses charismatischen Propheten, Erneuerers und Vorläufers Christi. Die Biographie will verborgenes Biographisches wiederentdecken, es erkunden und erfahrbar machen. Eine solche geistige Reise zur Entdeckung der Vergangenheit ist eine Unternehmung, deren Sinn sich erst am Ende hin erschließt.

Wer war dieser Asket, Prediger und Volksheld wirklich? Wie lebte er? Welche Gründe führten zur Gefangennahme und Enthauptung durch Herodes? Wie waren die persönlichen und religionssoziologischen Beziehungen zwischen **Jesus und Johannes dem Täufer**? Gehörten beide der geheimnisvollen Weißen Bruderschaft der Essener an, und war der Täufer etwa der Lehrer Jesu?

Seit den **Schriftrollenfunden vom Toten Meer** im Jahre 1947 beschäftigen diese Fragen Fachwelt und Öffentlichkeit gleichermaßen. Hans Bernd Altinger geht diesen, aber auch vielen anderen hochbrisanten Fragen nach und gibt fundierte Antworten anhand bisher noch nicht beachteter Dokumente und Quellen.

Der Autor hat aber noch mehr gefunden: Prophezeiungen aus alter und neuer Zeit, sowie ungewöhnliche Phänomene und Zeichen heute, die von einer **Wiederkehr Johannes des Täufers** in naher Zukunft künden.

Für unsere heutige orientierungslose Zeit gibt das Buch eine Fülle von Anregungen, auch unsere verlorene Spiritualität und Sensibilität wieder neu zu entdecken.

Ein besonderes Buch mit positivem Echo in Presse, Rundfunk und TV.

BUCHEMPFEHLUNG

Ursula Valentin

...AUF DASS ICH EUCH BEWAHRE VOR DEM GERICHT DES HERRN

JOHANNES DER TÄUFER VOLLENDET SEINE MISSION
SEINE LEHRE AN DIE MENSCHHEIT

Dieses Buch erscheint im Oktober 1999
ca. 320 Seiten
ISBN 3-9806827-1-4
DM 34,50; EURO 17,60; ÖS 252, --; SFR 32,50
POSS Verlag GmbH, 83072 Bad Feilnbach, Postfach 50
Fax: 08066 – 906872

Vor etwa zwölf Jahren wurde ein Mensch auf den Geist und die Wesenheit Johannes des Täufers vorbereitet. Es war eine liebevolle aber gezielte Führung durch den Propheten Jona und Emanuel, eine hohe Meisterseele der Essener. Nach geraumer Zeit folgten die Botschaften Johannes des Täufers an diesen Menschen, den er *»unter Milliarden erwählte«*.

Ein langer, dornenreicher Weg der Läuterung begann, bis der Mensch soweit überwunden war, daß er den Geist Johannes des Täufers aufnehmen und erfassen konnte.
Erst dann erfolgte der Auftrag des Vorläufers Christi an ihn: *»Verkünde mein Wort an jene, die ich dir zusende. Sie sollen bereitet werden für das Wort aus der Allmacht, denn der Herr bereitet das Gericht für alles*

Fleisch. Ich bin sein letzter Bote, ich bin der Wegbereiter seiner Macht, die über Mensch und Welt kommen wird.«
So sind Geist und Stimme Johannes des Täufers wiedergekehrt in einem Menschen, den er seinen »Geistleib« nennt. Seit einigen Jahren lehrt und spricht er sein Wort an die Menschen. Die Anzahl dieser ›Hörenden‹ ist je nach Ort und Zeit unterschiedlich und liegt zwischen zwanzig und einhundertfünfzig Personen.

Die Botschaften Johannes des Täufers umfassen bisher mehr als fünfzig Themenkreise. Sie haben mehr den Charakter von Predigten und geben tiefen Einblick in Verflechtung, ja Gefangenheit des Menschen in das luziferisch-satanische Lebensprinzip. Die Worte des Täufers zeigen aber auch die vielen Irrlehren und Irrwege auf, die im Namen ›der Liebe und des Heils‹ den heutigen Menschen versuchen und von Gott abbringen. Deutlich sagt er zudem den Menschen, wo sie in Wahrheit stehen, welchen Werten und Zielen sie huldigen und wie sie dabei den Geist Gottes demütigen.
Themenkreise, wie etwa Karma und Wiedergeburt, Selbstfindung, Meditation, Leid, Heil und Erlösung erfahren eine ganz andere Deutung und Sinngebung, wie wir sie etwa aus den Lehren selbsternannter Meister oder Gurus im esoterischen Bereich kennen. So nennt Johannes der Täufer diese Lehrer auch die *›Wölfe im Schafspelz, die im Namen Christi und unter dem falschen Schein der Liebe die Lehre des Widersachers ausstreuen‹.*

Johannes, der erneute Wegbereiter des Herrn, führt die Menschen durch seine Worte wieder zurück zur Wurzel des ewigen und wahren Geistes und zum Kern der Botschaft Christi und der Propheten.
In aller Deutlichkeit offenbart er uns, daß Erlösung im göttlichen Sinne nur in der Einheit mit dem Geiste, nicht aber in Leib und Materie erreicht werden kann. So zeigt er den Weg zur Erlösung auf und verschweigt nicht, daß diese wahre Erlösung nur denen bereitet werden kann, die sich nicht in den irdischen Zielen, Hoff-

nungen und Sehnsüchten verlieren. Auch verschweigt er nicht das kommende Gericht des Herrn, ›*das den Bann Satans über Erde und Mensch, über alle Materie brechen wird*‹. Dieser Vorgang wird aber schmerzhaft sein für alle, die dem Leib und der Materie anhängen, ›*denn das Unglaubliche wird geschehen und das Erwartete kommt unerwartet*‹.

In diesem Buch sind alle aufgezeichneten Reden Johannes des Täufers festgehalten und unverändert wiedergegeben. Damit sie dem Leser leichter zugänglich werden, sind die verschiedenen Themenkreise gekennzeichnet. So kann der Interessierte in diesem Buch auch nach gezielten Themen suchen.